政治科学研究丛书

国家性、地方性与基层治理

田先红 著

中国社会科学出版社

图书在版编目（CIP）数据

国家性、地方性与基层治理 / 田先红著 . —北京：中国社会科学出版社，2021.11（2022.8 重印）
（政治科学研究丛书）
ISBN 978-7-5203-9098-9

Ⅰ.①国⋯　Ⅱ.①田⋯　Ⅲ.①地方政府—行政管理—研究—中国　Ⅳ.①D625

中国版本图书馆 CIP 数据核字（2021）第 184167 号

出 版 人	赵剑英
责任编辑	冯春凤
责任校对	张爱华
责任印制	张雪娇

出　版	中国社会科学出版社
社　址	北京鼓楼西大街甲 158 号
邮　编	100720
网　址	http://www.csspw.cn
发行部	010-84083685
门市部	010-84029450
经　销	新华书店及其他书店
印　刷	北京君升印刷有限公司
装　订	廊坊市广阳区广增装订厂
版　次	2021 年 11 月第 1 版
印　次	2022 年 8 月第 2 次印刷
开　本	710×1000　1/16
印　张	16.25
插　页	2
字　数	265 千字
定　价	98.00 元

凡购买中国社会科学出版社图书，如有质量问题请与本社营销中心联系调换
电话：010-84083683
版权所有　侵权必究

目 录

自 序 ·· (1)

导 论 ·· (1)
  一 研究缘起 ·· (1)
  二 研究回顾与再出发 ···································· (2)
  三 分析框架：国家性与地方性 ···························· (15)
  四 研究方法与田野工作 ·································· (27)
  五 篇章结构 ·· (38)

上篇 农民：求助国家

第一章 国家、宗族与农民 ································ (43)
  一 个案梗概 ·· (48)
  二 家族政治与农民集体上访的若干面相 ···················· (53)
  三 农民集体上访中的家族与国家 ·························· (64)
  四 进一步的拓展讨论 ···································· (68)
  五 余论 ·· (71)

第二章 国家、阶层与农民 ································ (73)
  一 抗争政治的研究进路 ·································· (76)
  二 阶层政治：一种新研究进路的尝试 ······················ (79)
  三 阶层分化、精英结盟与分利秩序 ························ (82)
  四 重构利益分配格局：底层上访的动力 ···················· (87)

五　从个体之气到阶层之气：底层上访的演化 …………………… (90)
　　六　收买、压制和利用：上层精英应对底层上访的策略 ……… (94)
　　七　结论与讨论 ……………………………………………………… (96)

第三章　国家、派系与农民 ……………………………………………… (99)
　　一　案例概况 ……………………………………………………… (101)
　　二　派系动员与上访事件的展开 ………………………………… (105)
　　三　派系竞争中的上访 …………………………………………… (112)
　　四　派系上访的组织机制 ………………………………………… (117)
　　五　派系上访的特征 ……………………………………………… (123)
　　六　结论与讨论 …………………………………………………… (125)

下篇　国家：嵌入农村社会

第四章　国家、土地与农民 ……………………………………………… (131)
　　一　利益政治分析框架的提出 …………………………………… (131)
　　二　土地股份制与村集体地利分配 ……………………………… (136)
　　三　地利分配失衡与农民上访的兴起 …………………………… (140)
　　四　农民上访的路径与策略 ……………………………………… (145)
　　五　农民上访与地利分配政策的调整 …………………………… (147)
　　六　结论与讨论 …………………………………………………… (151)

第五章　国家、村庄与农民 ……………………………………………… (157)
　　一　案例概况 ……………………………………………………… (157)
　　二　上访的缘起和事由 …………………………………………… (158)
　　三　上访的事件—过程 …………………………………………… (159)
　　四　上访的后果 …………………………………………………… (168)
　　五　国家、基层干部与农民上访 ………………………………… (171)
　　六　小结 …………………………………………………………… (175)

第六章 国家、生活与农民 ……………………………………… (178)
  一 生活政治研究的转向 ………………………………… (178)
  二 国家与（社会）生活：一个分析框架 ……………… (180)
  三 上访案例梗概简介 …………………………………… (186)
  四 生活共同体的衰微与国家介入 ……………………… (203)
  五 生活冲突与抗争 ……………………………………… (207)
  六 国家吸纳生活政治 …………………………………… (209)
  七 进一步的讨论 ………………………………………… (211)
  八 结语 …………………………………………………… (214)

结语 ……………………………………………………………… (218)
  一 国家自主性与农民上访 ……………………………… (219)
  二 国家与农民上访的区域差异 ………………………… (222)
  三 社会中心、国家中心与社会中的国家 ……………… (224)
  四 基于中国经验的国家理论：复合国家的构建 ……… (226)

参考文献 ………………………………………………………… (230)

后 记 …………………………………………………………… (248)

自　序

仔细想来，笔者迄今出版的关于信访问题的4部著作（3部独著，1部主编），最终都试图回应国家建设、国家治理问题。

大约10年前，笔者在《治理基层中国：桥镇信访博弈的叙事》一书中提出：农民上访研究要"找回国家"，要从社会中心范式转换为国家中心范式，探讨国家在农民上访中的角色和作用。在该书的结语部分，笔者还就国家转型与现代国家建构问题提出了自己的一些见解，并回应了国家转型的政治学命题。该书曾展现了笔者的一点学术追求：通过对农村基层信访治理机制的探讨，呈现出当前中国国家基础权力的发展现状及其逻辑，在此基础上回应在一个去集体化和去意识形态化时代中如何继续进行国家政权建设、建构现代国家的国家转型走向问题，从而尝试建构出一种关于农民上访的国家理论。

当然，该书也存在诸多不足，主要有：一是未能将国家变量进行操作化，国家在分析论证过程中仍然显得比较笼统、模糊；二是更多的以西方国家理论为参照，而对中国国家的特性理解不够；三是片面强调农民对国家权力的削弱作用，在分析时仍然沿循着国家与社会二元对立、此强彼弱的思维。

《治理基层中国》一书的主要田野调研单位是乡镇，兼顾村庄。该书完成后，我曾设想将自己的研究主要朝两个方向拓展：一是往上，从乡镇上升到县域，研究县域信访治理问题；二是往下，从乡镇下沉到村庄，以村庄社会为基本单元理解农民上访。如此，便可尝试将县、乡、村打通，形成信访研究的"三部曲"。这一设想也得到诸多师友的鼓励和支持。此后，我曾经在华北某县信访局进行数月的田野调查。但是，由于随后各种原因，我逐渐放弃了围绕县域信访治理撰写专著的想法。相较而言，村庄中的上访故事较为平和。所以，我继续践行着之前将研究单位下沉到村庄的设想。

在此期间，笔者查阅相关文献资料时发现，信访制度与中国共产党的群众路线密切相关，信访制度的诞生是以"群众"观念为逻辑起点的。信访制度脱胎于党的群众路线，是党的群众路线的重要体现。而学界仅有少量关于群众路线与信访制度关联问题的论述，远远谈不上系统和深入。因此，笔者觉得很有必要尝试从群众路线的角度来研究信访问题。

在随后的数年，笔者围绕这一主题开展研究，并于2017年在中国社会科学出版社出版了专著《人民政治：基层信访治理的演绎与阐释》。该书也将信访问题放置于国家当中去理解，提出国家、官僚制与群众的分析框架，认为信访制度的核心问题是如何处理国家、官僚制与群众三者间关系的问题。"公民"逻辑与"群众"逻辑的此消彼长，不仅仅影响到信访制度改革取向问题，还攸关中国现代国家建构道路的选择。国家需要在"群众"逻辑和"公民"逻辑之间寻求平衡点。国家、官僚集团与群众三者之间的互动影响国家的选择。

有论者认为，在中国现代国家建构过程中，个体政治角色经历了从臣民、群众到公民的演变。然而，个体政治角色的变化并不是一种线性替代关系。对中国个体政治角色变迁的研究，实际上关系到如何理解中国现代国家建构的问题。在中国现代国家建构过程中，中国共产党发挥着至关重要的作用。党的群众路线、群众观念，深深地渗透到现代国家建构进程。公民权利的成长，并不意味着群众路线的退却。公民观念与群众观念并不是一种替代和被替代的关系，而是共同延存于现代国家建构之中。

2017年，笔者主编出版的《华中村治研究》（信访专题卷），标题就定名为《信访研究：国家治理的视角》。该书收录了华中村治研究学者有关信访问题的部分成果。该书出版时，适逢"国家治理"成为学界讨论和研究的热点话题。我们也意识到，信访问题不仅仅是社会问题，或者制度问题，而且跟国家治理体系的运行及其变迁密切相关。因此，将信访问题放置于中国国家治理进程中去考量和探究，就非常必要。

本书《国家性、地方性与基层治理》，采用国家性与地方性的分析框架，旨在通过对国家塑造农民上访的过程和机制进行系统研究，揭示当代中国国家与农民的关系，探寻国家治理的深层密码，描绘中国国家特性，总结国家构建的微观经验和机制。本书尝试提出"复合型国家"的建构路径，认为当代中国是一个传统与现代并存的复合型国家。一方面，国家越来越注重引入和创建现代治理规则，另一方面，传统规则仍然在国家治理中发挥着重要作用。更重要的是，传统规则与现代规则往往交织在一起，共同影响和塑造国家治理的形态。它在形塑国家建设的"中国道路"的同时，也为中国迈向现代国家之路增添了诸多不确定因素。

以上4部著作，都将信访问题与国家关联起来，这一结果，虽属"无心"，却为"有意"。说是"无心"，是之前未曾想到对"国家"问题的关怀会在笔者的信访研究中一以贯之。谓之"有意"，也许是因为它至少跟笔者的政治学学科背景分不开。国家是政治学的核心概念。在西方，有关国家的论题涵盖极为广泛，包括国家形成、国家政权建设、国家建构、国家转型、找回国家、国家自主性、国家与社会关系等。在国内，学者们对中国国家成长、国家建构等问题进行了深入探讨，特别是基于中国国家建设的历程和实践，提出和建构了本土的国家治理理论。这也充分体现出中国政治学者的学术自觉。

笔者多年来从事信访研究的学术旨趣，就是探讨中国国家治理问题，理解中国政治。当然，国家理论源远流长、博大精深，相关文献浩如烟海，绝难在短时间内读深、悟透。不过，以"国家"为关怀的旨趣至少表明，我虽以信访问题为研究对象，但尝试思考和落脚的却是中国政治发展和政治走向的宏大问题。以小见大，从"小切口"探讨"大问题"，是学术研究的应有之义。本书《国家性、地方性与基层治理》是这一学术路径的初步尝试。

导　论

一　研究缘起

"国家如何塑造农民上访"是本书的研究主题。从1978年至今，中国改革开放的伟业已经走过四十余年的光辉历程。过往四十余年，中国经济社会发展取得举世瞩目的成就，以至于近数年来诸如"中国模式""中国奇迹""中国经验"和"中国道路"等的研究和讨论呈方兴未艾之势。

在回顾过去四十余年的辉煌历史时，我们决不应忘却农村、农业和农民在"中国奇迹"中的伟大贡献。从新中国成立至今，农村、农业和农民给我国城市化和工业化提供了巨大的支持。可以说，没有农民理性的扩张，没有农村、农业和农民的支持，所谓"中国奇迹"是不可想象的。[1]

广袤的农村社会在为"中国奇迹"贡献大量的人力、物力资源支持的同时，自身也在经历剧烈而深刻的转型。特别是自家庭联产承包责任制实施以来，在城市化、现代化浪潮的裹挟下，农村社会转型步伐不断加快。无论是在生活方式、社会结构，还是在治理体制等方面，农村社会都迥异于改革开放前。

进入21世纪以来，农村社会转型持续推进，农村发展速度也不断加快。2005年，国家全面取消农业税，开启以工支农、资源下乡的新型发展战略。国家对农村的财政转移支付力度不断加大，社会主义新农村建设如火如荼地展开。党的十八大以后，国家又进入全面建成小康社会阶段，并

---

[1] 徐勇：《农民理性的扩张："中国奇迹"的创造主体分析》，《中国社会科学》2010年第1期。

做出精准扶贫的战略部署。在党的十九大报告中，习近平总书记提出实施乡村振兴战略。可以预见的是，新时代的中国农村仍将继续高歌猛进。

然而，在农村社会发展日新月异的同时，一幕又一幕的农民维权剧也在不断地上演。相关调查研究资料显示，由于征地拆迁、环境保护、社会保障等各方面原因而诱发的农民上访和群体维权行动长期处于高发、频发阶段。[①] 尽管这些农民上访行为并不对我国农村政治社会稳定构成大的威胁，但却警醒我们从中窥探"中国故事"的另一面。

无论是在以农支工的时期还是以工哺农的新时代，国家都是农村社会变迁与发展的主导力量。相应地，农民上访的兴起与变迁，也与国家的触角有着直接或间接的关系。因此，本书通过讲述乡村语境中的"中国故事"，探讨的问题是：国家如何塑造农民上访行为？农民上访行为又如何反过来塑造国家？借此我们该如何理解中国的国家特质？对于这些问题的挖掘，不仅有利于我们管窥农民上访的发生机理和农村社会的稳定机制，而且是我们深入理解"中国奇迹"、系统总结"中国经验"的题中应有之义。

本书旨在通过对国家塑造农民上访的过程和机制进行系统研究，揭示当代中国国家与农民的关系，探寻国家治理的深层密码，描绘中国国家特性，总结国家构建的微观经验。

二 研究回顾与再出发

民众的抗争行为无论是直接针对国家（政府）还是挑战其他主体，都或多或少、或直接或间接地与国家有着密不可分的关联。近代以来，西方有关国家与抗争政治的研究成果可谓汗牛充栋。

[①] 根据中国社会科学院法学研究所法治指数创新工程项目组的调查，从2000年1月1日至2013年9月30日，在871起100人以上参加的群体性事件案例中，因征地拆迁而诱发的群体性事件数量为97起，占比11.14%，在各类诱因中居第3位；在公民与政府间矛盾引发的群体性事件中，征地拆迁类诱因在各种诱因中居第2位；环境污染是导致万人以上群体性事件的主要诱因，在所有万人以上的群体性事件中占比50%。参见李林、田禾主编《中国法治发展报告（2014）》，社会科学文献出版社2014年版，第270—288页。此外，近一二十年来，有关环境问题、征地拆迁等引发的社会冲突与抗争研究成果层出不穷，成为学界研究热点，这也从一个侧面反映出相关社会问题较为突出。

导 论

（一）西方理论的启示及限度

国家在抗争政治中的角色问题是西方社会科学领域尤其是政治学和社会学中的一个经典话题。自近代欧洲开启民族国家构建进程以来，国家在革命和社会运动中的角色问题就开始进入西方社会科学界的视阈。早在19世纪50年代，托克维尔就从国家的角度研究了法国大革命的成因。在西方学界，经过长期的沉寂之后，自20世纪70年代国家中心论兴起以来，国家在抗争政治中的角色重新受到越来越多的关注。相关研究主要以革命和社会运动为研究对象。研究者集中探讨了国家的类型、国家的结构和国家的行为对抗争政治的影响。

1. 国家类型对抗争政治的影响

在政治学中，对国家的分类可以从不同的角度展开。从历史角度来看，可以分为奴隶制国家、封建国家、资本主义国家和社会主义国家。从政体角度来看，可以分为人民代表大会制、君主制、共和制等。从国家结构形式来看，可以分为单一制和复合制（联邦制和邦联制）。[1]

在西方有关国家与抗争政治的研究中，国家的分类主要是从国家与社会关系角度展开的。研究者认为，一国内部国家与社会关系的差异会形塑出不同的国家形态，导致不同的国家权力分配方式。有研究者将极权政体和民主政体作为国家形态连续谱的两个极端（连续谱的两端都只是理想类型）来考察国家形态与社会运动之间的关系。研究者指出，极权国家、威权国家和民主国家的差异直接决定了民众抗争的不同性质、策略和方式。在极权国家中，民众抗争运动都以国家为挑战对象，且往往呈现暴力化的特点。在威权国家中，国家对社会组织有一定程度的限制，社会组织发育不良，民众抗争的地域化特征比较明显。在民主国家中，民众抗争的目标大多具有非国家化倾向，且往往比较温和。[2]

---

[1] 王浦劬等：《政治学基础》（第3版），北京大学出版社2014年版，第192—201页；杨光斌：《政治学导论》（第4版），中国人民大学出版社2011年版，第99—107页。

[2] 赵鼎新：《政治与社会运动讲义》，社会科学文献出版社2006年版，第113—116页；Dingxin Zhao. State–Society Relations and the Discourses and Activities during the 1989 Beijing Student Movement. *American Journal of Sociology*, Vol. 105, 2000 (6): 1592–1632; Dingxin Zhao. Ecologies of Social Movements: Student Mobilization during the 1989 Prodemocracy Movement in Beijing. *American Journal of Sociology*, Vol. 103, 1998 (6): 1493–1529。

当代西方著名学者迈克尔·曼按资本主义、军国主义和代议制这三个要素在不同国家中的配置方式将国家划分为四种类型，即专制军国主义、自由资本主义军国主义、自由改良派内部合作和半独裁联合。① 同时，工人阶级面对资本主义时也有三对六类选择，即竞争（经济保护主义和政治互助论）、改良主义（经济主义和社会民主主义）以及革命（工联主义和马克思主义）。② 曼认为，国家的类型及其结构性行为是决定工人阶级形成和工人运动性质的关键因素。

2. 国家结构对抗争政治的影响

最早从国家结构角度研究抗争政治的经典作家当属托克维尔。在《旧制度与大革命》一书中，托克维尔指出，旧制度下的专制王权不断加强中央集权，一方面，使得贵族丧失了政治权利和社会治理权力，成为没落的特权阶级，无法继续在国家与民众之间充当缓和矛盾冲突的中间组织；另一方面，王权不断向地方社会渗透，"取代了所有地方权利，从而将一切事务无论巨细，都系于一身"③。"由于中央政权已经摧毁了所有中间政权机构，因而在中央政权和个人之间，只存在广阔空旷的空间，因此在个人眼中，中央政权已成为社会机器的唯一动力，成为公共生活所必需的唯一代理人。"④ 如此，在法国从封建国家向民族国家转变的过程中，民众的诉求更容易政治化，国家成为民众抗争矛头直接指涉的对象。托克维尔的理论为西方国家中心视角的兴起奠定了基础。

西达·斯考切波（Theda Skocpol）作为"找回国家派"的代表性学者，运用比较历史社会学的方法研究了中、法、俄三国的革命运动。她认为，国家的组织结构、国内相关阶级和政治力量关系以及国家的相对国际地位是决定革命产生及革命建立新政权的性质的根本因素。⑤ 斯考切波还提出了国家自主性的观点。在她看来，国家并不是各个阶级或利益集团竞

---

① ［英］迈克尔·曼：《社会权力的来源》（第二卷下），陈海宏等译，上海人民出版社2007年版，第753—755页。
② ［英］迈克尔·曼：《社会权力的来源》（第二卷下），陈海宏等译，上海人民出版社2007年版，第565页。
③ ［法］托克维尔：《旧制度与大革命》，冯棠译，商务印书馆1992年版，第240—241页。
④ ［法］托克维尔：《旧制度与大革命》，冯棠译，商务印书馆1992年版，第109页。
⑤ ［美］西达·斯考切波：《国家与社会革命》，何俊志、王学东译，上海人民出版社2007年版，第342页。

争的场所或工具，而是具有自身的逻辑和利益。国家是一套自为的组织。"社会革命的历史事实一再表明，需要一种更为国家中心的途径……引发社会革命的政治危机，根本不是社会紧张或阶级矛盾的暂时反映。毋宁说，他们是居于旧制度下的国家结构中心的矛盾的直接表现……我们只有严肃地将国家看成是一套宏观结构，才能理解社会革命的转型。"①

在斯考切波等人的推动下，国家重新回到西方社会科学研究的中心。他们提出，"'把国家找回来'不仅是要把国家看作具有特殊目标的组织来进行分析，同时还要找出国家对特定社会中所有集团和阶级政治价值观和参政方式施以影响的各种途径"②。这一主张为研究者探讨国家影响抗争政治的具体社会机制提供了重要指导。在这一路径指引下，有关国家结构与行为在民众抗争政治中扮演的角色问题受到越来越多的关注。艾拉·卡茨纳尔逊从国家的视角比较研究了英美两国工人阶级形成的差异，指出英美两国的组织形式、宪政及公共政策对两国工人阶级团体的政治内涵及其形成带来了非常不同的结果。③ 杰夫·古德文（Jeff Goodwin）和斯考切波在随后的研究中还指出，国家的官僚化程度、对社会势力的吸纳能力和渗透能力是影响革命产生与否的主要变量。如果一个国家的官僚化程度、吸纳能力和渗透能力很高，那么这个国家很难发生革命，反之亦然。④

此后，查尔斯·蒂利也运用了比较历史分析方法研究欧洲民族国家的形成过程，探讨了国家对地方社会的渗透和对民众的榨取影响民众抗争行为的机制。他指出："国家对日常生活的干预激起了常见的集体行为……当那些标准化的努力威胁到统治的人口赖以建立起他们日常社会关系的真正的同一性时，那些努力常常引发大规模的抵制。"⑤ 以蒂利、塔罗和麦克

---

① [美]西达·斯考切波：《国家与社会革命》，何俊志、王学东译，上海人民出版社2007年版，第29—30页。
② [美]彼得·埃文斯、迪特里西·鲁斯迈耶、西达·斯考切波：《找回国家》，方力维等译，生活·读书·新知三联书店2009年版，第343页。
③ 艾拉·卡茨纳尔逊：《工人阶级的形成与国家——从美国视角看19世纪的英格兰》，载彼得·埃文斯、迪特里西·鲁斯迈耶、西达·斯考切波：《找回国家》，方力维等译，生活·读书·新知三联书店2009年版，第349—469页。
④ Goodwin Jeff, Skocpol Theda. Explaining Revolutions in the Contemporary Third World. *Politics and Society*, 1989（17）：489-509.
⑤ [美]查尔斯·蒂利：《强制、资本和欧洲国家：公元990—1992年》，魏洪钟译，上海人民出版社2007年版，第109—111页。

亚当等人为代表的抗争政治研究学者继续推动和深化了国家与社会运动方面的研究，并由此发展出政治过程理论、政治机会结构理论。他们探讨了国家建设给民众抗争带来的政治机遇、国家形成过程中的民众抗争政治等主题。①

3. 国家行为对抗争政治的影响

迈克尔·曼研究了美、俄、法、德等四国的国家行为与工人运动之间的关系。他指出，国家在面对工人阶级时采取的不同行为策略会形塑出不同的工人运动模式及结果。美国国内军国主义、自由资本主义、民主政党和联邦主义政党等统治行为对美国的工人阶级起到了分化作用。有选择的镇压加剧了手工业工人和其他工人的正常分类，成为更策略性的、组织性的地方主义。俄国统治者对所有技术水平的工人都进行同样的镇压，使得俄国工人最终走向联合统一，并爆发了革命。在法国，国家成形的不稳定性形塑出法国工人思想上的派系主义，出现经济主义、互惠主义、社会民主、工联主义和马克思主义，这些派别互相竞争和辩论，削弱了整个工人阶级的内聚力。德国的半独裁联合政权成功实现了对工人阶级的分而治之，并保持对工人运动的镇压态势，使得工人阶级陷入孤立和"消极的统一"，无法形成大规模的革命运动。②曼进而认为："发达资本主义国家的阶级斗争不同形式的制度化，主要是由不同的国家定型，而不是由工业化导致的。"③

概括而言，西方学者主要从国家形态、国家结构及其变迁和国家应对抗争政治的策略等方面探讨其对革命和社会运动的影响。西方学界有关国家与抗争政治研究的理论成果为本项研究提供了重要的理论基础和思维启迪。然而，由于西方与中国国情的差异，基于西方社会经验而生长出来的理论未必能直接套用于解释"中国故事"。

---

① [美]西德尼·塔罗：《运动中的力量》，吴庆宏译，译林出版社2005年版，第74页；[美]查尔斯·蒂利、西德尼·塔罗：《抗争政治》，李义中译，译林出版社2010年版；[美]道格·麦克亚当、西德尼·塔罗、查尔斯·蒂利：《斗争的动力》，李义中、屈平译，译林出版社2006年版。

② [英]迈克尔·曼：《社会权力的来源》（第二卷下），陈海宏等译，上海人民出版社2007年版，第695—748页。

③ [英]迈克尔·曼：《社会权力的来源》（第二卷下），陈海宏等译，上海人民出版社2007年版，第748页。

例如，西方学界认为，联邦制与中央集权制为社会抗争提供了不同的政治空间。中央集权政府把集体行动者吸引到政治体制的最高层。而在联邦制下，社会抗争往往更多地指向地方层面。① 这一解释完全不适用于中国经验。实际上，在中国，几乎所有的上访行为都主要针对地方政府或其他地方社会行动者。

又如，按照西方学者的解释，伴随国家建设的推进，社会抗争会越来越多地针对国家。换言之，国家会越来越成为社会抗争的对象。但实际上，我们可以看到，在中国农村，不仅有针对政府（国家）的上访行为，而且时常发生农民通过上访向政府（国家）求援的情况。正如项飙所言："很多有'市民社会'苗头的现象，比如消费者维权、业主委员会甚至劳工运动，所针对的都不是国家，而是针对具体的市场利益主体，相反，国家是老百姓倾诉的对象、要依赖的仲裁者。"②

而且，在中国上访政治场域中，并不是类似西方那样的"国家—社会抗争者"简单的二元对立关系，而往往是国家、地方政府、基层政权和上访者四方甚至更多行动主体之间的互动关系。虽然西方的国家与社会内部也存在多个不同的行动主体，各个主体之间的利益和偏好可能存在差异。但是，中国多层级的政府体制，独特的政体架构，以及政府体制内部的复杂上下级关系，使得中国政府在应对民众上访行为时呈现更为复杂和多样的逻辑。

此外，西方学者往往侧重国家对抗争政治的单向度影响，强调国家相对于抗争者的自主性。在这些研究中，国家相对于抗争民众而言是占据绝对优势的。民众抗争的行为方式、策略都是由国家决定的。这一研究取向较为客观地呈现了国家与抗争民众的结构性地位，但也难免陷入决定论、目的论的陷阱。

最后，西方有关国家与抗争政治的研究多为宏观研究。学者们更多地研究国家性质、国家宏观结构及其变迁等问题对民众抗争的影响。而且，这些研究往往都关注各国历史上的大事件。宏观研究有利于我们从整体上把握国家影响抗争政治的逻辑，但却容易忽略国家塑造民众抗争的微观

---

① 黄冬娅：《国家如何塑造抗争政治——关于社会抗争中国家角色的研究评述》，《社会学研究》2011 年第 2 期。

② 项飙：《普通人的国家理论》，《开放时代》2010 年第 10 期。

机制。

凡此诸种事实表明，对于中国的国家与上访政治问题，我们不宜照搬西方既有的理论，而应立基于中国经验之上寻找新的理论解释。

（二）中国上访政治研究现状及不足

学界有关中国上访政治的研究涉及业主维权、学生运动、环保运动、群体性事件和农民上访等。长期以来，学界有关中国上访政治的研究大多数都是在社会中心范式下展开的。研究者较多关注了民众上访的行为策略。国家的角色往往遭到有意无意的忽视或遮蔽。[①] 仅有少量的研究关注了国家在上访政治中的角色。直到 2010 年左右，这一状况才渐渐发生改变。一些研究者开始明确提出在中国上访政治研究中引入国家中心的视角。[②] 而且，最近数年来，有关国家在中国上访政治中的角色和作用问题受到越来越多的关注，相关成果如雨后春笋般涌现。因此，我们非常有必要对其进行系统的梳理。

概括而言，相关研究主要探讨了如下议题。

1. 国家给上访者带来的政治机遇

这方面的研究较多地受到西方政治机会结构理论的影响。主要是探讨国家与社会关系、国家制度结构或者政策变迁对民众上访形成的影响。研究者大多关注国家政体内部的裂缝、不同精英群体之间的矛盾给民众上访带来的机会，并以此解释民众上访行动的成败得失。相关研究又可以进一步细分为两类。

其一，国家制度结构及其变迁给民众上访创造的政治机会结构。这类研究主要是从宏观角度展开分析。周雪光指出，国家对公共领域的紧密控制培养和再生产出大量的具有类似诉求、行为模式和行动目标的个体行动者，这为集体行动奠定了基础。同时，国家社会主义的制度结构也会带来频繁的政策变动和可供选择的动员模式，所有这些都为集体行动

[①] 田先红：《治理基层中国：桥镇信访博弈的叙事，1995—2009》，社会科学文献出版社 2012 年版。

[②] 田先红：《息访之道：国家转型期的桥镇信访治理研究，1995—2009》，华中科技大学博士学位论文，2010 年；申端锋：《将人民内部矛盾带回分析的中心》，《开放时代》2012 年第 7 期。

创造了机会。① 还有学者指出，在农业税费时代，国家对农村资源的过度汲取导致了农民上访。②

谢岳认为，社会抗争"深深地扎根于行动者所依存的政治制度之中，取决于政治制度的适应性调整及其结果"。他从国家性即国家功能、国家能力和合法性三个维度分析了当代中国社会抗争产生的原因。③

郑永年分析了中国改革开放以来的收入差距、社会矛盾和社会冲突问题。他指出，在改革开放过程中，国家创制了新政策，并开展了各种发展项目，这为大众抗议提供了工具，创造了机会。④

冯仕政研究了国家信访治理理念变迁对群众信访行为的影响，指出建国以来国家信访治理理念经历了从社会动员到冲突化解的转变，这一转变在客观上激发了民众的利益表达行为，但却难以有效地回应民众的政治参与需求。⑤

其二，上访民众对政治机遇的选择性利用。这类研究主要是从个体的微观角度展开分析，阐明上访者在面对政治机遇时做出的理性选择行为。欧博文、李连江（Kevin O'Brien & Lianjiang Li）以中国农民上访为例，探讨了政府内部不同层级官员之间的矛盾给上访者提供的政治机遇⑥；石发勇、蔡永顺通过研究业主维权行动揭示出上访者利用不同官员之间利益、立场的差异，使得维权获得成功⑦；尹利民指出，信访行动的发生，并不一定是依据行动者对投入与回报的均衡考虑做出的，而常常与其在政治限制中发现的政治机遇以及把握机遇的能力有关。国家政治参与通道的开放、国家重大政治活动的出现等因素都可能为上访民众创造政治

---

① Xueguang Zhou. Unorganized Interests and Collective Action in Communist China. *American Sociological Review*, Vol. 58, 1993 (1): 54–73.

② 于建嵘：《农民有组织抗争及其政治风险》，《战略与管理》2003年第3期。

③ 谢岳：《社会抗争：国家性变迁的民间反应》，《当代中国研究》2008年第12期。

④ 郑永年：《全球化与中国国家转型》，郁建兴、何子英译，浙江人民出版社2009年版，第136—161页。

⑤ 冯仕政：《国家政权建设与新中国信访制度的形成及演变》，《社会学研究》2012年第4期。

⑥ O'Brien Kevin & Lianjiang Li. *Rightful Resistance in Rural China*. Cambridge University Press, 2006.

⑦ Fayong Shi & Yongshun Cai. Disaggregating the State: Networks and Resistance in Shanghai. *The China Quaterly*, Vol. 186, 2006 (6): 314–332.

机遇。① 还有研究者探讨了上访民众利用信访制度的考核漏洞、抓住地方政府的软肋进行缠访、闹访谋取利益的过程和机制。②

2. 国家对民众动员方式的影响

研究者探讨了国家的类型、国家与社会关系对民众动员的塑造作用。赵鼎新（Dingxin Zhao）认为，中国作为一个威权国家，社会组织的发育和发展受限，因此民众难以通过组织化的方式来动员。但国家却无法限定民众以地域为基础来开展动员。③ 于建嵘以他在湖南衡阳等地的田野调查资料为基础指出，由于农民的体制内利益表达渠道受阻，使得他们不得不采取"有组织抗争"④。应星认为，由于国家对社会组织的严格管控，因此上访农民无法像西方那样进行有组织、规模化的动员，而只能依靠个别乡村精英进行草根动员。⑤

3. 国家对民众上访策略的影响

应星曾经呈现了地方政府与上访移民之间互动和博弈的过程，并阐述了地方政府的"拔钉子""开口子"等权力技术对移民上访的影响。⑥ 田先红指出，由于基层政府面对自上而下的巨大维稳压力，其在治理上访过程中采用"花钱买平安"等权宜式治理方式换取暂时的稳定，但却刺激和诱导了越来越多的"谋利型上访者"⑦。张永宏、李静君的研究也指出，基层政府采用了讨价还价、玩科层制游戏和构建服务型政府等三种策略来吸纳民众上访。这在暂时维系基层政治社会稳定时，却导致民众对基层政府权威认同的下降。⑧

---

① 尹利民：《政治机遇与限制：信访发生的机理与行动逻辑》，《华中师范大学学报》（人文社会科学版）2008 年第 5 期。

② 田先红：《从维权到谋利：农民上访行为逻辑变迁的一个解释框架》，《开放时代》2010 年第 6 期；申端锋：《治权与维权：和平乡农民上访与乡村治理》，华中科技大学博士学位论文，2009 年。

③ Dingxin Zhao. Ecologies of Social Movements：Student Mobilization during the 1989 Prodemocracy Movement in Beijing. *American Journal of Sociology*, Vol. 103, 1998（6）：1493–1529.

④ 于建嵘：《农民有组织抗争及其政治风险》，《战略与管理》2003 年第 3 期。

⑤ 应星：《草根动员与农民群体利益的表达机制》，《社会学研究》2007 年第 2 期。

⑥ 应星：《大河移民上访的故事：从"讨个说法"到"摆平理顺"》，生活·读书·新知三联书店 2001 年版。

⑦ 田先红：《治理基层中国：桥镇信访博弈的叙事，1995—2009》，社会科学文献出版社 2012 年版。

⑧ 张永宏、李静君：《制造同意：基层政府怎样吸纳民众抗争》，《开放时代》2012 年第 7 期。

肖唐镖分析了地方政府对民众上访的回应方式和策略,指出政府回应脱离法治化和专业化,而强化行政化和政治化。这使得民众抗争更容易呈现暴力化、极端化等特征。① 他还认为,从国家法律、政策和意识形态赋予正当性的角度来考量。依法抗争不仅是一种策略,而且是农民用以证成其上访行为正当性的理据。② 尹利民指出,由于民众通过正常的利益表达渠道无法使诉求得到满足,他们只能采取"表演型"的上访策略来使其诉求获得重视和解决。③ 桂晓伟从政府官员的视角分析了"多维合法性的张力""信访体系的矛盾""精英的分歧和共谋""官民权力利益关系的强弱"和"国家治理策略"等因素对民众上访的影响。④ 阎小骏以其在国内获取的田野调查资料为基础,探讨了地方政府对抗争的民众进行政权吸纳和预防式管控的维稳策略,实现国家弹性与国家刚性的有机结合,使民众的参与行为被控制在秩序范围内。⑤ 此外,陈涛、谢家彪的研究揭示出,上访农民面对政府的政策和压力,采取了"混合型抗争"的策略,即有些农民的上访行为既不是单纯的维权之举又并非纯粹的谋利行为,而是二者兼具。⑥

综观已有研究可知,国家在我国上访政治中的角色和作用正受到越来越多的关注。这些研究聚焦于国家的性质、国家的制度结构和国家的治理策略对我国民众上访政治的影响。尤其是国家与上访者的互动和博弈策略受到较多的关注。

不过,已有研究还有较大的拓展空间。

首先,强国家、弱社会的预设影响研究者的判断。在中国的国家与社会关系上,研究者大多秉持国家强大而社会弱小的观点,因此国家必

---

① 肖唐镖:《当代中国的"维稳政治":沿革与特点——以抗争政治中的政府回应为视角》,《学海》2015年第1期。
② 肖唐镖:《中国农民抗争的策略与理据:"依法抗争"理论的两维分析》,《河海大学学报》(哲学社会科学版)2015年第4期。
③ 尹利民:《表演型上访:作为弱者的上访人的武器》,《南昌大学学报》(人文社会科学版)2012年第1期。
④ 桂晓伟:《治理抗争:一个剖析抗争中国家作用的理论框架》,载黄宗智主编《中国乡村研究》第十四辑,福建教育出版社2018年版。
⑤ 阎小骏:《中国何以稳定》,中国社会科学出版社2017年版。
⑥ 陈涛、谢家彪:《混合型抗争——当前农民环境抗争的一个解释框架》,《社会学研究》2016年第3期。

然对社会形成压倒性优势。研究者倾向于认为，正是国家权力过于强大，而导致民众上访的兴起。即使是基层政府偶尔表现出软弱的一面，其根源也在于国家权力对社会的压制。这一判断有利于我们从宏观上获得有关国家在上访政治中的角色的认识，但它却可能会在某种程度上阻碍我们深入理解和解剖中国的国家特性，以及这一特性与抗争政治之间的深层关联机制。

其次，静态分析较多。研究者往往根据对中国国家性质和国家制度结构的判断来推理其与民众动员方式和上访策略之间的关系。比如，不少学者都认为中国的威权国家性质与国家和社会关系模式阻碍了社会组织的发育，使得民众抗争呈现地域性、暴力性等特征。虽然这种静态分析对于我们理解国家与上访政治之间的关联大有裨益，但可能忽略了国家与上访者之间的具体互动机制。而且，研究者从静态的制度结构直接推论出其对上访政治的影响，往往容易忽视现实中上访政治的丰富样态。

最后，关注民众上访策略较多而对其社会结构根源关注较少。已有研究较多地探讨了国家（地方政府）的治理方式和上访民众的应对策略，但是对于民众上访行为的社会结构根源关注较少。这使得学界对上访政治背后丰富的社会属性重视严重不足。[①] 而且，社会结构对国家的影响以及国家与社会之间的互动较少得到讨论。

（三）展望未来：研究再出发

综上，已有研究要么从宏观结构分析入手，直接推导出国家性及其变迁所诱致的民众上访行为，要么基于国家和社会之间强弱对比判断来理解民众上访（或者国家权力强大压制上访民众，或者上访民众对国家权力进行削弱和反制）。因此，我们可以从以下几个方面来进一步拓展已有关于国家与上访政治之间关系的研究。我们提倡一种米格代尔式"社会中的国家"[②] 研究路径。

首先，摒弃强国家、弱社会的预设。尽管国家相对于社会而言总体上居于强势地位，但我们欲深入理解国家与民众上访行为之间关系，就不宜

[①] 罗兴佐：《阶层分化、社会压力与农民上访》，《思想战线》2015年第4期。
[②] [美] 乔尔·米格代尔：《社会中的国家》，李杨、郭一聪译，江苏人民出版社2013年版。

先入为主地预设国家可以对社会为所欲为,而应该将二者作为上访政治中两个相对平等的变量,以此观察二者的相互关系。

其次,强调一种"过程"的方法。2000 年,国内学者曾提出运用"过程—事件"分析法来研究国家与农民关系的实践形态。① 其实,早在 20 世纪 80 年代时,米格代尔就提倡对国家与社会关系进行过程研究。

在《强社会与弱国家》一书中,米格代尔对韦伯的经典国家理论尤其是当时流行的"国家自主性"理论进行了反思,提出不能将国家权力视为理所当然,而应该"将注意力集中在社会控制实际上是如何分布在社会中的"②。

在他和阿图尔·柯里、维维恩·苏共同主编的《国家权力与社会势力:第三世界的统治与变革》一书中,他们进一步强调:"国家必须被分解来观察……尤其注重国家的各个部分,而不是人们寻常所关注的权力顶峰;也强调观察国家与社会之间模糊且流动的边界的必要性;还强调体察国家与社会相互改造转化的必要性。"③ 在该书中,米格代尔还明确提出了"社会中的国家"这样一种研究控制权之争的方法,并强调"国家不是一成不变的观念实体。毋宁说,它是动态前进的,它的目标是变动不居的,因为它要与其他社会群体不间断接触"④,"为探明控制模式,人们必须聚焦于社会诸领域斗争中斗争与妥协的累进过程"。⑤

21 世纪伊始,米格代尔推出了《社会中的国家》一书,对其理论主张进行了系统的梳理和总结,他明确提出:"我的重点在于过程,即研究在变化着的联盟中针对日常行为规则的持续斗争。这些过程决定着社会与国家如何创造和保持各种不同的日常生活的建构方式——统治人们行为的

---

① 孙立平:《过程—事件分析与当代中国国家—农民关系的实践形态》,载清华大学社会学系编《清华社会学评论》特辑,鹭江出版社2000年版。
② [美]乔尔·米格代尔:《强社会与弱国家》,张长东等译,江苏人民出版社2009年版,第272页。
③ [美]乔尔·米格代尔、阿图尔·柯里、维维恩·苏:《国家权力与社会势力:第三世界的统治与变革》,郭为桂等译,江苏人民出版社2017年版,第3—4页。
④ [美]乔尔·米格代尔、阿图尔·柯里、维维恩·苏:《国家权力与社会势力:第三世界的统治与变革》,郭为桂等译,江苏人民出版社2017年版,第16页。
⑤ [美]乔尔·米格代尔、阿图尔·柯里、维维恩·苏:《国家权力与社会势力:第三世界的统治与变革》,郭为桂等译,江苏人民出版社2017年版,第12页。

规则之本质。"①"'社会中的国家'这一方法使研究者注意国家和社会彼此之间分组整合及其合纵连横等互动过程,以及国家同其试图控制、影响的社会群体之间的互动过程。"②"这种研究应该是从过程而不是结构入手的,其关注的是有限国家。这样的研究安排能够使我们从强调国家完全主权的意识形态辨析和诘屈聱牙的学术理论——以韦伯关于国家的理想类型为起点,强调国家对暴力工具和合法性权威的垄断——中解脱出来。"③

此外,新马克思主义国家理论的代表人物之一鲍勃·杰索普(Bob Jessop)也主张:"国家权力和国家能力不能仅仅集中于国家本身来理解;国家权力依赖于国家及其所环绕的政治系统之间的结构联系,依赖于国家管理者与其他政治力量之间的策略联结,依赖于将国家与政治组织联结到其环境中的相互依赖因素和社会网络之间的复杂编织。"④ 在国家与政治系统、政治环境以及其他政治力量之间的复杂联系之中,我们才能够更为深刻地理解国家权力和国家能力。

最后,关注社会结构在上访政治中的作用机制。任何社会行动都有其社会结构根源。如同安东尼·吉登斯的结构二重性原理所表明的那样,社会结构不仅对人的行动具有制约作用,而且也是行动得以进行的前提和中介,它使行动成为可能;行动者的行动既维持着结构,又改变着结构。⑤ 民众在上访过程中所采用的各种策略固然有利于我们理解上访行动以及国家与上访者之间的互动关系,但我们更应该关注民众上访行为背后的社会结构因素。这些社会结构往往规定、形塑着民众的上访行为。同时,国家对社会结构的渗透,也是激发或塑造民众上访的重要机制。在国家渗透社会的过程中,民众也会对国家形成反作用或者借助国家力量来与抗争对象进行斗争。

---

① [美]乔尔·米格代尔:《社会中的国家》,李杨、郭一聪译,江苏人民出版社2013年版,第11页。

② [美]乔尔·米格代尔:《社会中的国家》,李杨、郭一聪译,江苏人民出版社2013年版,第24页。

③ [美]乔尔·米格代尔:《社会中的国家》,李杨、郭一聪译,江苏人民出版社2013年版,第255页。

④ [英]鲍勃·杰索普:《重构国家、重新引导国家权力》,何子英译,《求是学刊》2007年第4期。

⑤ [英]安东尼·吉登斯:《社会的构成——结构化理论大纲》,李康、李猛译,中国人民大学出版社2016年版,第23页。

在国内，国家与社会关系是近 30 多年来社会科学研究的一个重要分析框架。然而，研究者在运用这一分析框架时往往秉持国家与社会对立、零和博弈的预设。研究者希望看到国家的退缩与社会的生长，如公民社会的研究。这种静态的分析视角侧重于将国家与社会视为此消彼长、你进我退的关系。在探讨国家与农民关系时，已有研究要么将国家权力的变异和软弱归咎于国家对社会的强控制，要么强调国家权力在实践过程中遭到社会（农民）的抵制，从而使其呈现与国家正式权力制度相偏离的特征。这些研究未能注意到国家权力与社会之间相互赋权的过程。实际上，国家在与上访的民众接触时，不仅试图在改变对方，同时也会对自身不断做出调整。同样，上访民众不仅迫使国家满足其要求，而且也需要改变自身。

因此，探讨国家如何塑造上访政治这一主题时，我们需要更多地关注国家与社会之间的相互作用。正如米格代尔等人（2017）所言："国家与其他社会势力可能会相互赋权……国家组成部分与社会组成部分的某些互动，可能都增加了双方的权力。"[①] 对国家与社会之间相互作用过程的考察，需要借助一种国家人类学的研究视角，即像人类学家观察一个村庄、部落并对其进行民族志式全景展现那样，来对国家权力的运作过程展开深描。

当然，米格代尔的理论也有其局限性。依照他的研究路径，研究者可能会陷入对国家与社会的碎片化描述与解读，形成"碎片的国家"和"碎片的社会"。如此，国家与社会的整体性荡然无存。为了规避这一不足，我们引入结构的维度，即在关注国家与社会相互作用过程的同时，注重考察结构变量的作用，将结构与过程统一起来。

三 分析框架：国家性与地方性

分析国家对农民上访行为的影响，实际上是把国家作为一个概念变量来考察。本书借鉴学界"国家性"这一概念来指代国家变量。现代国家建

[①] ［美］乔尔·米格代尔、［美］阿图尔·柯里、［美］维维恩·苏：《国家权力与社会势力：第三世界的统治与变革》，郭为桂等译，江苏人民出版社 2017 年版，第 4 页。

设的过程，是国家向地方社会渗透的过程。当然，在这一过程中，国家也会遭地方社会（家族、派系等）的反作用。因此，在探讨国家如何塑造农民上访这一问题时，本书采用"国家性"与"地方性"的分析框架。

（一）国家性

国家是政治学研究的经典主题，也是一个极其复杂的问题。正如列宁所说："国家问题是一个最复杂最困难的问题，可以说，也是一个被资产阶级的学者、作家和哲学家弄得最混乱的问题。"[1]

在近代西方，众多思想家曾经对国家这一概念进行了阐释。"二战"后，伴随行为主义、结构功能主义等理论流派的兴起，国家研究一度被边缘化。1968年，奈特尔（J. P. Nettle）撰文提出，应该将国家作为一个"概念变量"应用于社会科学研究中。他认为，虽然当时国家概念在社会科学中不太流行，但是它仍然是一种清晰、可怕的存在。无论人们研究的重点和兴趣怎么变化，任何概念重构都不可能使它消散。他在文章中还使用了国家性（stateness or statehood）这一概念。[2] 尽管奈特尔的主张并未立即激发学界对国家的普遍兴趣，但他的相关论述却为后来"找回国家"派的兴起奠定了重要基础。从20世纪70年代末、80年代初始，国家重新回到政治学研究的中心。这一波有关国家研究的热潮得到不少学者的接续，并形成了"社会中的国家"、全球化时代的国家命运等新的研究热点。

国家性涉及国家是什么以及国家的构成要素等问题。在众多学者的讨论中，他们始终绕不开这样一个经典问题，即国家是什么？对国家的界定及其构成的解析，实际上也就直接或间接地涉及了"国家性"这一主题。对此，不同理论流派的思想家和学者给出了不一样的回答。在古典时期（主要是欧陆传统），人们更多是从抽象的角度来解释国家。概括而言，已有关于国家性的观点可以分为"结构"（实体）和"过程"两类。

1. "结构"视角下的国家性

从"结构"视角来理解国家性的学者倾向于将国家视为一个实体。其

---

[1] 列宁：《论国家》（第3版），人民出版社1973年版，第1页。
[2] Nettle. J. P. "The State as a Conceptual Variable". *World Politics*, Vol. 20, 1968 (4): 559 - 592.

代表性的理论流派主要包括社会共同体学说、马克思主义、韦伯主义、黑格尔主义、社会契约论和"找回国家"派等。

(1) 社会共同体学说

自古希腊以降，不少政治学家都将国家视为一种社会共同体，即国家是人们基于特定目的而结合在一起的群体。① 亚里士多德认为，"城邦是若干过着良好生活的家庭和氏族的组合，其目的是能过上一种完全自给自足的生活……这些都是善的结果，人们共同生活在一起的意志便是善……一个城邦是由若干家庭和村镇组成的，为了完满和自足的生活，这就是我们所谓的幸福而高尚的生活"。② 古典国家的主要表现形式就是城邦。城邦作为一个社会共同体，是一种实体性的存在。

(2) 马克思主义

马克思主义将国家视为阶级统治的暴力工具。马克思和恩格斯在《共产党宣言》中阐明了无产阶级斗争的目标就是从资产阶级手中夺取国家政权，"把一切生产工具集中在国家即组织成为统治阶级的无产阶级手里"③。恩格斯认为，国家是社会发展到一定阶段的产物，是用以协调阶级矛盾的工具，是为统治阶级服务的。国家是"一种表面上凌驾于社会之上的力量，这种力量应当缓和冲突，把冲突保持在'秩序'的范围以内；这种从社会中产生但又自居于社会之上并且日益同社会相异化的力量，就是国家"④。恩格斯区分了国家与氏族组织，一是国家按照地区来划分它的国民；二是国家具有公共权力。⑤ 恩格斯还指出，在某些特定的时候，国家会呈现暂时的自主性，他讲道："但也例外地有这样的时期，那时互相斗争的各阶级达到了这样势均力敌的地步，以致国家权力作为表面上的调停人而暂时得到了对于两个阶级的某种独立性。"⑥ 列宁继承了恩格斯关于国家的理论观点。他认为，国家是系统地采用暴力和强迫人们服从暴力的特殊机构。暴力机构构成了国家的实质。⑦

---

① 王浦劬:《政治学基础》(第 3 版)，北京大学出版社 2014 年版，第 188 页。
② 亚里士多德:《政治学》，陈虹秀译，台海出版社 2016 年版，第 109—110 页。
③ 《马克思恩格斯选集》第 1 卷，人民出版社 2012 年版，第 421 页。
④ 《马克思恩格斯选集》第 4 卷，人民出版社 1995 年版，第 170 页。
⑤ 《马克思恩格斯选集》第 4 卷，人民出版社 1995 年版，第 170 页。
⑥ 《马克思恩格斯选集》第 4 卷，人民出版社 1995 年版，第 172 页。
⑦ 列宁:《论国家》(第 3 版)，人民出版社 1973 年版，第 6—7 页。

(3) 社会契约论

社会契约论将国家视为人们为了结束自然状态而通过契约的方式将权力交由独立的公共机关行使的结果。其代表性人物包括霍布斯、洛克、卢梭等。霍布斯和卢梭认为人们通过单重契约建立国家，而洛克则提出双重契约的观点。霍布斯认为国家应该具有全部的权力，而最好的国家政权形式就是君主制。[①] 洛克则认为政府应该是有限政府。国家权力由立法权、执行权和对外权等不同部分组成。[②] 尽管这些思想家的具体观点存在差异，但总体而言他们都将国家视为一个实体性的公共权力机构。

(4) 韦伯主义

韦伯（Weber）认为，现代理性国家是从西方产生的。韦伯特别重视暴力（武力）在国家形成中的作用。他指出，国家是垄断合法暴力和强制机构的统治团体。[③] "归根究底，近代国家要在社会学上得到界定，唯有诉诸它特具的手段：直接的武力……国家乃是使用武力的'权利'的唯一来源"[④]。韦伯还认为，理性国家的建立有两大基础：一是专业化的官僚体制；二是理性的法律。

韦伯不仅将国家视为一种实体，而且将其具体分解为暴力、官僚体制、法律等不同部分。他还对统治合法性类型进行了深入分析。这些都为后来的社会科学研究者在探讨国家问题时提供了重要指南。韦伯有关国家的一些基本思想和理论也被奈特尔以及"找回国家"派的学者们所借鉴和吸收。

1968年，奈特尔提出，"国家性"应该包含四个层面的内涵：第一，国家是一个功能和结构的集合体。具体涉及民族、领土、主权、政府、法律和官僚机构。第二，国家是国际关系领域的代表和行动主体。奈特尔认为，无论其国家性强度如何，国家的国际功能都是一个常量。第三，国家是一个自主的（autonomous）集体。奈特尔对国家自主性进行了阐释。他指出，国家的自主性受到社会的限制。国家自主性通过其排他性和主导地

---

① [英]霍布斯：《利维坦》，黎思复、黎廷弼译，杨昌裕校，商务印书馆1997年版。
② [英]洛克：《政府论》（下），叶启芳、瞿菊农译，商务印书馆1964年版，第84—89页。
③ [德]韦伯：《经济与社会》（下），林荣远译，商务印书馆1997年版，第730页。
④ [德]韦伯：《学术与政治》，钱永祥译，广西师范大学出版社2004年版，第196—197页。

位反映出来。国家自主性与其结构或角色特征有关。拥有强大自主性的国家倾向于制定大量的制度来实现其功能，并扮演主导性的角色。第四，国家是一种社会文化现象。这主要涉及国家的身份认同。在主观上，国家必须获得政治参与者的认同。在客观上，国家成为一个统一的、具有内聚力的集体。奈特尔还从历史传统、思想传统和文化这三个层面进行了阐述。而且，他认为文化是国家形成的最重要的一种路径。因为它是使任何体系化的秩序成为可能的一种路径。[1]

奈特尔对"国家性"的阐释为"找回国家"派（又称"新国家主义"）提供了重要的理论启发。20世纪70年代末，西达·斯考切波以其著作《国家与社会革命》向马克思主义、结构功能主义、多元主义等理论流派发起了挑战。斯考切波秉持一种现实主义国家观，她明确反对将国家仅仅看成一个争夺基本社会经济利益而展开冲突的舞台，认为研究社会革命时应该将国家置于关注的中心。在她看来，国家是一套自为的组织（organization-for-itself），国家由一定的边界和人口构成并予以控制："它是一套以执行权威为首，并或多或少是由执行权威加以良性协调的行政、政策和军事组织……只要这些基本的国家组织存在，它们在任何地方都具有摆脱支配阶级直接控制的潜在自主性。"[2] 对于国家自主性的分析，斯考切波主张一种经验主义的研究进路。她认为，人们可以根据具体的场景来观察不同国家的自主性程度及其实际影响，并可从某个国家特定的政治系统及其特定的历史性国际环境来展开分析。[3]

在随后与彼得·埃文斯等人合作主编的《找回国家》一书中，斯考切波进一步对"国家自主性"和"国家能力"等问题进行了阐述。她认为，所谓国家自主性就是"国家可能会确立并追求一些并非仅仅是反映社会集团、阶级或社团之需求或利益的目标"[4]。所谓国家能力就是国家实施其目标所能达到的程度，即国家能不能有效地打败或压制强势社会集团。由于

---

[1] Nettle. J. P. The State as a Conceptual Variable. *World Politics*, Vol. 20, 1968 (4): 562-566.

[2] ［美］西达·斯考切波：《国家与社会革命》，何俊志、王学东译，上海人民出版社2007年版，第25—33页。

[3] ［美］西达·斯考切波：《国家与社会革命》，何俊志、王学东译，上海人民出版社2007年版，第30页。

[4] ［美］彼得·埃文斯、迪特里西·鲁斯迈耶、西达·斯考切波：《找回国家》，方力维等译，生活·读书·新知三联书店2009年版，第10页。

国家在实现其目标时往往会受到其他社会组织尤其是强势社会集团的阻挠，因此，"'国家自主性'不是任意政府体系中的一种固定不变的结构性特征，它可以获得也可能会丧失"①。

查尔斯·蒂利在《强制、资本和欧洲国家》一书中，分析了国家、地方社会和民众在国家形成中的角色和行为。他实际上也是将国家视为一个实体，国家能力是国家执行其政治决策的能力。② 弗朗西斯·福山将"国家性"分解为国家职能、治理能力以及合法性这三个维度。③ 他认为："有必要将国家活动的范围和国家权力的强度区别开来，前者主要指政府所承担的各种职能和追求的目标，后者指国家制定并实施政策和执法的能力特别是干净的、透明的执法能力——现在通常指国家能力或制度能力。"④ 在此基础上，福山区分了国家性的四种结合方式：强国家职能—强国家能力、强国家职能—弱国家能力、弱国家职能—强国家能力、弱国家职能—弱国家能力。⑤

此外，王绍光、胡鞍钢认为，国家能力包括四个要素：合法化能力、宏观调控能力、财政汲取能力和强制力。⑥ 黄冬娅则将国家分解为稳定的政治制度、相对稳定的政治环境和变化的政治背景这三个层次变量。⑦

以斯考切波为代表的"找回国家"派在西方社会科学界掀起一股研究国家问题的热潮。相关研究成果大量涌现，并越出政治学界，而波及社会学、历史学和经济学等学科。不过，"找回国家"派的理论观点带有较强的韦伯主义色彩，遭到一些学者的反思和抨击。其中，米格代尔（J. S. Migdal）等人对"找回国家"派的反思和拓展尤其值得总结。

---

① ［美］彼得·埃文斯、迪特里西·鲁斯迈耶、西达·斯考切波：《找回国家》，方力维等译，生活·读书·新知三联书店2009年版，第18页。
② ［美］查尔斯·蒂利：《强制、资本和欧洲国家：公元990—1992年》，魏洪钟译，上海人民出版社2007年版。
③ ［美］弗兰西斯·福山：《国家构建：21世纪的国家治理与世界秩序》，黄胜强、许铭原译，中国社会科学出版社2007年版，序言第3页。
④ ［美］弗兰西斯·福山：《国家构建：21世纪的国家治理与世界秩序》，黄胜强、许铭原译，中国社会科学出版社2007年版，第7页。
⑤ ［美］弗兰西斯·福山：《国家构建：21世纪的国家治理与世界秩序》，黄胜强、许铭原译，中国社会科学出版社2007年版，第11—12页。
⑥ 王绍光、胡鞍钢：《中国国家能力报告》，辽宁人民出版社1993年版。
⑦ 黄冬娅：《国家如何塑造抗争政治——关于社会抗争中国家角色的研究评述》，《社会学研究》2011年第2期。

2. "过程"视角下的国家性

持"过程"视角的研究者将国家视为一种动态过程,而不是一个静态的实体。"过程"论者包括米格代尔以及后结构主义(关系主义、文化主义)的福柯、米切尔等。

米格代尔肯定了"找回国家派"在将国家带回社会科学研究的中心的重要意义,但他认为该理论流派过于强调了国家的自主性,而忽略了国家受到社会的制约和反作用。而且,"找回国家派"将国家与社会视为二元对立、零和博弈的关系。这并不符合事实。在米格代尔看来,国家与社会并不是二元对立的,而是互相作用、互相改变、互相赋权的。[①] 他还批评了"找回国家派"将国家视为一种实体的倾向。为此,他重新界定了国家。他认为:"国家是一个权力的场域,其标志是使用暴力和威胁使用暴力,并为以下两个方面所形塑:(1)一个领土内具有凝聚性和控制力的、代表生活于领土之上的民众的组织的观念;(2)国家各个组成部分的实际实践。真实的国家是由两种元素塑造的,即观念和实践。这二者之间会交互重叠并加强,也可能会相互排斥甚至相互毁灭。"[②] 米格代尔为学界提供了一种不同于韦伯意义上的国家概念。他不再将国家视为一个统一的实体,而是主张将国家进行拆解展开研究,由此形成"社会中的国家"这一新研究路径。

除了米格代尔之外,一些后现代主义学者也主张从过程的视角来理解国家。后现代主义的学者对国家进行了解构。他们秉持一种关系主义的国家观。关系主义"将世界理解为是一个动态的过程,在此过程中关系得以展开"。"关系主义强调的是一种嵌入性、情境性和动态性。"[③]

后现代主义的代表性人物福柯从三个方面向传统国家理论发起了挑战。

一是否认国家的至高无上性。福柯认为:"国家主权凌驾于一切之上,并且具有司法和镇压模式的国家,在当今社会已经成为不合时宜的产物

[①] [美]乔尔·米格代尔、[美]阿图尔·柯里、[美]维维恩·苏:《国家权力与社会势力:第三世界的统治与变革》,郭为桂等译,江苏人民出版社2017年版,第3—5页。

[②] [美]乔尔·米格代尔:《社会中的国家》,李杨、郭一聪译,江苏人民出版社2013年版,第16页。

[③] 肖文明:《国家自主性与文化:迈向一种文化视角的国家理论》,《社会学研究》2017年第6期。

了……无情的战争让国家失掉了以往的特权，成为权力众多栖身之所中的一处。换言之，它的特性、自治力和优越性都有所下降。"①

二是重新界定国家与社会关系。福柯认为国家是嵌入社会关系网络之中的。他指出："国家是一个完整的权力网络上的超级结构。"②"国家真正融入到社会中去了。现代的权力关系在不断地冲击着国家的底线……在国家之外，还有着一个监狱式社会。"③

三是强调权力的弥散性。福柯不再将权力视为"只有君主或统治阶级才能掌握、使用或交换的物质"。他主张权力"会融入到社会中，形成一种普遍存在的社会关系。权力并不需要一个形而上学的无权力的'外观'。它已经渗透到整个社会中去。所以，权力关系并非人们所想的自上而下，而是自下而上"④。因此，研究国家权力时就不能局限于将其视为一种外在的实体，而应该考察权力的社会关系网络和组织过程。

后现代主义的另一代表人物米切尔（Timothy Mitchell）进一步发展了福柯的国家理论。他认为，国家在日常政治生活中的实体化只是一种"影像"。"把国家当作一个具体而单一的超级物质存在本身就是一个骗局。"⑤他指出，国家、社会与经济之间实际上存在着复杂的制度网络与机制，社会与政治秩序也由此得以维系。⑥在米切尔的解释中，"国家已经完全失去了能成为社会和政治实体的特征，它只是某个过程的结果而已"⑦。

后现代主义学者将"过程"视角的国家理论进一步深化，但其也容易

---

① ［美］阿若诺威兹、布拉提斯：《逝去的范式：反思国家理论》，李中译，吉林人民出版社2008年版，第109—111页。
② ［美］阿若诺威兹、布拉提斯：《逝去的范式：反思国家理论》，李中译，吉林人民出版社2008年版，第109—111页。
③ ［美］阿若诺威兹、布拉提斯：《逝去的范式：反思国家理论》，李中译，吉林人民出版社2008年版，第111页。
④ ［美］阿若诺威兹、布拉提斯：《逝去的范式：反思国家理论》，李中译，吉林人民出版社2008年版，第110页。
⑤ ［美］阿若诺威兹、布拉提斯：《逝去的范式：反思国家理论》，李中译，吉林人民出版社2008年版，第113页。
⑥ 肖文明：《国家自主性与文化：迈向一种文化视角的国家理论》，《社会学研究》2017年第6期。
⑦ ［美］阿若诺威兹、布拉提斯：《逝去的范式：反思国家理论》，李中译，吉林人民出版社2008年版，第115页。

滑向另一个极端,将国家视为"幻象",走向"无国家理论"①。

总之,学界有关国家性的理解主要有"结构"和"过程"视角。持"结构"视角的学者将"国家性"分解为以下几种要素。

其一,物质性。主要指国家的物理空间,包括人口、民族、疆域、官僚机构等。

其二,国家职能。指国家权力覆盖的范围,或者国家承担的具体功能。国家需要通过制定相应的制度、政策来履行国家职能。

其三,国家自主性。指国家按照自身意志设定目标,包括对内自主性和对外自主性。对内自主性是指国家不必屈服于国内社会势力的阻挠和反对而制定有利于自身利益的目标。对外自主性是指国家在国际事务中的决策不必受制于他国的干涉。

其四,国家能力。指国家实现其意志和目标的能力,涵盖强制能力（暴力）、汲取能力和规训能力。

其五,合法性。主要涉及国家获得民众认同程度的高低。

"国家性"的上述五个方面,又都系于国家与社会的关系。无论是国家的基本构成、国家履行职能,抑或国家实现其自主性、国家能力的大小以及国家的合法性,都需要国家接触社会。

本书更倾向于将"国家性"定义为一种过程。它不仅涉及国家能力、国家合法性、国家自主性等内容,而且注重揭示和探讨这些"国家性"变量的微观过程与实践机制。质言之,"要正确理解国家,就必须既看到作为一套制度安排的国家在现实中的具体运作,也要看到行动者对国家的具体想象和抽象理论,以及行动者的国家理论是如何被建构、被改变的……看到国家与行动者之间相互构成、相互形塑的过程"②。

(二) 地方性

学界有关"地方性""地方社会"的讨论主要见于政治学、人类学、社会学和社会史研究等学科领域。

政治学、社会学和社会史研究者对"地方性""地方社会"的讨论基

---

① [美]阿若诺威兹、布拉提斯:《逝去的范式:反思国家理论》,李中译,吉林人民出版社2008年版,第115页。
② 刘拥华:《抗争政治与有限国家》,《社会科学》2017年第5期。

本上都是在国家与（地方）社会关系的框架下展开的。

在政治学中，较多涉及"地方性""地方社会"问题的主要是农村政治学领域。代表性成果包括徐勇的《国家化、农民性与乡村整合》和《城乡差别的中国政治》、肖唐镖的《宗族政治》、于建嵘《岳村政治》和吴毅的《村治变迁中的权威与秩序》等。

在社会学领域，费孝通对传统乡村社会的"双轨政治"研究是有关传统国家权力与地方社会关系的经典作品。① 此外，郭于华、孙立平等人运用口述史方法对近现代革命和建设时期国家权力与地方精英之间的关系展开了深入研究。② 张静则运用"结构/制度"分析方法对国家政权建设过程中国家权力与地方精英之间互动进行了分析。③

在当代社会科学研究中，另一个较多涉及"地方性""地方社会"的学科领域当属社会史研究。特别是该领域中有关国家与地方社会关系的研究成果。在社会史研究中，"地方"是一个抽象的指称，缺乏一个明确的指向。学者们倾向于将整个乡村社会称为"地方社会"。在具体研究过程中，"地方社会"时而指涉地方精英，时而指向地方宗族、地方文化等。相关研究的主题集中于探讨国家如何向地方社会渗透等问题。④

总体而言，这些研究呈现的是国家权力如何战胜地方势力的单向度渗透过程。国家政权建设、国家对地方社会的改造和地方社会的国家化是研究者用来分析和概括国家与地方社会之间关系的话语。他们或者认为"地方性"在国家政权建设过程中逐渐被湮灭，或者指出地方社会对国家权力的反制，导致国家权力无法顺利实现既定目标（典型如杜赞奇所谓的国家政权建设"内卷化"）。在这些研究中，国家权力与地方社会呈现此强彼弱的样态。"国家渗透—地方反制"是这类研究的主要解释范式。主导相关

---

① 费孝通：《乡土重建》，岳麓书社 2012 年版。
② 郭于华、孙立平：《诉苦：一种农民国家观念形成的机制》，《中国学术》2002 年第 4 期。
③ 张静：《基层政权：乡村制度诸问题》，上海人民出版社 2006 年版。
④ [美] 杜赞奇：《文化、权力与国家——1900—1942 年的华北农村》，江苏人民出版社 2003 年版；杜赞奇、罗红光：《在国家与地方社会之间》，《社会学研究》2001 年第 1 期；黄宗智主编《中国研究的范式问题讨论》，社会科学文献出版社 2003 年版；郑振满：《乡族与国家：多元视野中的闽台传统社会》，生活·读书·新知三联书店 2009 年版；李怀印：《华北村治》，中华书局 2008 年版；[英] 科大卫、刘志伟：《宗族与地方社会的国家认同》，《历史研究》2000 年第 3 期；郑榕：《国家权力、宗族与基层社会——民国时期的闽南宗族》，《东南学术》2016 年第 6 期。

领域研究的仍然是现代化、国家化的宏大叙事。

与上述在现代化和国家化宏大叙事框架下展开的研究不同，人类学提供了一种带有后现代色彩的"地方性"解读模式。后现代的特征之一就是"地方性"（localize）——求异。① 它所代表的是对全球化、现代化的反思和质疑。人类学家克利福德·吉尔兹强调"地方性知识"（local knowledge）在文化人类学研究中的重要性。他认为，法律是多样化的："法律……乃是一种地方性的知识；这种地方性不仅指地方、时间、阶级与各种问题而言，并且指情境而言——事情发生经过自有地方特性并与当地人对事务之想象能力相联系。"② 吉尔兹的观点是对当时西方文化人类学界强调宏观和全方位（holistic）、凸显共性而抹杀个性的大叙述学术潮流的一种反叛。③ 在吉尔兹那里，"地方性"更多的是一种文化，包含规则、符号、语言、仪式所组成的一套意义结构。这一概念意在强调对部落、少数族类或者所谓"落后社会"的生活方式和社会规则的尊重（同情性理解）。人类学家希望从"地方性"中发现不同于宏大叙述的独特之处，从而挑战长期以来在人类学乃至整个社会科学体系中占主导地位的现代性话语。由此观之，与其说文化人类学中的"地方性"是一个实体概念，毋宁视之为一种分析视角。

由此可见，政治学、社会学、社会史和人类学等学科领域中的相关研究者都涉及"地方性""地方社会"，但他们并非在同一个叙事范式下展开研究。政治学、社会学和社会史研究大多遵循的是现代化、国家与社会关系的主流叙述范式，而人类学的"地方性"恰恰是要质疑和反思现代化的宏大叙事。当然，在近十多年来的社会史研究中，学者们也不可避免地受到后现代思潮的影响，开始关注地方社会传统的"韧性"及其与国家权力的合作。④

---

① ［美］克利福德·吉尔兹：《地方性知识：阐释人类学论文集》，王海龙、张家瑄译，中央编译出版社2000年版，导读一，第19页。
② ［美］克利福德·吉尔兹：《地方性知识：阐释人类学论文集》，王海龙、张家瑄译，中央编译出版社2000年版，第273页。
③ ［美］克利福德·吉尔兹：《地方性知识：阐释人类学论文集》，王海龙、张家瑄译，中央编译出版社2000年版，导读二，第41页。
④ 李怀印：《华北村治》，岁有生、王士皓译，中华书局2008年版，第303—315页；祁建民：《民国以来国家建设过程中的宗族问题》，载《中国社会历史评论》（第十卷），天津古籍出版社2009年版，第122—133页。

国家性、地方性与基层治理

　　本书既借鉴和吸收了上述学科领域的研究成果，同时又对既有的"地方性"研究保持一定的反思。以吉尔兹为代表的文化人类学"地方性"概念启发我们从"文化持有者的内部眼界"去对地方社会进行同情性理解，关注那些由仪式、符号、语言和社会规范所编织起来的意义之网。但其过于注重文化而忽视其他社会结构在地方社会中的重要性，同时，文化人类学对"地方性"进行拆解和阐释，在深度剖析其意义的同时，也可能陷入"碎片化"的困境。

　　针对政治学、社会学和社会史研究中"国家渗透—地方反制"的直线式叙述模式，本书将强调，国家与社会关系不仅仅是国家向地方社会渗透的单向度过程，也不仅仅是国家权力与地方社会此强彼弱的零和对立状态，无论是自上而下视角还是自下而上视角对国家与社会问题的讨论，"所体现的都是一种二元论的二分法思维方式，国家与地方，变成了一种对立关系……单纯地从国家往下看，或者单纯地把地方变成一个非常田园的、和平的传统社会，都有自身的局限性"[①]。李怀印也认为："地方行政的特点，在于让当地内生性制度安排承担日常的管理职责，而不是国家和社会的对抗。"[②] "20世纪以前中华帝国的乡村—国家关系，不能简单视为国家和社会的二元对立……归根结底，中华帝国后期的乡村—国家关系，与其说是互相对立，不如说是互相依赖"[③]。甚至，在中国传统社会中，还可能存在国家与社会都同时参与其中的"第三领域"[④]。

　　此外，正如孙立平所说："如果将目前正在发生的这样一种社会变革看作与波兰尼所说的'大转变'具有同样意义的社会变迁的话，不涉及普通人在这个过程中的状态和作用，对这个过程的理解就不会是很全面的。"[⑤] 与已有研究的精英叙事模式不同，本书不仅关注地方社会精英，而且注重考察普通民众的日常政治，发掘"普通人的国家理论"[⑥]。

　　本书将国家性与地方性的关系机制概括为五类。

　　①国家性压制地方性。主要指国家对地方社会采取强制措施，对地方

---

① 杜赞奇、罗红光：《在国家与地方社会之间》，《社会学研究》2001年第1期。
② 李怀印：《华北村治》，岁有生、王士皓译，中华书局2008年版，第304页。
③ 李怀印：《华北村治》，岁有生、王士皓译，中华书局2008年版，第307—310页。
④ 黄宗智主编《中国研究的范式问题讨论》，社会科学文献出版社2003年版，第260页。
⑤ 孙立平：《迈向对市场转型实践过程的分析》，《中国社会科学》2002年第2期。
⑥ 项飙：《普通人的国家理论》，《开放时代》2010年第10期。

民众的越轨、犯罪行为坚决予以打击。目前，在应对社会抗争时，国家采取强制方式的情况较以前大为减少。一般而言，地方政府都不会采取强制措施。当然，在特殊情况下，比如两会等重要敏感时节、抗争者严重冲击公共秩序、肆意制造事端、发生重大群体性事件或者民众阻挠公共设施项目推进等，地方政府可能采取强制措施。

②国家性吸纳地方性。就是国家有意识地将地方势力吸纳进入国家政权，使地方势力实现一定程度的体制化。这样，国家为地方势力提供一定待遇，同时也有利于国家通过体制手段来管控地方社会。此外，国家采用收买方式稳定地方社会。比如，近十年来，国家设立信访疑难专项资金，专门解决"三跨三分离"等信访疑难案件，使这类上访群体息访罢诉。

③国家性与地方性合作。指国家与地方社会采取合作共赢的方式处理相关问题。比如，国家委托或利用家族理事会等民间组织来处理地方社会内部的矛盾或者协调某些民众与国家之间的矛盾。

④地方性求助于国家性。指地方社会或上访民众主动寻求国家权力的援助，用以实现自身诉求目标。这在由邻里纠纷、家族斗争或派系竞争而导致的农民上访中表现得尤为明显。

⑤地方性反制国家性。指地方社会为了实现自身诉求目标而与国家进行一定程度的抵制。比如，在南方宗族力量强大的地区，当国家侵犯了宗族利益时，宗族成员可能会团结起来共同抵制国家。

以上五类关系可简化为压制、吸纳、合作、求助和反制五类机制。这为我们呈现了国家性与地方性的关系谱系。当然，本书对国家性与地方性关系的分类只是理想类型意义上的。在实践中，同一个上访案例可能既有国家吸纳地方性的因素，也包含地方性反制国家的因素，甚至还包括其他关系类型。这就需要我们深入农民上访的具体情境进行分析。

四　研究方法与田野工作

本书采用机制分析这一研究方法。机制概念在学术研究中常被提及。罗伯特·默顿认为，社会机制是"对于社会结构的特定部分具有特定作用的社会过程"①。本书所谓机制，是指社会现象之间的内在联系。可以说，大部分现代社会科学研究活动都属于机制分析。从历史源流而言，机制分析隶属于社会科学研究中的解释传统。学者赵鼎新曾讲道："理想的社会科学研究状态应是一个以机制为基础的，在带有一定哲学色彩的理论指导下的实证研究。"② 在本书中，所谓机制分析，是指以事件发展过程为基础，探讨行动者与社会结构之间的互动关系和机制。"机制研究是中观研究，向下可以连接到丰富的经验，形成与经验之间的硬对话，向上则可抽象为一般化理论。"③ 机制分析旨在将行动者和社会结构统合于事件发展过程中，从而克服"结构—制度"分析与"过程—事件"分析的二元对立。本书之所以采用机制分析方法，既源于研究问题和内容的需求，又与笔者对既有相关研究方法的审视有关。

　　长期以来，"结构—制度"分析是社会科学界比较流行的研究方法。特别是在20世纪中期，结构功能主义和社会系统论大行其道，一度在社会科学研究中占据主流地位。此后，行为主义、后现代主义的兴起，向结构功能主义、社会系统论发起了挑战。不过，尽管结构功能主义、社会系统论遭受重创，但并没有因此而退出社会科学的舞台。相反，到20世纪70年代，伴随国家中心论、新制度主义等理论流派的重新崛起，结构分析的视角再度焕发生机与活力。

　　时至20世纪80年代，针对国家中心论等理论流派过于注重国家结构/制度的取向，美国学者乔尔·米格代尔等人曾倡导过程导向的研究方法。如前所述，米格代尔将国家界定为由观念和实践两种元素所构成。④ 米格代尔的主张源于其所观察到的两个悖论：一是第三世界国家政治图景的巨变与国家机构实际绩效低下的悖论；二是第三世界国家高层领导者的政治行为"往往会持续地、有意地削弱国家机构自身——而这些机构正是它们

---

① ［美］罗伯特·默顿：《社会理论与社会结构》，唐少杰、齐心译，译林出版社2006年版。
② 赵鼎新：《社会与政治运动讲义》，社会科学文献出版社2006年版，第7—13页。
③ 贺雪峰：《华中村治研究中的机制研究》，载贺雪峰主编《华中村治研究》（2016年卷），社会科学文献出版社2016年版，第55页。
④ ［美］乔尔·米格代尔：《社会中的国家》，李杨、郭一聪译，江苏人民出版社2013年版，第16页。

赖以增强其能力和政策效果的工具"①。他进而认为，这种国家的双重性是理解第三世界的核心问题。②"国家的能力（或者缺乏能力），尤其是其实行其社会政策、动员公众的能力，和社会结构十分相关。"③

因此，米格代尔主张，研究者不能将国家视为一种实体，而应该对其进行拆解分析。在《国家权力与社会势力：第三世界的统治与变革》一书中，米格代尔等人指出："不仅要研究通常位于首都政治中心的国家最高组织，而且要研究边缘地带的国家—社会互动关系……强调将国家分解观察的必要性，尤其注重国家的各个部分，而不是人们寻常所关注的权力顶峰；也强调观察国家与社会之间模糊流动的边界的必要性；还强调体察国家与社会相互改造转化的必要性。"④ 米格代尔主张打破未分殊化的国家和社会的概念，这样才能理解它们如何各自朝着不同的方向前进，并最终导向不可预测的支配和社会转型的模型。⑤ 研究位于其相应环境中国家部分和个人部门彼此之间的关系，就构成了他所谓的国家人类学。⑥

可以说，在现代西方社会科学界，结构分析与其反对者（行为主义、后现代理论等）之间的竞争和分歧长期未曾停歇。

在国内社会科学界，自20世纪90年代末以来，也同样存在"结构—制度分析"与"过程—事件"分析这两种研究取向的交锋。

学者张静在研究中国乡村基层政权问题时曾提出"结构—制度"分析的研究方法。该方法主张"结构—制度"对于基层干部行为具有决定性的作用。"运用结构—制度方法分析社会行为时，分析者往往会特别重视具体'事件'或'过程'所反映的社会（结构）关系，因为他们假

---

① ［美］乔尔·米格代尔：《强社会与弱国家》，张长东等译，江苏人民出版社2009年版，前言第3页。
② ［美］乔尔·米格代尔：《强社会与弱国家》，张长东等译，江苏人民出版社2009年版，第9页。
③ ［美］乔尔·米格代尔：《强社会与弱国家》，张长东等译，江苏人民出版社2009年版，第35页。
④ ［美］乔尔·米格代尔、［美］阿图尔·柯里、［美］维维恩·苏：《国家权力与社会势力：第三世界的统治与变革》，郭为桂译，江苏人民出版社2017年版，第3—4页。
⑤ ［美］乔尔·米格代尔：《社会中的国家》，李杨、郭一聪译，江苏人民出版社2013年版，第103页。
⑥ ［美］乔尔·米格代尔：《社会中的国家》，李杨、郭一聪译，江苏人民出版社2013年版，第128页。

定,人的行动是被他生存其中的(正式或非正式的)制度所刺激、鼓励、指引和限定的,'事件'是现时各种制度、社会关系(结构)复杂作用的'产物'。"①

随后,孙立平等人批评"结构—制度"分析只注重静态的结构和制度,而忽略了社会现象的动态过程(所谓静态结构中的不可见性)。他们倡导运用"过程—事件"的分析方法,从社会现象的动态过程来研究当代中国农村的国家与农民关系。"过程—事件"分析方法的提出,源于孙立平等人在观察当代中国农村中国家与社会关系时所发现的悖论现象:国家的结构特征与其效能之间存在着明显的不对称。即一方面,改革以后国家权力从农村退出甚至发生衰败;但另一方面,国家对农村社会生活并没有完全失控,国家的意志在农村仍然得到了基本贯彻执行。对于此种悖论,他们认为需要采用"过程—事件"分析方法,来再现复杂而微妙的社会现象,发掘"微小实践"和"社会隐秘"。在这里,过程可以作为一个相对独立的解释源泉或解释变项。② 此后,孙立平在此基础上进一步对"过程—事件"分析进行了拓展性讨论,并提出建立和发展"实践社会学"的设想。他将实践社会学的研究概括为四个环节:过程、机制、技术和逻辑。③如果我们将目光转向西方社会科学界,可以看出,孙立平等人在2000年左右提倡的"过程—事件"分析方法与米格代尔以过程为导向的国家人类学研究方法实际上有异曲同工之妙。只是孙立平等人的过程—事件分析方法是针对中国本土语境中的国家与农民关系。

针对过程—事件分析方法的挑战,张静在回应时以斯考切波和道格拉斯·诺斯等人的研究为例,指出"结构—制度"分析并非不注重过程(历史)因素;"结构—制度"分析与"过程—事件"分析并不是互相排斥的。此外,她还指出,有些采用"结构—制度"分析方法的研究显得比较肤浅,这并不是这一分析框架的问题,而是对该框架运用的能力和方式问题。退一步讲,即使是采用"过程—事件"分析方法所获取的经验材料,

---

① 张静:《基层政权:乡村制度诸问题》,上海人民出版社2006年版,第11页。
② 孙立平:《"过程—事件分析"与当代中国农村国家农民关系的实践形态》,载谢立中主编《结构—制度分析,还是过程事件分析?》,社会科学文献出版社2010年版,第140页。
③ 孙立平:《迈向市场转型实践过程的分析》,《中国社会科学》2002年第2期。

也仍然可以运用"结构—制度"这一研究方法加以分析。①

此后,学界也有其他一些学者参与了这场争论。比如,谢立中认为,"过程—事件"分析方法并不比"结构—制度"分析高明,运用"过程—事件"分析方法也无法探究社会的隐秘。无论是"结构—制度"分析还是"过程—事件"分析,都只不过是研究者针对社会现象而采取的不同话语建构方式。②肖瑛则提出可以用"制度与生活"的研究方法来替代"国家与社会关系"的研究方法。③吴晓林认为,"过程—事件"分析方法走向了一个忽视结构的极端。他主张将结构与过程二者结合起来。④

笔者认为,无论是"结构—制度"分析还是"过程—事件"分析,抑或是其后对这两种研究方法的修正,都没有能够摆脱二元对立的思维。虽然有的研究者强调国家与社会的互动关系,但其在本质上仍然是秉持一种"国家与社会"(或者制度与生活、结构与过程)的二分法。而机制分析恰恰可以弥合这种二元对立。正如查尔斯·蒂利和西德尼·塔罗所言:"抗争政治之核心机制则是互动性。"⑤在他们那里,所谓"互动性"是指"把抗争政治当作在挑战者、其对手、利害相关的第三方、媒体以及其他更多因素之间的互动"⑥。

之所以形成"结构—制度"分析和"过程—事件"分析的分野,源于研究者在本体论和认识论方面的差异。也就是他们在看待行动者和结构何者更为优先和根本的问题。主张"结构—制度"分析方法的研究者认为结构居于首要的地位,结构具有根本性作用。相反,主张"过程—事件分析"的研究者则强调行动者的主观能动性,强调行动者对结构、制度的改变。

---

① 张静:《基层政权:乡村制度诸问题》,上海人民出版社2007年版,第13—15页。
② 谢立中主编《结构—制度分析还是过程—事件分析?》,社会科学文献出版社2010年版,第272—273页。
③ 肖瑛:《从"国家与社会"到"制度与生活":中国社会变迁研究的视角转换》,《中国社会科学》2014年第9期。
④ 吴晓林:《结构依然有效:迈向政治社会研究的"结构—过程"分析范式》,《政治学研究》2017年第2期。
⑤ [美]查尔斯·蒂利、西德尼·塔罗:《抗争政治》,李义中译,译林出版社2010年版,第35页。
⑥ [美]查尔斯·蒂利、西德尼·塔罗:《抗争政治》,李义中译,译林出版社2010年版,第86页。

实际上，无论是"结构—制度"分析，还是"过程—事件"分析，抑或是其他分析方法，最终落脚点都是要揭示社会事实背后的机制，或者说发掘"社会隐秘"。以事件发展过程为主线，将行动者、结构统合于其中，呈现行动者与结构的互动关系。这样，事件发展过程在行动者与结构之间发挥着桥梁作用。我们可以通过对事件发展过程的描述与解析来勾连行动者与结构，从而提炼概括出相应的机制。具体而言，机制分析方法具有以下几方面的优势。

首先，有利于弥合静态与动态、结构与过程之间的张力。

机制分析不仅能够消除"结构—制度"分析的静态特征，摒弃"结构的不可见性"，而且有利于扭转"过程—事件"分析无视结构功能、滑向虚无主义的倾向。"构成机制研究的前提是，我们认为各种偶然现象背后存在支配性力量和结构，它们决定事物的性质和演变规律，研究的目的就是将其提炼为理论性认识。机制分析反对将'过程'本体化，反对过分放大偶发性和随机性，机制分析要求抓住事物中主要矛盾的主要方面，是要透过现象看本质。"[①] 机制分析既关注社会事实的动态发展过程，又注重把握社会事实背后的结构因素，将静态与动态、结构与过程统合起来。这样，该研究方法还能避免"过程—事件"分析和关系主义研究进路[②]陷入对国家进行碎片化解读的境地。

其次，有利于将行动者与结构较好地衔接起来。

长期以来，以结构分析为取向的研究者倾向于强调结构的制约作用，而以过程分析为取向的研究者则主张关注行动者的能动性。由此形成行动者与结构相互排斥、相互分离的局面。而以事件发展过程为基础的机制分析能够缓解行动者与结构之间存在的张力，将二者有机衔接起来。

诚如张静所言，分析框架本身没有高低优劣之分，而在于研究者的运用方式。采用"结构—制度"分析的研究作品之所以常常给人一种隔靴搔痒、结论肤浅的感觉，最重要的就是研究者没有深入事件发展过程中去，而是凭借一些浅表观察就匆匆下结论。相反，如果研究者能够先进入事件

[①] 桂华：《实践社会学：从1.0到2.0》，载贺雪峰主编《华中村治研究》（2016年卷），社会科学文献出版社2016年版，第73页。

[②] 李猛：《迈向关系/事件的社会学分析：一个导论》，《国外社会学》1997年第1期；肖文明：《国家自主性与文化——迈向一种文化视角的国家理论》，《社会学研究》2017年第6期。

发展过程，然后从中抽离出更为深层次的"结构—制度"要素，将极为有利于深化我们有关研究对象的规律性认识，也能避免肤浅的"结构—制度"分析。

最后，有利于摆脱研究者过于关注行动策略的困境。

纵观国内外二十余年的相关研究，学者们大多聚焦于农民的上访行动策略，而对农村社会结构及其对农民上访行为的影响则相当漠视。机制分析则有利于克服当前学界有关农民上访研究中过于关注上访行动策略的弊端。

学界有关农民上访行动的研究大致可以分为两类：一是探讨农民上访的策略；二是对农民上访行动的定性与分类。就前者而言，比较有代表性的比如李连江的"依法抗争"、于建嵘的"以法抗争"以及应星对大河移民上访过程中各种权力技术运用的分析。① 就后者而言，相关研究在最近十年来比较兴盛。代表性的比如田先红所区分的"维权型上访"与"谋利型上访"②、杨华对"治理型上访"的讨论③、陈涛和谢家飘的"混合型抗争"④ 以及其他相关的研究。⑤ 这类研究对于改变学界长期以来以维权话语和范式主导的农民抗争具有矫正作用，为我们更为客观全面地认识信访问题背后的复杂性提供了新的视角。

但上述两类研究的共同缺陷在于对农民上访行为背后的社会结构关注较为缺乏。研究者仅仅关注农民上访行为、策略，很容易被外表特征所迷惑甚至误导，从而夸大农民上访行为的政治属性。比如，有的学者将农民上访简单地视为一种西方意义上的政治参与方式，甚至由此断定参与上访的农民政治权利意识提高。他们认为，农民上访是农村民主政治发展的表

---

① 相关详细梳理可参见田先红《治理基层中国：桥镇信访博弈的叙事，1995—2009》，社会科学文献出版社 2012 年版。

② 田先红：《从维权到谋利：农民上访行为逻辑变迁的一个解释框架》，《开放时代》2010 年第 6 期。

③ 杨华：《税费改革后的农村信访治理困局》，《云南大学学报》（法学版）2011 年第 4 期。

④ 陈涛、谢家飘：《混合型抗争——当前农民环境抗争的一个解释框架》，《社会学研究》2016 年第 3 期。

⑤ 桂林、尹振东、聂辉华：《利益表达、社会稳定与公共治理》，《经济研究》2016 年第 11 期。

现形式。① 还有学者认为农民上访规模的扩大意味着农村社会"有组织抗争"的兴起,甚至将其视为农民政治诉求的表达方式。② 我们并不否认,农民上访具有一定的政治属性,甚至意味着农民权利意识的觉醒,但若据此就认为农民上访是农村民主政治发展的新开端,则难免有夸大其政治性之嫌。在海外学界发生的有关中国农民上访"权利意识"和"规则意识"的争论③,其实也与学者们观察和理解农民上访的角度有很大关系。将目光聚焦于农民上访行动策略的学者,很容易对其进行政治化的解读,而注重探讨农民上访的社会基础(政治文化传统)的学者,则更多地将当下农民上访行为视为传统文化和规则的延续。

实际上,农民上访行为的产生,不仅仅跟基层干群关系紧张有关,或者不仅仅是由于基层政权侵权所致,而且跟农村社会内部结构有着密切关系。比如,在华南等宗族传统仍然保持相对完好的农村地区,宗族之间围绕山林、土地、矿产等资源的纷争往往会诱发上访。在沿海发达地区农村,伴随阶层分化的加大,富人垄断村庄权力,位居底层的农民也会采取一些针对富人阶层的上访行为。对于这些上访行为,如果仅限于从外显特征(如上访规模、频次等)去观察,那么就无法透视其背后的根源。可见,上访行为具有丰富的社会属性。我们不仅需要解读和阐释农民上访行为的政治属性,而且更需要揭示其丰富的社会属性。这样,研究农民上访行为,就不仅需要关注行动者及其行动策略,而且要关注行动背后的社会结构。一方面,需要对农民抗争事件发展过程进行深度描述和解析;另一方面,又需要对村庄社会结构本身有着整体性把握。这要求我们对村庄经验秉持一种人类学的整体主义进路。这就是本书机制分析的要义。

这一机制分析的进路也凸显了其与一般的"过程—事件"分析的差异。许多研究农民上访行动的研究者(包括那些对农民上访行为进行政治化解读的学者),也常常会讨论农民上访的事件和过程。但在他们那里,农民上访的事件和过程是与村庄社会结构无关的。或者说,农民上访是脱

---

① 李连江、欧博文:《当代中国农民的依法抗争》,载吴毅主编《乡村中国评论》,山东人民出版社 2008 年版。
② 于建嵘:《农民有组织抗争及其政治风险》,《战略与管理》2003 年第 3 期。
③ Perry Elizabeth J. "A New Rights Consciousness?", *Journal of Democracy*, Vol. 20, 2009 (3), pp. 17 – 20; Lianjiang Li. "Rights Consciousness and Rules Counsciousness in Contemporary China", *The China Journal*, No. 64, 2010 (July), pp. 47 – 68.

嵌于村庄社会结构的。事件就是事件，结构就是结构，二者并不相干。

在西方，研究者也越来越多地关注"抗争政治与借助备细说明的机制与过程对重大政治事件加以解释的方法"[①]。在这方面查尔斯·蒂利、西德尼·塔罗等人的阐述为本项研究提供了某些启发。他们曾讲道："对任何复杂的社会过程加以解释均包括如下三个步骤：（1）对过程的描述，（2）将过程分解为一些基本的原因，以及（3）将这些原因集合为过程是如何发生的更一般的叙述。"[②]为此，他们还提出了抗争政治过程分析的四个基本要素，即"出现在抗争之流中的事件（events）与片段（episodes），以及构成抗争之流的机制（mechanisms）与过程（processes）"[③]。在查尔斯·蒂利和西德尼·塔罗那里，所谓机制，"意指一组被明确限定的事件，在各种不同环境中，以相同或颇为类似的方式，使一系列特定要素之间的关系得以改变。诸机制的组合则形成过程。机制导致了特定要素发生相似（通常也是更为复杂、更具偶然性的）的变化，而机制的有规则的组合方式与发生序列便是过程"[④]。"通过对驱动抗争的机制与过程的探寻，达到对抗争动力学的把握。"[⑤]

但是查尔斯·蒂利和西德尼·塔罗更侧重于关注抗争政治的事件、机制和过程，而对社会结构因素在抗争政治中的作用则较为忽视。

米格代尔也关注了国家与社会结构的互动（如地方强人、社会网络），但他主要从宏观的社会结构出发来探讨。本书则侧重于从微观社会结构的角度来探讨国家与社会结构之间的互动关系。在国家与基层社会的结合地带发掘国家塑造农民上访的微观机制。

此外，在西方抗争政治研究中，也有关注社会结构的传统。比如马克思主义传统就关注阶级之间矛盾对革命的影响，但这一传统更多关注宏观

[①] [美] 查尔斯·蒂利、西德尼·塔罗：《抗争政治》，李义中译，译林出版社2010年版，第1页。

[②] [美] 查尔斯·蒂利、西德尼·塔罗：《抗争政治》，李义中译，译林出版社2010年版，第34页。

[③] [美] 查尔斯·蒂利、西德尼·塔罗：《抗争政治》，李义中译，译林出版社2010年版，第34页。

[④] [美] 查尔斯·蒂利、西德尼·塔罗：《抗争政治》，李义中译，译林出版社2010年版，第36页。

[⑤] [美] 查尔斯·蒂利、西德尼·塔罗：《抗争政治》，李义中译，译林出版社2010年版，第36页。

的社会结构问题。近几十年来比较流行的政治机会结构研究视角也关注结构因素,但此类研究者主要侧重于分析政体和制度变化给抗争者带来的机遇,并由此解释抗争事件的成败得失。

可以说,与本书研究进路比较接近的当属詹姆斯·斯科特的底层研究。斯科特在对东南亚农村社会"日常抵抗"研究中,探讨了开小差、磨洋工等"弱者的武器"。他把这些抗争行为放在阶级分化的视野中去理解。强调这些"弱者的武器"实际上是村庄社会底层对上层的抵抗。但是,斯科特的研究重心实际上仍然在于农民的抗争行动策略及其效果。他在很大程度上忽略了国家对农民抗争行为的塑造作用,以及国家与社会结构之间的互动关系。① 而且,在他的研究中,国家性、地方社会结构并没有在其方法论中占有重要位置。此外,他侧重解读农民抗争行为策略,而对机制解释着力较少。

总之,本书的机制分析进路意在呼唤一种从行为到结构的转向。笔者倡导一种结构分析的取向,以此达到对农民上访行为的再认识。这一分析进路主张:行为有其结构根源,行为是结构中的行为,行为不能脱嵌于结构。在这方面,吉登斯的结构二重性理论为我们提供了某种启示。如前所述,结构二重性理论强调结构对于行动具有塑造作用,同时行动也会再生产出结构。② 因此,将行为与结构统合起来进行分析更有利于我们深入理解农民上访问题。

具体到本书,所谓结构主要指村庄社会语境中的结构,包括家族、派系、阶层等。它主要指微观层面的社会结构。我们希望,这一分析进路不仅能够给国内社会科学界带来启发,而且对于国际社会科学界的相关研究尤其是对中国抗争政治的研究有所助益。

在这里,笔者还有必要交代一下研究单位的选择问题。有学者曾讲道:"过于强调国家因素的研究往往以乡镇为研究单位,而过分强调本土资源因素的研究往往以村庄为研究单位……如果将村庄作为研究的基本单

---

① 尽管斯科特在某些场合提及国家政策变化给地方社会带来的影响,但这些问题并没有成为他关注的重心。参见[美]詹姆斯·斯科特《弱者的武器》,郑广怀等译,译林出版社2011年版;《农民的道义经济学:东南亚的反叛与生存》,程立显译,译林出版社2013年版。
② [英]安东尼·吉登斯:《社会的构成——结构化理论大纲》,李康、李猛译,中国人民大学出版社2016年版,第23页。

位，所看到的往往是农村社会生活中的乡土性的层面，而忽略国家的权力在农村中的存在。相反，如果以乡镇作为研究的基本单位，当然有利于对国家因素的观察和分析，同时也就容易忽视农村社会生活中的那些乡土和日常生活的因素，从而导致对农村日常生活自主性的低估。"① 对此，笔者并不赞同。虽然乡镇和村庄所呈现出来的国家性和地方性各有差异，但是在中国农村社会中，乡镇同样具有很强的乡土性。乡镇和村庄其实都是乡土社会的组成部分。而且，村庄也并非不能观察到国家权力的踪影。在村庄层面，我们也可以时时感受到国家的存在。戴慕珍也强调了村庄这一单位对于研究农村中国家与社会关系的重要性，认为村庄是一个比较合适的研究单位。②

海内外诸多有关中国乡村的研究都以村庄为研究单位，村庄研究甚至成为中国乡村研究的主流范式。③ 笔者认为，研究单位本身并无高低优劣之分，我们必须根据研究对象、研究问题的需要来选择研究单位。本书主要以村庄作为研究单位。之所以这样，一是有利于更好地观察农民上访行为产生的结构性因素；二是与本书的"国家性与地方性"分析框架可以更好地契合，既有利于观察国家权力在农民抗争中的作用，又有利于考察地方性对国家性的反作用。

本书使用的经验资料主要来源于笔者最近十年在全国多地农村开展的田野工作。这些田野工作地点分布广泛，既有沿海经济发达地区农村，也有中西部经济相对落后的农村，既有宗族等社会传统保持相对完好的农村，也有宗族碎片化甚至社会关系原子化的农村，既有村庄社会分化剧烈的村庄，也有村庄社会差距相对较小的村庄。这样的调研点分布不仅仅在于对中国农民上访问题获得更为全面系统的认识，而且有利于进行不同地区和不同类型农村的比较分析，在比较的基础上深化对国家塑造农民上访机制问题的认识。

---

① 孙立平：《过程—事件分析与当代中国国家—农民关系的实践形态》，载清华大学社会学系编《清华社会学评论》特辑，鹭江出版社 2000 年版。

② Oi Jean. *State and Peasant in Contemporary China: The Political Economy of Village Government*. Berkley: The University of California Press, 1989.

③ 邓大才：《超越村庄的四种范式：方法论视角》，《社会科学研究》2010 年第 2 期。

五 篇章结构

全书共分为导论、上篇、下篇和结语四个部分。其中，导论主要交代研究的缘起、研究的问题、研究现状、分析框架和研究方法等。

上篇侧重于探讨农民对国家权力的求助逻辑。该篇共有三章。

第一章以四个个案的比较研究为基础，基于家族政治的视角理解农民集体行动的逻辑。该章指出，农民集体上访不仅受以家族为核心的地方社会结构的制约，而且跟国家对地方社会的渗透与改造紧密相关，其深层逻辑应该放置于国家与农民互动关系中去理解。

第二章以浙北 C 镇的调研资料为基础，探讨了我国经济发达地区农村由于社会阶层分化而导致的农民上访现象。研究表明，在农村阶层分化加剧的背景下，富人阶层通过获取村庄政治权力，掌握村庄资源分配的主导权。同时，他们还与地方政治精英结盟，共同主导着基层社会的分利秩序。农民的上访行为是下层村民对既有利益分配格局的挑战，是阶层冲突的一种表现方式。国家的某些政策导向加大了村庄社会的阶层分化。农民上访是下层农民向国家求助的一种方式。

第三章从村庄派性竞争的角度理解上访问题。派系竞争导致派系上访的生成，而派系上访具有弱组织性、求援性、非政治性、目标的人格化和参与者的两面性等特征。与那些"为权利而斗争"的农民上访行为不同，派系上访的目的是"为利益而斗争"。派系上访虽然在一定程度上有利于监督村治精英，维系村庄内部权力均衡，但也容易导致村政混乱和村庄公共性缺失，增加基层治理成本，耗费国家治理资源。

下篇主要侧重探讨国家嵌入社会的问题，在国家对地方社会的渗透与改造过程中理解农民上访的行为逻辑，进而回应国家对农民上访的塑造机制。该篇也分为三章。

第四章从农民日常生活的视角来分析农民上访行为的发生机制和逻辑规律。同时，我们还将国家这一变量纳入其中，将农民上访行为放置于国家与社会生活的互动关系之中去理解。本章分析指出，在转型中国农村社会中，伴随国家权力的介入及传统权威的衰弱，村庄生活共同体走向式微，由日常生活矛盾纠纷引发的农民上访行为较多发生。信访制度成为村庄边缘人借以挑战主流社会的武器，为他们的上访行为创造了"政治机会结构"。应对边缘人的挑战成为村庄治理中的"剩余"问题。国家通过信访体制吸纳村庄生活政治。国家塑造农民上访行为的三种机制呈现为激发机制、吸纳机制和再生产机制。国家将上访者吸纳进入体制之后，并不会自动带来稳定，反而可能诱发和再生产出新的不稳定因素。

第五章主要从村庄政治及其与国家之间关联的角度来理解农民上访问题。与前面各章所论述的派系政治、阶层政治、家族政治等不同，将侧重于讨论发生在村民与村干部之间的村庄政治故事。换言之，本章将通过叙述发生于村民与村干部之间的矛盾冲突和上访故事来揭示国家塑造农民上访的逻辑。尽管派系政治、阶层政治、家族政治等所诱发的农民上访也可能夹杂着农民与村干部之间的冲突，但这些上访的主要根源却在于家族、派系和阶层分化等因素。本章分析表明，在由村庄政治诱发的农民上访案件中，农民可以运用信访的方式来寻求国家的援助。村庄政治通过信访体制被吸纳进入国家政治领域。国家对农民行为的规训能力并不如我们想象的那么强大。农民的国家观念具有双重性，国家既是农民的求助者，又是农民抗争的对象。

第六章揭示了农村土地利益分配过程中的国家（地方政府）、村集体与农民互动博弈过程。农民和村集体与地方政府之间的矛盾原本属于利益博弈的问题，但是农民通过维权方式将利益博弈问题转化为民生问题和权利话语。村庄政治通过信访渠道进入国家政治领域。经济福利问题转化为政治问题。珠三角地区的村集体经济实际上是一种与国家争夺利益的结构性力量。国家试图通过土地股份制改革来保护农民的土地权益，加强对地方政府土地征用过程的监控。国家的土地制度改革强化了农民的土地财产权利意识，并强化了村集体的团结程度，使得村集体成为一个与地方政府争夺土地利益的"土围子"。

结语部分对全书进行了总结，本书的基本结论如下。

首先，国家权力与地方社会规范的张力催生了农民上访行为。国家通过制度创建、政策制定等方式来改造传统地方社会结构和制度，将农民整合进现代国家体系之内。一方面，这可能带来现代国家制度与地方社会传统的张力或冲突；另一方面，现代国家理念和制度为地方社会冲突主体提供了权利救济渠道和依托，典型表现为农民通过信访制度向国家权力求助，借助国家权力来打击冲突的另一方。

其次，国家塑造农民上访的机制因村庄社会整合程度的不同而呈现差异。在中国农村社会，血缘地缘关系、社会阶层分化状况呈现较大的区域差异。大体而言，在东部沿海发达地区，农民经济社会分层较为明显，血缘地缘关系在农民日常生活中较少发挥作用，村庄社区整合程度较低。在中西部地区，农村社会分化相对较小，血缘地缘因素仍然能够发挥一定作用。在华南地区（包括江西、湘南、福建、广东、广西等地区），宗族力量保持相对完好，村庄社区整合程度相对较高。在华北地区，家族碎片化较为明显，以家族为依托的房支、派系斗争频繁发生，并引发农民集体上访行为。在江汉平原等原子化地区，农民组织集体上访的难度较大。

再次，国家与农民相互影响、相互赋权。国家对农村社会的渗透和改造并不是一种单兵突进的过程，而是充满曲折。在此过程中，国家与农村社会互相影响。国家的渗透可以改变农民的观念和行为方式。同时，国家也可能遭遇农民的抵抗，使得国家重新塑造农民的意图只能部分实现甚至落空。此外，农民可以借助国家权力来为自身赋权。尤其是近年来维稳政治的强化，为农民在冲突、博弈中与另一方展开周旋提供了更好的武器。

最后，复合型国家形态。本书对国家与农民上访问题的讨论，最终要落脚于提炼和概括出中国的国家特性。换言之，本书就是要基于中国经验来回答"国家为何物"的问题。本书认为，当代中国是一个传统与现代并存的复合型国家。一方面，国家越来越注重引入和创建现代治理规则；另一方面，传统规则仍然在国家治理中发挥着重要作用。更重要的是，传统规则与现代规则往往交叉缠绕在一起，共同影响和塑造着国家治理的形态。它在形塑国家建设的"中国道路"的同时，也为中国迈向现代国家之路增添了诸多不确定因素。

上篇

农民：求助国家

第一章　国家、宗族与农民

关于宗族，学界有多种定义方式。有学者认为，宗族是按照父系单系世系原则建构的一种社会组织形式。① 也有学者指出，"宗族为家族的伸展，同一祖先传衍而来的子孙，称为宗族"②。还有学者认为，"宗族本义是指具有共同祖庙的亲族，亦即是有明确父系祖先的家族"③。无论学者们如何界定宗族，都不能回避宗族所共有的特征，比如宗族与家庭的紧密联系、宗族成员之间的血缘关系等。④ 人们有时候将宗族与家族混用。但实际上，宗族和家族既有联系又存在区别。⑤ 林耀华、朱凤瀚等人都将宗族与家族联系起来，认为宗族是以家族为基础而形成的。⑥ 钱杭则认为，宗族突出的是涵盖并超越血缘的世系原则，家族突出的是由婚姻生育联结而成的生活团体。"家族"概念的学术性明显低于"宗族"⑦。依笔者所见，在历史学中，学者多采用"宗族"称谓⑧，而在政治学、社会学和人类学中，既有采用"宗族"者，也有采用"家族"者。⑨ 也有的学者将"宗

---

① 钱杭：《"族"与"前宗族时代"——兼论宗族概念的二元结构》，《史学月刊》2009年第5期。
② 林耀华：《义序的宗族研究》，生活·读书·新知三联书店2000年版，导言第1页。
③ 冯尔康：《中国宗族史》，上海人民出版社2008年版，第15页。
④ 钱杭：《中国宗族史研究入门》，复旦大学出版社2009年版。
⑤ 钱杭：《中国宗族史研究入门》，复旦大学出版社2009年版。
⑥ 林耀华：《义序的宗族研究》，生活·读书·新知三联书店2000年版，导言第1页；冯尔康：《中国宗族史》，上海人民出版社2008年版，第15页。
⑦ 钱杭：《中国宗族史研究入门》，复旦大学出版社2009年版，第38页。
⑧ 冯尔康等：《中国宗族史》，上海人民出版社2008年版；钱杭：《中国宗族史研究入门》，复旦大学出版社2009年版；弗里德曼：《中国东南的宗族组织》，上海人民出版社2000年版。
⑨ 王铭铭：《溪村家族：社区史、仪式与地方政治》，贵州人民出版社2004年版；肖唐镖：《宗族政治：村治权力网络的分析》，商务印书馆2010年版。

族"和"家族"混用。① 在日常生活中，人们称"家族"更为频繁。本文主要采用"宗族"概念，在引述他人原著观点等情形时，也根据实际需要间或使用"家族"概念。

中国是一个家本位的社会。家庭是中国人社会生命之源。② 家及由此而延伸的家族在中国人的社会生活中占据着核心地位。尤其是在传统中国社会，人们的观念和行为更是与家密不可分。孙中山先生曾讲道："中国人最崇拜的是家族主义和宗族主义。"③ 林耀华指出："家族思想之在我国，已有三千余年根深蒂固的历史，儒家伦理以家族为中心，深入民间，牢不可破。"④ 徐勇认为："自由、独立的小农家庭构成中国村落社会的内核，是村落社会存在的根基。以强大的习俗为支撑的完整的家庭制度和以强大的国家行政为支撑的完整的户籍制度共同构成的家户制，是中国农村社会的基础性制度或本原性传统。"⑤ 杨国枢在讨论中国人的行为特征时，曾概括出中国人的四种社会取向，即家族取向、关系取向、权威取向和他人取向，并认为家族主义是最重要的社会取向。⑥ 渠敬东认为，"就中国乡村普通人的社会生命而论，宗族、家族及其中的个人是一而三、三而一的并合逻辑关系"⑦。在传统中国社会里，社会的基本结构与功能单位是家族，而不是个人。在家族取向之下，家族为中国人之生活圈内的社会环境的主要部分。概言之，家族是中国传统农村社会经济与社会生活的核心。鉴于家族在中国人生活中的极端重要性，美国人类学家莫里斯·弗里德曼甚至将宗族作为研究中国农民和中国社会的基本单位，借此建立了在中国研究史上颇具影响的宗族范式。⑧

---

① 林耀华：《义序的宗族研究》，生活·读书·新知三联书店2000年版；郑振满：《乡族与国家：多元视野中的闽台传统社会》，生活·读书·新知三联书店2009年版。
② 渠敬东：《探寻中国人的社会生命——以〈金翼〉的社会学研究为例》，《中国社会科学》2019年第4期。
③ 《孙中山选集》，人民出版社2011年版，第640页。
④ 林耀华：《义序的宗族研究》，生活·读书·新知三联书店2000年版，导言第1页。
⑤ 徐勇：《中国家户制传统与农村发展道路——以俄国、印度的村社传统为参照》，《中国社会科学》2013年第8期。
⑥ 杨国枢：《中国人的社会取向：社会互动的观点》，载杨宜音主编：《中国社会心理学评论》第1辑，社会科学文献出版社2005年版，第26页。
⑦ 渠敬东：《探寻中国人的社会生命——以〈金翼〉的社会学研究为例》，《中国社会科学》2019年第4期。
⑧ [美] 弗里德曼：《中国东南的宗族组织》，刘晓春译，上海人民出版社2000年版。

第一章　国家、宗族与农民

近代以来，随着国家政权建设的推进，宗族力量要么遭到削弱，要么以新的形式参与乡村治理。改革开放以后，农村宗族组织一度呈现复兴之势。历经百余年的国家政权建设和现代化变迁，宗族不仅没有消失，反而以种种形式得以复兴。[①] 近年来，全国多地都兴起修建族谱、建立宗族理事会等活动，使得宗族在乡村治理中的作用得以凸显。尽管在现代化的冲击下，宗族组织是否真的迎来复兴之机仍有存疑之处，但宗族的社会治理功能需要重新审视却是一个不争的事实。作为浸透于人们骨髓之中得以世代绵延的宗族文化，显然不是顷刻间就能被所谓的现代性轻易去除的。事实上，当代中国农民甚至于早已迁居城市的居民，其行为依然深受宗族观念和血缘纽带的羁绊。这一点在南方农村表现得尤其明显。

在国家向地方社会渗透的过程中，家族等地方社会结构和制度规范被不断地改造。同时，家族等社会力量也在试图参与和改变国家基层治理。由此而形塑出国家与家族之间的复杂互动关系。正如米格代尔所说："强调这些社会内部的斗争，国家和诸如宗族、部落、语言群体等等其他社会组织之间的斗争，将为我们提供理解社会政治变迁过程的新的洞察力。"[②]

而且，从家族政治的视角来理解农民上访行为对于当代中国农民抗争政治研究而言具有特别重要的意义。笔者注意到，近年来，对当代中国农民抗争政治（contentious politics）特性的发掘已成为越来越多学者的研究旨趣。较多的成果沿循了詹姆斯·斯科特的研究进路[③]，注重对农民上访行动策略的考察。诸多学者将农民上访行动策略的形成归结于国家宏观政治环境或地方政府的治理行为。这些研究对于理解农民上访的本土特性和逻辑颇有价值。的确，囿于执政党对稳定的刚性需求及由此衍生的"不稳定幻象"[④] 等多重因素的困扰，众多利益表达方式尤其是群体利益表达依然面临着合法性困境。但是，我们也该看到"现实中利益表达机制的制度

[①] 王铭铭：《溪村家族——社区史、仪式与地方政治》，贵州人民出版社2004年版；折晓叶：《村庄的再造——一个超级村庄的社会变迁》，中国社会科学出版社1997年版；王沪宁：《当代中国村落家族文化》，上海人民出版社1991年版。

[②] ［美］乔尔·米格代尔：《强社会与弱国家》，张长东等译，江苏人民出版社2009年版，第33页。

[③] ［美］詹姆斯·斯科特：《弱者的武器》，郑广怀等译，译林出版社2011年版。

[④] 孙立平、晋军、应星等：《以利益表达制度化实现社会的长治久安》，《领导者》2010年第33期。

化建设、政治文化开放及'和谐社会'建设对维权行动合法性忧虑的极大舒缓"①。尤其是在中央高度强调地方基层干部要重视信访工作并保护上访者权益的背景下，农民维权所遭遇的阻力大大减小。所以，若仍然局限在民主—权利框架下思考农民上访问题，对其仅作政治化的理解，并由此延伸出对政治体制弊端和强大国家权力的激情化批判，就难以真正把握中国农民上访的本土特性。我们认为，具有浓厚中国特色的农民上访问题，不仅受制于中国独有的政治体制环境的影响，而且深受中国农村社会结构的支配。这使得中国农民上访行为迥异于西方国家的专业化社会运动，而成为具有"中国乡土本色的集体行动"②。由此，对农民上访问题的探讨，不仅不宜局限于对农民上访行动策略之类细微的问题进行追究，而且不能简单借用民主、集权之类的大词来对其内在逻辑进行切割，而应充分挖掘中国乡土社会特性在其中扮演的角色。

基于此，本章从具有浓厚中国乡土本色且在很大程度上对农民行动逻辑起支配作用的村庄社会结构变量——家族政治，来试图为农民集体上访的特性提供一种新的解释路径。笔者赞成这样一种观点，即在农民上访中表现出来的"气"、情感、面子及其他伦理因素背后，有着更深层次的村庄社会结构作为支撑。③ 事实上，在中国乡村社会中，无论是人情、面子，抑或是关系、公私观念等伦理规范，都是以村庄社会结构为载体的。质言之，伦理本位④的行动规则受以差序格局⑤为核心的乡村社会结构支配。我们从家族政治角度来理解农民集体上访的逻辑，就是力求发掘出支配农民上访行为的本土化、关键性因素。

尽管学界已有少数研究者注意到了家族与农民上访问题之间的关联，但他们大都停留在对家族负面影响的批判和道德化谴责之上⑥，而缺乏对

---

① 吴毅：《"权力—利益的结构之网"与农民群体性利益的表达困境》，《社会学研究》2007年第5期。
② 应星：《"气"与中国乡村集体行动的再生产》，《社会学研究》2007年第6期。
③ 陈锋、袁松：《富人治村下的农民上访：维权还是出气》，《战略与管理》2010年第3期；申端锋：《治权与维权：和平乡农民上访与乡村治理》，华中科技大学博士学位论文，2009年。
④ 梁漱溟：《中国文化要义》，上海人民出版社2007年版。
⑤ 费孝通：《乡土中国 生育制度》，北京大学出版社1998年版，第24页。
⑥ 郑卫东：《农民集体上访的发生机理：实证研究》，《中国农村观察》2004年第2期；郭正林：《当代中国农民的集体维权行动》，《香港社会科学学报》2001年第19期。

第一章 国家、宗族与农民

家族与农民上访之间内在逻辑关联的考察。虽然贺雪峰观察到了不同地区家族因素对农民上访问题影响的差异，但他仅就该问题作出了宏观判断。[①]基于此，从家族政治角度考察农民集体上访的逻辑，仍然具有很大的研究空间。

本章将以四个个案的比较研究为基础，基于家族政治的视角理解农民集体行动的逻辑。当然，我们从家族政治来理解农民集体上访，并不仅仅局限于对家族本身的探讨，而是延伸到由家族所牵引的地方社会结构和地方性知识。[②] 鉴于此，我们提出"地方性表达"这一概念框架，来为从家族政治理解农民集体上访问题提供一个更为切实的载体。"地方性表达"框架不是局限于关注农民行动的策略，而是聚焦于农民抗争政治的地方逻辑和本土特性。我们希望，这一框架既能够拓展中国传统社会规范视域下的农民上访研究，又可弥补西方社会运动理论在解释中国农民抗争政治问题上的缺陷[③]，从而继续推动农民上访研究的本土化进程。

本章不仅拓展了已有关于农民集体行动本土特性的解释，而且对侧重于从民主—权利框架理解农民上访问题的主流研究路径进行了反思，并进一步凸显了中国农民集体行动与西方社会运动的差异。本章分析认为，国家将其理念、意志用以改造乡村社会，国家权力得以嵌入乡村社会之中。国家推动的现代制度建设改变了地方社会的利益结构，引发不同利益主体之间的矛盾与争夺。在利益博弈过程中，各个利益主体援引国家权力来使自己赢得更有利的地位。农民集体上访不仅受以家族为核心的地方社会结构的制约，而且跟国家对地方社会的渗透与改造紧密相关，其深层逻辑应

---

① 贺雪峰：《新乡土中国》，广西师范大学出版社2003年版。
② [美] 克利福德·吉尔兹：《地方性知识：阐释人类学论文集》，王海龙、张家瑄译，中央编译出版社2000年版。
③ 在西方，社会运动已经发展到较高的组织化、专业化和制度化程度。当前在西方社会运动理论中占主导地位的资源动员理论、政治过程理论都主要关注这些由社会精英操纵的高度组织化、专业化的社会运动。参见 McCarthy John & Zald Mayer. *The Trend of Social Movements in America: Professionalization and Resource Mobilization*. Morristown, PA: General Learning Press, 1973; Tilly Charles. *From Mobilization to Revolution*. New York: Random House, 1978; McAdam Doug. *Political Process and the Development of Black Insurgency*, 1930 – 1970, Chicago: University of Chicago Press, 1982. 另，对西方社会运动理论在中国抗争政治问题研究中的适用性的评判，可参见应星《草根动员与农民群体利益的表达机制——四个个案的比较研究》，《社会学研究》2007年第2期；应星《"气"与中国乡村集体行动的再生产》，《社会学研究》2007年第6期；赵鼎新《社会与政治运动讲义》，社会科学文献出版社2006年版。

该放置于国家与农民互动关系中去理解。农民的地方性表达行为既非纯粹理性选择，又非单纯的情感性行动，而是基于地方性规范的考量和伦理共同体的支撑所做出的集体行动。最后，本章还建构了一个以家族因素为基础的表征农民集体上访特性的区域差异模型。

本章研究资料来源于笔者及研究团队同仁在江西、安徽、湖北等地所进行的多次田野调查。其中，W 村集体上访个案调查者为杨华、郑兰兰等人，调查时间为 2011 年 7 月。X 村集体上访个案调查者为田先红，调查时间为 2009 年 5 月。Y 村个案调查员为孙新华，调查时间为 2010 年 7 月。Z 村个案调查员为赵晓峰，调查时间为 2009 年 7 月。之所以选择这些个案，主要考虑村庄类型①、地域分布②、抗争对象和抗争的结局等因素。

一 个案梗概

我们在这里先扼要呈现用以分析和讨论的四个个案概况，并对这些个案进行简单比较。

（一）W 村征地纠纷集体上访个案

W 村是赣中的一个宗族性村庄。村内分布着邹、毛、吴、龚、雷等多个家族。全村人口 1110 人，其中邹姓 400 人、毛姓 420 人、龚姓 120 人、吴姓 60 余人，其余姓氏人口较少。需要指出的是，虽然 W 村的雷姓人口不多，但是该村雷姓与邻村 S 村雷姓属于同宗，共有 2000 余人，在当地属于大族。

1999 年，W 村所在乡镇开展城镇建设，征用了本村雷家、龚家以及邻村 S 村雷家所耕种的土地。按照征地面积测算，龚家应分得 20 万元补偿款。在历史上，龚家耕种的这片土地属于雷家的祖业山，人民公社时期由

---

① 这里的村庄类型划分主要以村内家族数量多寡和力量强弱为标准。
② W 村个案地点为赣中宗族性地区，X 村个案地点为鄂中地区，Y 村个案地点为皖中地区，Z 村个案地点为鄂东南宗族性地区。这些个案有的分布在宗族性较强的地区（如赣中、鄂东南），有的分布在宗族已碎片化但家族之间竞争仍然较强的地区（如皖中），还有的分布在家族已遭受国家权力和现代性严重侵蚀但家族因素影响仍存的地区（如鄂中）。

龚家在获得政府批准并经雷家同意的情况下开荒耕种。分田到户之后，这块地继续由龚家承包，并承担相应的农业税费负担。根据当地人的共识，若一方被征地的祖业权属于另一方，征地补偿款应由双方协商分配，一般是祖业方和耕种方按四六开分享。可是，在分配征地补偿款时，雷家不仅领走了自己那一部分补偿款，而且以祖业山名义将龚家那20万元也据为己有。龚家人获得消息后非常气愤，要求雷家分享一部分补偿款，但雷家未答应，双方矛盾骤起。迫于雷家人多势众，龚家只能"哑巴吃黄连"。随后，雷家还把龚家开垦的剩余部分祖业山强行收回，并栽上树苗，龚家人不敢明目张胆去拔树，最多只能暗中使小动作破坏。镇政府忌惮雷家势力大，不敢得罪，而龚家人少，"翻不了天"，对此睁一只眼闭一只眼。

2003年和2004年，镇政府继续在这里征用土地，龚家顺势再次提出上次的补偿款分配问题，并开始组织人手到镇、市集体上访。2004年，在龚家村民小组长龚克家的带领下，龚姓每家每户至少派出一个代表参与上访。在先到镇里上访未果的情况下，他们转而到了县、市里。最后，县里强令要求镇里解决。迫于维稳的压力，镇政府提出赔偿龚家四块总面积相当的地皮。龚家人认为地皮不值钱，继续上访，尔后眼见地价迅速上涨，价值已经足以抵偿20万元补偿款，便渐渐停止了抗争。

（二）X村农民集体上访状告组长选任问题个案①

X村地处鄂中江汉平原地区。2001年3月，X村8组共10名群众递交检举材料到桥乡信访办、余陵区信访办和江华市市长，要求查处村干部违规任命组长问题，举报信主要讲述村干部违背政策和程序设立组长、新任组长道德败坏及要求重新由村会计担任组长等问题，并表示若不解决问题村民们将拒绝出义务工和缴纳农业税费。

接到举报信后，桥乡政府派人到村里展开调查。调查发现，该村8组组长任命确实不符合制度规定，但村组干部也是出于无奈才出如此下策，且这10名群众之所以联名上访要求重新选举组长，主要是基于家族利益要将组长搞下台。下面是笔者摘录的调查结果核心内容：

---

① 关于本个案的详细描述可见田先红《治理基层中国——桥镇信访博弈的叙事：1995—2009》，社会科学文献出版社2012年版，第49—52页。

1. 该村八组精简小组长后由村包组干部（村支部委员、村民委员会会计）李树义同志兼任而李树义同志居三组，属跨组任职，且担任村会计工作量大，本人曾多次口头向支部提出申请，不再兼任8组组长一职，张的申请得到了支部的同意并委托李树义同志作为支部成员具体办理增设组长有关事宜。李树义同志并事先征求原任组长苏旭水同志的意见，苏已在雨花集团打工，表示不再担任本组组长职务。李才分别找该组代表座谈，代表们推荐候选人3名（张庭起、蒋菊秀、钟小花）于3月8日在村委会议定案。当天参加代表有苏华山、张庭起、徐立辉，参加的党员有邓子全、张建民，村干部有支部书记黄晓中，村主任刘好合，村会计李树义共8人。通过协商在代表推荐的3名候选人中确定了两名候选人，即张庭起、钟小花（女），最后除支委三位同志未参加投票表决外，结果钟小花以多一票确立为该组组长，于3月20日召开组户长会后公布，当时户主也无一人表示异议。

……

3. 该组是1995年冬从5组分出来的，家族观念严重，居住在8组的村民主要由张姓和苏姓组成，张姓任组长，苏姓不服，苏姓任组长，张姓不服，长期处于对峙状态，连续换了三任组长，都是在另一姓反对中无法工作下任，村对该组也感到头痛无从下手。

……

桥乡信访办将处理结果上报到余陵区信访办之后，区信访办认为X村8组组长的产生方式违背了《村民委员会组织法》的有关规定，要求乡政府重新处理，并将复信批转乡里。当桥乡信访办再次接到区里的转办函之后，他们只得继续组织工作人员到X村8组去处理该案件，最终结果是在全组范围内重新选举组长。

（三）Y村农民负担集体上访个案

Y村是皖中地区的一个行政村。村内有王、袁、朱、薛、孟等十余个姓氏，人口1417人，其中王姓人数最多，约有1000人，其次是袁姓有200人，朱姓有十几户，其余姓氏人口更少。自1952年到2009年，Y村的主要村干部职位（村支书、村主任）大多被王姓占据。其中，仅在

1997—1998年间由一朱姓村民朱如庆担任过村支书。即使是由王姓担任主要村干部期间，也常因为王姓各大家门之间内斗、互不服气而导致上访告状相互拆台，村班子难以团结，所以乡里有时不得不下派乡干部到村里兼任支部书记。

1998年，经过上级长期考察的朱如庆担任村支书，引起以上任村支书王田华为首的王姓不满。王姓遂以农民负担为由组织集体上访将朱如庆告倒。当时，刚下台的村支书王田华不服，一心要把朱如庆拱下台。当年村里征收农业税费时，王田华要求村干部必须开收据并签名。拿到村干部签字的收据、获取了村干部增加农民负担的证据后，王田华随即组织王姓几大"家门"的人扛着红旗、开着手扶拖拉机集体到市政府上访。乡村干部获悉村民集体上访后试图阻拦酿成冲突，派出所警车被村民掀翻。乡里紧急告知县政府，县里派出县委副书记和公安局长带队紧随上访队伍之后，生怕发生意外。紧接着，合肥市相关领导及武警前来劝阻上访村民。市领导要求县里解决村民反映的农民负担和贪污问题，并劝说村民返回。

县里成立了查账小组进驻Y村，查账工作持续一个月，但并未发现大问题，无法对村干部进行处理。1999年换届选举时，上访派对选举程序和结果不满，再次跟乡、村干部发生争执，最后迫使朱如庆等人辞职。

这次集体上访的骨干除王田华外，还包括王田华的二儿子、三儿子、王和华、王水华、王辉少及其妻子（曾任多年村妇女主任）、黄青友和薛海敬等。上访参与者也大多是这些人的兄弟、堂兄弟和近份子（家门）的人及亲戚。朱如庆倒台后，王姓势力再次进入村班子，比如，王田华三儿子担任出纳，王辉少担任村主任，黄青友担任村支部副书记兼计生专干。

（四）Z村煤矿纠纷集体上访个案

Z村地处鄂东南，毗邻江西省，属于宗族性村落，房头之间竞争尤为突出。全村人口1780人，分为9个村民小组，其中3、4、8组是单姓或单姓主导下的自然湾，其余小组村民大多从周边村庄搬迁到此居住，跟前述三个村民小组共处同一个文化区域，家族房头意识非常浓厚。

1984年，Z村建立了一个煤矿，占用9组的土地，优先安排该组村民到煤矿上煤。2002年，Z村以每年40万元价格将煤矿出租给市矿务局，并将9组村民辞退，引发村民不满，他们遂组织村民到煤矿上静坐抗议。随后，村里出面调解,9组继续拥有上煤权。随着产煤量增多和收益的增加,9组的上煤权渐渐引起其他小组眼红。2005年,9组村民将来自其他小组的在矿上上煤的3名村民排挤出去,这3人找村干部处理,并到镇里上访未果。当年下半年,8组村民对9组独享上煤权的现状提出异议,主张煤矿上煤权应在全村分享。该组每家每户派出一个代表到煤矿闹事,要求分享上煤权。随后,村里出面调解并经村民代表大会表决将上煤权收归村集体。

如此一来,9组村民不满,该组推出8名代表先找村干部理论,接着赴镇、县和市上访。组织者是从邻村李胜湾嫁至9组的李英莲。李胜湾是Z村所在乡镇人口数量最多的单姓湾,该湾在当地势力较大,Z村老支书也是迁自李胜湾。鉴于这一特殊背景,李英莲在当地享有较高的威望。在她的带动下,9组村民为争夺上煤权而集体上访,每次信访件批回村里之后,村里无力解决。最后,他们再次到矿上闹事,被县公安局逮捕关进拘留所。一些代表选择退出抗争行动,此事方告一段落,而李英莲没有服输,仍然继续上访。

下面从9个方面对上述四个集体上访个案进行简单比较,见表1-1:

表1-1　　　　　　　　　四个集体上访个案比较

要素＼村别	W	X	Y	Z
村庄类型	多家族村庄	多家族村庄	一强多弱型村庄	多家族村庄
抗争起因	征地纠纷	组长任命	农民负担	上煤权纠纷
抗争对象	另一个家族	村干部（另一家族）	村干部（另一家族）	村干部
双方力量对比	悬殊	相当	悬殊	相当
组织者及其身份	龚克家,小组长	苏达发,族长	王田华,原村支书	李英莲,大族代表
村干部的态度	观望	帮助另一家族	分化、内斗	出面调解
基层政府的态度	站在大家族一边	迫于压力解决	出面调解	观望
县级以上政府态度	要求解决	要求解决	出面调查	要求解决
抗争的结果	镇政府赔偿四块地皮买稳定	乡政府出面调解,双方妥协	获胜,将村干部拱下台	未果

第一章 国家、宗族与农民

二 家族政治与农民集体上访的若干面相

以上我们介绍并比较了四个集体上访个案的基本情况，下面将从五个方面来对这些个案展开进一步分析。

（一）家族政治与集体上访的源动力

从这四个个案可以看到，起初触发农民集体上访的直接原因，都是我们平常耳熟能详的因素，比如征地、农民负担、矿产纠纷、干部选举等。这些问题，也一直被学界认为是当前农民上访的主要诱因，并由此延伸出对地方基层干部滥用权力的批判。[1] 我们要进一步追问的是：农民上访的发生原因果真如此简单吗？

在 W 村集体上访案中，虽然表面起因是征地纠纷，但实际上暗含着家族利益争夺和地方传统等多重因素。X 村的集体上访案则向我们展示了村民小组长选任问题背后的家族利益纷争。在 Y 村，村支书朱如庆被王田华等人上访举报农民负担、贪污腐败问题，但其根源却在于家族利益纷争和恩怨。Z 村上煤权纠纷尽管不是由家族利益争夺直接引起，但家族房头因素也在农民集体行动中起着重要作用。可见，诸如征地纠纷、村民选举、农民负担和矿产权纠纷等只是诱发农民集体上访的表层原因，而其背后则有着更为复杂的地方社会结构因素。

具体到 W 村而言，龚家与雷家征地纠纷不仅跟当地深厚的祖业权传统有关，而且跟国家对乡村社会的渗透与改造及由此引发的制度冲突紧密关联。祖业，即祖宗的基业。祖业权是我国南方农村的一种普遍传统。在众多农民心中，祖业不可丢弃或随便让与他人，否则就要担负愧对祖宗之责，落下败家的名声。在历经百余年现代性改造之后的今日农村，它依然在很大程度上影响甚至支配着农民的行为取向。[2] 祖业作为一种观念和

---

[1] 于建嵘：《当前农民维权活动的一个解释框架》，《社会学研究》2004 年第 2 期；赵树凯：《农民的政治》，商务印书馆 2011 年版。

[2] 郭亮：《地根政治》，华中科技大学博士学位论文，2010 年。

"习性"①，已经深深嵌入农民头脑中，成为一种身体无意识。这种传统如此强大，以致作为国家力量代表的地方基层政府也必须充分重视。因此，即使雷家那块祖业山是由龚家开垦耕种的，并在分田到户之后由国家颁布土地承包经营权证进一步确认，但是在分配征地补偿款时依然需要考虑祖业方雷家的利益，甚至应由雷家来主导分配方案的制订。也正因如此，雷家才会"习惯性"地把所有征地款全部领走。此后，龚家虽有意见，但祖业权这一公认的事实，使龚家人尤其是龚家老一辈人并无太强的抗争念头。所以，在征地后的几年内，龚家并没有采取过激的抗争行动（包括集体上访）。

对于龚家而言，土地虽然是雷家的祖业，但是从人民公社时期至今一直都由他们耕种，且他们拥有国家颁布的土地经营权证作支撑。土地经营权证是国家对龚家土地产权的确认，具有法律效力。它为龚家获取土地收益提供了依据。若仅就现代法律制度而言，龚家无疑占有优势。他们可以凭借国家赋予的土地经营权证来主张自身权益。问题在于，祖业作为一种地方社会共识，龚家及地方政府也必须妥当权衡纠纷双方权益，而不可能完全按照现代法律制度来处理。否则，不仅无助于问题的解决，反而容易引发更大的冲突。换言之，在这种由民间法主导的社会秩序中，是无法照搬现代国家法律制度的，属于"无需法律的秩序"②。龚家与雷家的矛盾实质上反映了国家权力与地方社会传统之间的冲突。国家试图打破地方社会传统的羁绊，重新界定农民的地权关系，但地方社会却仍然以强大的传统惯性秩序来分配土地收益。两者之间产生冲突势所必然。

同时，龚家与雷家之间力量对比的悬殊，也是雷家敢于将所有征地补偿款全部领走，而龚家不敢直接挑战雷家的缘故。在宗族性农村地区，家族势力大者往往能在各种公共事务中占据优势，而势单力薄的家族一般只有忍受屈辱。③雷家在当地有2000人之众，而龚家仅有区区100余人，明显的弱势地位已经足以从心理上将龚家击垮，更遑论直接挑战雷家了。因此，龚家只能采取迂回方式向地方政府提出抗议，要求政府主持公道，维护自身权益。

---

① 参见皮埃尔·布迪厄《实践感》，译林出版社2009年版。
② 参见罗伯特·C.埃里克森《无需法律的秩序》，中国政法大学出版社2003年版。
③ 参见肖唐镖《宗族政治》，商务印书馆2010年版。

第一章 国家、宗族与农民

就 X 村 8 组集体上访案而言，上访村民选择从该组组长任命程序违规这一事实入手，并将组长夫妇俩不光彩的历史旧账兜出来，以此证明他们的上访行为是在捍卫小组集体的利益。可是，当我们深入事件背后时，却发现村庄家族政治是推动这些农民上访的主要因素。尽管他们上访反映的是村组干部工作中的违规问题，表面上是为了维护小组集体的利益，而实际上却是揪住村组干部的把柄来达到推翻现任小组长、让自己家族成员担任小组长、从而维护本家族利益的目的。在故事的末尾，桥乡信访办迫于余陵区信访办的压力，不得不按照民主程序重新组织选举 8 组组长。在这里，家族利益冲突、国家法规制度和地方性规范搅和在一起。在村庄家族冲突严重、村组干部难以实现平衡的情况下，通过小范围协商确立组长有其合理性的一面，而且这也属于一种通行的做法，甚而成为一种地方性规范。可是，村组干部的这一做法却违背了正式制度文本的规定。当家族政治这一因素嵌入进来时，便不可避免地会引发受挫的另一派的不满。从表面来看，这些村民的上访行为确实符合国家法律制度规定，也容易得到民主理念和话语的支持，可实际上却是村庄的家族政治在信访领域的延伸。民主、权利的话语被村民当作幌子，成为他们展开利益争夺的工具。

Y 村的集体上访个案跟 X 村有些类似，前任村支书王田华等人获取了加重农民负担的"证据"，试图将在任村支书朱如庆等人拱下台。且不论村干部加重农民负担和贪污腐败问题是否属实，仅就当时的宏观环境而言，农民负担问题也绝非 Y 村村干部自己所能掌控的。[①] 县里派出的调查组最终也并没有发现村级财务有多大问题。如果再细究上访事件的组织者身份，我们可以看到，上访是由 Y 村前任支书王田华为代表的王姓家族所主导的，它在本质上是一场家族恩怨和利益之争，农民负担、贪污腐败问题只是上访村民借以利用的一种符号。从 Y 村领导班子的调整也可看到，该村严重的家族和派性之争，极大地干扰了村级权力的正常运行，使乡政府不得不下派乡干部兼任村支部书记以调和矛盾。

Z 村集体上访个案也跟当地的家族房头传统意识有着密切关联。9 组村民认为，村办煤矿占用的是本组土地，要求独享上煤权。该组村民李英

[①] 当然，我们在这里也不是要为该村村干部辩护，而是站在更为宏观的社会背景去理解这个问题。

莲之所以敢挑头组织村民上访闹事，也在于自己背后的强大家族势力的支撑。其他家族村民和村干部对9组独享上煤权提出异议也有道理，因为煤矿原属村集体所有，尽管占用了9组土地，但所占地并非9组村民的祖业。即使根据《中华人民共和国土地承包法》规定，农村土地产权属于村集体所有，小组不构成一个法律意义上的产权主体，村里可以重新给9组调地，但是上煤权应该由全村共享。① 真正触发其他小组不满的，是9组独占了上煤权收益，并将其余3名上煤村民排挤了出去，最终引发8组村民集体到煤矿闹事。村里依民主程序将上煤权收归村集体，又引发了9组村民的集体抗争。

由此，我们可以看到农民上访背后因素的复杂性。其中既有家族恩怨、利益之争，又涵盖着浓厚村落传统和地方性知识因素。所有这些，都绝非简单的维护权利、利益表达、政治参与等话语所能解释和概括的。② 关于农民上访诱因的统计学研究，尽管能让我们获得有关问题的宏观认识，却无法呈现农民上访的深层逻辑。虽然我们无法从统计上证明这类由于地方社会结构性因素所导致的集体上访在所有农民抗争案例中所占据的确切比重，但可以肯定的是，地方基层干部侵权显然并非导致农民上访的唯一因素，相应地，民主、维权也不应成为理解农民上访问题的唯一路径。③

（二）家族与集体上访的组织动员机制

农民集体行动的组织问题已然成为当前抗争政治关注的重点之一。赵鼎新的研究指出，由于中国社会中层组织的缺乏，所以更多的集体抗争行

---

① 在国家规定"增人不增地，减人不减地"的情况下，调地无法得到国家法律制度的支持。当然，只要村庄能够达成一致协议，不至于出现矛盾，上级政府一般会持观望态度。

② 从这也可以看到，"依法抗争"和"以法抗争"等解释模式捕捉到了农民上访的某些特征，但他们未能深入乡村社会内部去理解农民上访的逻辑。同时，这还从另一个角度提醒我们，中国乡村社会集体行动发生背后的逻辑具有高度复杂性，它跟西方一般意义上的社会运动具有极大的差异。参见李连江、欧博文《当代中国农民的依法抗争》，载吴国光主编《九七效应》，香港太平洋世纪研究所1997年版；于建嵘《农民有组织抗争及其政治风险——湖南省H县调查》，《战略与管理》2003年第3期。

③ 当然，我们也并非要为地方基层干部辩护，或者反对民主、权利话语，而只是希望能够进一步展现农民上访问题的复杂性、多维性。

为主要以地域为基础展开。① 应星则在反思西方社会运动的精英动员模式和印度底层学派的碎片化、无组织模式基础上,提出中国农民集体行动的草根动员模型,并对于建嵘"以法抗争"概念夸大农民集体行动组织性的倾向进行了商榷。② 虽然上述研究注意到了中国农民集体行动组织的某些特性,但对血缘因素及由此而编织起来的社会结构网络在农民集体行动中的重要角色关注不够。

林耀华的研究曾记述了义序宗族的族长兼乡长率领全体族人向官府呈请申诉要求释放被捕的本族甲长的故事,并强调"由此可见宗族乡村对外的一致行动"③。可见,当宗族遭遇外侮时,宗族成员能够进行较为有效的组织动员,维护本宗族的利益。这一特征不仅在传统乡村比较常见,在当下的乡村社会尤其是宗族性农村地区仍然可见。

从以上四个个案来看,宗族血缘网络在农民集体上访组织过程中发挥了重要作用。在W村的集体上访案中,龚家每家每户都派出至少一个代表参与上访,X村的集体上访也是以家族为单位进行了组织,Y村的集体上访参与者也以王姓为主。在Z村的煤矿纠纷中,尽管李英莲背后有着强宗大族的支撑,但毕竟身处"异乡",再加上9组姓氏繁多,相互之间认同较弱,人心和力量分散,导致集体上访无果而终。相反,8组则因为属于同族而表现出高度认同,每家每户派出代表到煤矿抗争,最终迫使村里将9组上煤权收回。

综观以上几个个案,可以得出一个看似偶然但实则客观存在的推论:只要全家族力量团结一致抗争,最终都能够取得胜利,而若缺乏家族认同和血缘纽带的支撑,人心涣散,抗争最后往往陷于失败。这充分显示了家族力量在组织集体上访过程中的重要作用。④

当然,以家族为单位的集体抗争之所以能够有效组织起来并起到明显效果,背后还有更深层因素的作用,这就是农民的公私观念。费孝通先生曾经阐述说:"在乡村工作者看来,中国乡下佬最大的毛病是'私'……

---

① 赵鼎新:《社会与政治运动讲义》,社会科学文献出版社2006年版。
② 应星:《草根动员与农民群体利益的表达机制——四个个案的比较研究》,《社会学研究》2007年第2期。
③ 林耀华:《义序的宗族研究》,生活·读书·新知三联书店2000年版,第59页。
④ 当然,不可否认,这背后还有其他因素起作用。

一说是公家的,差不多就是说大家可以占一点便宜的意思,有权利而没有义务了。"① 梁漱溟也讲道:"西洋人是有我的,中国人是不要我的。在母亲之于儿子,则其情若有儿子而无自己;在儿子之于母亲则其情若有母亲而无自己……他不分什么人我界限,不讲什么权利义务,所谓孝悌礼让之处,处处尚情而无我。"② 这些文化规范使得中国人处事时主要遵循特殊主义的逻辑,而非西方社会的普遍主义逻辑,并由此形成以家庭、家族为本位的观念。"农民的意识集中在家族,其人格自我不是小自我,而是家族式大自我,家族的命运就是个人的命运。"③ 换言之,对于中国农民而言,家和家族范围内的事是私事,而家以外则属于公事。私事是"自家人"的事,必须尽可能去维护自家的利益,而公事则大可"事不关己高高挂起"。这种公私观念构成了农民认同与行动逻辑的深层基础。④

在本章节所列四个个案中,都可看到家族对于凝聚上访力量的重要作用。每当组织集体上访时,要么是每家每户都派出代表参加,要么是家族中威望甚高者进行动员。在家族力量的支配下,家族成员一般都会尽力参与。尽管上访于个人不会有太多利益,但它事关整个家族的荣辱。如果自己在集体上访中不积极或者不参加,那么很可能遭到别人闲话,并最终会被整个家族边缘化甚至抛弃。"在家族主义的取向下,人们生活圈内的运作是一切尽量以家族为重,以个人为轻;以家族为主,以个人为次;以家族为先,以个人为后。家族的生存重于个人的生存,家族的荣辱重于个人的荣辱,家族的团结重于个人的自主,家族的目标重于个人的目标。"⑤ 强大的家族认同力量能够有效解决奥尔森意义上的"搭便车"难题⑥,迫使家族成员将家族利益放置于个体家庭利益之上。即使偶尔出现个别"搭便车"者,家族规范也能很快将其边缘化,使其难以在家族和村庄中立足。

---

① 费孝通:《乡土中国 生育制度》,北京大学出版社1998年版,第24页。
② 梁漱溟:《梁漱溟全集》(第一卷),山东人民出版社2005年版,第479页。
③ 此观点由威尔海姆提出,可参见贺雪峰《村治的逻辑——农民行动单位的视角》,中国社会科学出版社2009年版,第53页。
④ 贺雪峰:《村治的逻辑——农民行动单位的视角》,中国社会科学出版社2009年版,第48页。
⑤ 杨国枢:《中国人的社会取向:社会互动的观点》,载杨宜音主编《中国社会心理学评论》第1辑,社会科学文献出版社2005年版,第26页。
⑥ [美]曼瑟尔·奥尔森:《集体行动的逻辑》,陈郁等译,上海人民出版社1995年版。

正是受着这样的逻辑支配，我们在调查中时常可以听到村民这样说："这是集体的事情……主要是争口气，这关系到我们家族形象问题。"① 即使在面临强宗大族时，也必须参与到集体抗争中，替自己家族争"气"。有些家族成员还为此做出了巨大牺牲，比如为了支持和参与上访而放弃村组干部职位等。正是在这种基于血缘纽带而形成的强烈文化认同作用下，以家族为单位的集体上访能够被迅速组织起来，且能达到较高的组织化程度。

（三）"当家人"与集体上访组织者的身份特征

有关中国乡村抗争行动组织者的身份问题，学界关注已经较多。学者们普遍注意到组织者的一些共性，比如较高的文化水平、人生阅历丰富、见多识广、能说会道等，甚至还可称之为所谓的精英。在我们看来，在由家族主导的农民集体上访中，除了上述学者所呈现的这些外显特征外，还应该将组织者与家族之间关系纳入考察范围。鉴于此，我们更倾向于用"当家人"来描摹组织者的身份特征。

一般而言，在家族主导的集体上访中，组织者都是本家族内威望较高、能力较强的人，可称之为家族领袖。他们担当着维护整个家族利益的重任，又可谓之"当家人"。这些"当家人"既领导着整个家族，可以行使调动族内资源、分配任务的权力，同时又服务于家族利益，对家族成员负责。所以，集体上访组织者与家族成员之间不仅仅是一种帕累托意义上的精英与大众、支配与被支配关系，而且涵盖着更为浓厚的"当家人"与"大家庭"关系色彩。家族领袖之所以成为集体上访的组织者，除了家族成员对其认同、认可之外，还出于作为家族一员的奉献与责任，为家族利益"两肋插刀"是家族领袖们义不容辞的责任。因为有了这层伦理关系，"当家人"大多会为维护家族利益而努力。如果抗争获胜，那么"当家人"将更受族人的拥戴，大大提升其在族中的威望，若功劳巨大甚至可以载入宗族祠堂牌匾，为族人后代永世瞻仰。如若抗争未获成功，不仅家族利益无法保护，而且会让这些"当家人"在族中丢失面子，落下"无能""败家"之类名声。

同时，有的集体上访组织者还可能肩负着双重身份，既是村组干部，

---

① 引自郑兰兰《安义县邹家村调查报告》，打印稿，2011年。

又是家族领袖,既具有一定的体制身份,又是民间权威。比如,W村的龚家克,担当着村民小组长与家族领袖的双重角色。他的妻子还是村妇女主任。龚家克在W村组织集体上访时曾被上面批评警告,但他仍然义无反顾继续组织村民上访。

可见,对于集体上访的组织者而言,他们既不是完全携私的小人,亦非理想主义的英雄,而是受种种社会关系和社会结构制约与掣肘的鲜活的个体。他们的行动逻辑受制于现实的复杂性。① 对于家族主导的集体上访而言,上访组织者面临着家族力量和地方伦理规范的制约。身为家族的"当家人",他们必须挺身而出,担当振兴家族、维护家族利益的使命。尽管他们并非理想主义的英雄,也会对抗争的利弊、行动的风险收益和行动策略等问题进行权衡,但是家族成员的信任使众望所归的他们不敢轻易放弃或退出。

当然,由于现实的复杂性,我们也不能把作为"当家人"的家族领袖过于理想化,完全视之为家族利益的代言人,且不排除出现趁机谋一己之私的情况。但这种情况一般属特例,因为这种行为受到强大的家族认同和各种伦理规范的压制。且在家族这样的熟人社会②中,大家知根知底,谁为人处事更为公道,更替家族着想,都一目了然。那些品行不端者一般难以在族中享有很高威望。

(四) 集体上访事件中的村组干部

学者们在讨论乡村干部的角色时,曾经提炼出"代理人与当家人"③"赢利型经纪"④和"守夜人与撞钟者"⑤等多种模式。具体到集体上访事件而言,村干部的角色则要复杂得多,可分为以下几种情况。

1. 组织集体上访的家族是村干部本家

自实施村民选举以来,村干部开始由农民选举产生,但实际上,村干

---

① 应星:《草根动员与农民群体利益的表达机制——四个个案的比较研究》,《社会学研究》2007年第2期。
② 费孝通:《乡土中国 生育制度》,北京大学出版社1998年版,第9页。
③ 徐勇:《村干部的双重角色:代理人与当家人》,(香港)《二十一世纪》1997年第8期。
④ [美]杜赞奇:《文化、权力与国家——1900—1942年的华北农村》,江苏人民出版社2003年版。
⑤ 吴毅:《记述村庄的政治》,湖北人民出版社2007年版,第56页。

部大多难以完全避免上级政府干扰和控制,尤其村支部书记更是受上级党委的影响。[1] 换言之,村干部被吸纳进入了体制之内,在一定程度上成为国家政权在基层的代理人。同时,村干部作为村落尤其是家族中的一员,必须顾及自身的群众基础。这不仅是自己上台的重要前提条件,而且是日后顺利开展各项工作的重要保障。况且,大多数村干部自己就是家族领袖或者在家族中享有较高威望。为了巩固自己的权力地位,他们更需要本家族的支持。尤其是在宗族竞争非常激烈的地方,能否得到本家族的支持,直接关系到竞选的成败。鉴此,村干部上台之后,一般都会适度为自己家族谋求利益,以回报家族对自己的支持,巩固自身执政基础。这在那些多宗族并存或一强多弱宗族性村庄表现得更为明显。

村干部的双重身份决定了他们在处理由本家族组织的集体上访事件中的尴尬角色。一方面,作为体制的代理人,他面临着维稳考核压力[2],如处理不好,很可能遭受上级政府批评,严重者甚至直接被革职。尤其是在稳定压倒一切的背景下,村干部担当的维稳任务更为艰巨,其处境也愈加艰难。另一方面,村干部作为家族的"当家人",必须顾及自身家族成员的情绪和利益,即使自己不亲身参与,但也不能完全反对,否则将失去本家族的支持。有些村干部因为受体制影响过大,未能顾及家族利益,最终被家族成员边缘化,甚至直接被家族拱下台。这种双重角色,使村干部处于体制身份与本家族压力的夹缝之中。

在此情况下,村干部有三个选择,一是冒着被批评甚至撤职的风险积极参与;二是不直接参与但暗中支持;三是站在体制一边阻止破坏上访。基于现实和自身利益的考量,村干部大多会选择第二种方式,既可避免上面批评,又可稳定自己在家族中的地位。当然,也不排除在宗族色彩浓厚的地区,一些村干部家族观念非常强,冒险亲身参与和组织集体上访。比如,在W村的征地纠纷上访中,龚家克自己是村民小组长,其妻子担任村妇女主任,但他还是积极组织村民集体上访,维护自己家族利益。

---

[1] 景跃进:《党、国家、与社会:三者维度的关系》,《华中师范大学学报》(人文社会科学版) 2005年第2期。

[2] 当前,乡镇一般都会跟村干部签订维稳责任状,从上访数量、规模等各方面规定考核指标,参见田先红《治理基层中国——桥镇信访博弈的叙事:1995—2009》,社会科学文献出版社2012年版,第150页。

不过，就现时维稳环境而言，村干部选择第二种方式的空间也大大缩小。因为只要村里发生上访、出了事，上面必定会批评怪罪，考核无法过关。且上级也会给村干部施压，要他们做好自己族人的工作。所以，一些村干部迫于双方的挤压，尤其是本家族的压力，不得不辞职。

2. 组织集体上访的家族非村干部本族

若组织集体上访的家族非村干部本族，那么村干部一般会有两种选择。一是持"事不关己高高挂起"的态度。在中国农民的观念中，自家人的事情才是私事，而家族以外的事情属于公事，一旦上升到公的领域，则公事大可与己无关。① 所以，对其他家族组织的上访，若不会对村干部构成太大威胁，那么他们会在一旁观望。二是迫于维稳压力，不得不出面解决，若超出自身解决能力，也只能听之任之。最多是配合上级政府做好稳控工作，给他们通风报信。或者给上访村民尤其是组织骨干做工作，动员各种关系资源，对其进行分化瓦解。这在 W 村和 Z 村的集体上访案中表现得较为明显。

值得一提的是，在当前的维稳体制下，村干部更可能选择第二种方式，因为只要村里出现上访，就不可能跟村干部毫无瓜葛，即使上访者不是针对村干部自身，也至少会牵涉到他们的维稳责任问题。一旦集体上访给村干部造成很大威胁，就会加剧村干部与村民之间的冲突，若村干部对上访者进行压制，上访者很可能也将村干部列为上访抗争对象。

3. 针对村组干部本身的集体上访

贺雪峰曾指出，在宗族较强的地区，农民一般不会发生针对村干部的上访。② 郑卫东则认为，即使是跟村干部共家族的村民也可能会参与上访，有"上访不避亲"之理。③ 应该说，以上两种情况在现实中都是客观存在的。贺雪峰所述情形一般出现在单姓且村干部在村民中威望极高能够实现有效治理的村庄内；而郑卫东指出的情况一般发生在那些家族已经式微、族内认同大大下降或者分裂为众多派性的村庄里面。就现实而言，后者应比前者较常见。

---

① 费孝通：《乡土中国 生育制度》，北京大学出版社 1998 年版；贺雪峰：《村治的逻辑——农民行动单位的视角》，中国社会科学出版社 2009 年版。
② 贺雪峰：《新乡土中国》，广西师范大学出版社 2003 年版。
③ 郑卫东：《农民集体上访的发生机理：实证研究》，《中国农村观察》2004 年第 2 期。

一旦村庄发生针对村干部的集体上访，村干部必然要进行应对，应对的方式有两种：一是在上级政府压力下出面澄清或者解决问题，最终使村民息诉罢访；二是在无法解决问题或者解决后上访者不满意的情况下，对上访行动进行分化、破坏或者压制。这种情况在 X 村、Y 村的集体上访案件中得到充分体现。

接下来，我们将综合以上讨论建立一个集体上访事件中村干部的行为选择模型图（见图 1-1）：

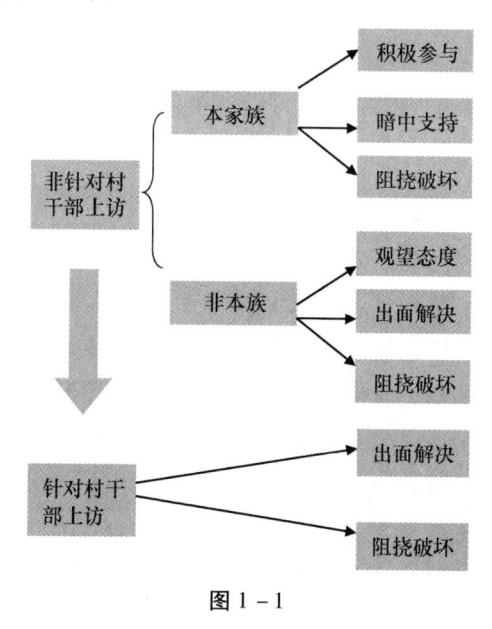

图 1-1

（五）家族、集体上访与地方政府

在当前的维稳体制下，一旦出现上访，地方政府会要求乡村基层干部出面解决，将维稳压力和责任转移到基层。所以，地方政府尤其是县级以上政府一般都会以更为积极的姿态来为上访农民主持公道。

对于乡镇政府而言，他们处于信访治理工作的第一线，农民上访所反映的问题往往会牵扯到他们自身。同时，他们出面解决上访问题时，不仅需要花费时间和精力，而且还要耗费资源。且有些上访者所反映的问题并非他们能够解决。这形塑出乡镇政府在对待上访问题时的两面性，一方面，迫于维稳的责任和压力，他们必须想方设法使农民息访罢诉，甚至为此而花钱买稳定；另一方面，他们极不情愿地介入上访问题中，大多对上访持消极态度，尽量大事化小、小事化了。

在W村的集体上访案中，一方是强宗大族的雷家，另一方是势单力薄的龚家，对于镇政府而言，若得罪了雷家，则可能引起更强大的抗争，即使出于维稳的考虑，他们也必须顾及雷家颜面。龚家力量较为薄弱，他们即使闹事，也"翻不了天"。所以，"理同势转"，镇政府自然站在雷家一边。镇政府的这一选择当然会引起龚家不满。若是在传统社会，龚家也无可奈何，因为自己势不如人。但在"送法下乡"①多年之后，法制和权利话语已经渗透到乡村社会的现代民族国家里面，龚家则大可利用国家力量来维护自身权益。最终，龚家选择了集体上访方式，讨个说法。镇政府在忌惮雷家势力而又迫于维稳压力的情况下，只得买两份单，将镇里仅有的四块地皮补偿给龚家。

在Y村的集体上访案中，由于家族、派性斗争过于严重，导致乡政府不得不以下派乡干部担任村支部书记的方式来缓和各方矛盾，为村级工作提供一个相对平和的环境。这充分彰显出基层政府面对地方社会结构阻隔时的无奈。

所以，在当前的维稳环境中，地方政府尤其是基层政府的行为必须放置于压力维稳体制和地方社会结构双重逻辑中去考量。他们面对上访时确实会时常表现出消极态度，但其消极表现的背后隐藏有体制性和结构性因素。且在压力型维稳体制下，地方政府大多不得不重视农民上访问题，甚至不惜以耗费大量资源和牺牲自身合法性来平息上访。正如米格代尔所揭示的那样，"生存政治"会极大地削弱国家的政策执行能力，减弱国家对社会的控制。②地方官员出于自身生存的需要，既要避免上级政府的严厉问责，又要规避农民的缠访闹访行为，就只能采取"花钱买平安"之类的权宜式治理策略。如此，地方官员在上级政府和农民的双重夹缝中求得生存。

三 农民集体上访中的家族与国家

国家与宗族之间关系已为众多社会科学研究者尤其是人类学和社会史

---

① 苏力：《送法下乡——中国基层司法制度研究》，中国政法大学出版社2000年版。
② 米格代尔：《强社会与弱国家》，张长东等译，江苏人民出版社2009年版，第250—251页。

学者们所关注。一般而言，传统中国乡村社会被认为是极少受国家权力干预的社会，"皇权不下县"是其经典表述。县以下主要由宗族、士绅等地方力量来维持社会秩序。① 随着中国现代化的启程，所谓国家政权建设也逐步展开，国家开始了一轮又一轮对地方社会的渗透与改造。在此过程中，国家与地方性知识尤其是以家族为核心的地方社会结构之间较量与碰撞成为学者们关注的焦点。②

截至目前，有关国家与宗族之间关系的研究主要聚焦于宗族与国家认同、宗族与国家之间的博弈、宗族械斗及国家权力的介入等问题。在有关国家与宗族之间关系的众多言说与叙事中，国家对宗族的打击和宗族对国家的反抗这一"打击—反抗"模式俨然成为主流话语。在这一模式中，国家与宗族之间似乎是永远的天敌。比如，傅衣凌认为："中国传统社会的控制系统分为'公'和'私'两个部分。特别是秦汉以后……中央集权与地方分权的斗争更为激烈和明显，但两种势力又互相妥协和利用。一方面，凌驾于整个社会之上的是组织严密、拥有众多官僚、胥役、家人和幕友的国家系统……国家的权力似乎是绝对和无限的。另一方面，实际对基层社会直接进行控制的，却是乡族的势力……国家政权对社会的控制，实际上也就是'公'和'私'两大系统互相冲突又互相利用的互动过程。"③ 弗里德曼研究了中国东南地区的宗族组织与国家之间的对抗行动，揭示出宗族绅士面对国家时的矛盾心态。他认为，"宗族直接指向国家的挑衅行为在某种意义上削弱了宗族绅士；然而从另一种意义而言，这种行为增长了他们的力量，因为长期以来他们都在运用他们能够胜任的保护"④。王铭铭通过研究福建溪村家族指出："民间的家族活动却发展成为朝廷和地方衙门难以控制的自主性社会共同体……但其自主性和发展却不能不造成国家对地方社会统治的无力。"⑤ 郑振满指出："由于里甲户籍的世袭化，使

---

① 费孝通：《中国绅士》，中国社会科学出版社2006年版；瞿同祖：《清代地方政府》，法律出版社2003年版；张仲礼：《中国绅士研究》，上海人民出版社2008年版。
② ［美］杜赞奇：《文化、权力与国家——1900—1942年的华北农村》，江苏人民出版社2003年版；黄宗智：《长江三角洲的小农家庭与乡村发展》，中华书局2000年版。
③ 傅衣凌：《中国传统社会：多元的结构》，《中国社会经济史研究》1988年第3期。
④ 弗里德曼：《中国东南的宗族组织》，刘晓春译，上海人民出版社2000年版，第145—155页。
⑤ 王铭铭：《溪村家族：社区史、仪式与地方政治》，贵州人民出版社2004年版，第246—247页。

明清福建的家族组织具有基层政权的职能，强化了官僚政府对于基层社会的控制能力。然而，这种以家族为本位的社会控制模式，又必然导致基层社会的自治化。"①

这些研究大都将国家与宗族（家族）放置于二元对立的框架内进行理解。或者是国家对家族的强控制，或者是家族（以及其他地方社会组织）自治。② 科大卫、刘志伟等学者探讨了国家与明清时期宗族形成之间关系。他们认为，"宗族的发展实践，是宋明理学利用文字的表达，改变国家礼仪，在地方上推行教化，建立起正统性的国家秩序的过程和结果"③。他们揭示了国家对地方社会的渗透与改造过程，但其探讨的主要是古代宗族形成的问题。且他们仍然是将国家与地方社会视为两个相互独立的实体。

从以上对四个集体上访个案的解读中，我们看到了国家与家族之间关系并非简单的"打击—反抗"模式所能涵括，而充斥着互相冲突、缠绕与援引的复杂互动。

在 W 村征地纠纷集体上访案中，雷家的祖业权是当地地方社会中的一种共识，是基于传统地方性知识生成和认同的权利。龚家享有的土地承包经营权则是现代民族国家所赋予的公民权。雷家可以援引不言自明的地方传统来为自己辩护，而龚家则可借用现代国家法制和权力来维权。两者的冲突，实际上是传统与现代、地方性知识与国家法律之间的碰撞。若在传统社会，龚家只有"哑巴吃黄连"的份儿。④ 但在现代民族国家政治体内，法律、信访制度等则为其争取自己利益提供了武器。所以，龚家的集体上访行动，尽管包含着维权的成分，但实则是现代国家权力与地方社会冲突的结果。至于镇政府在处理集体上访事件中的表现，则不仅与地方家族因素有关，而且跟国家整体维稳大势密不可分。居于科层体制末梢的镇政府承受着自上而下的巨大维稳压力，同时又忌惮于雷家的强大势力，最终只得买双份单，给龚家赔偿四块地皮使其息访罢诉。

---

① 郑振满：《乡族与国家：多元视野中的闽台传统社会》，第 131 页。
② 郑振满：《乡族与国家：多元视野中的闽台传统社会》，第 12 页。
③ 科大卫、刘志伟：《宗族与地方社会的国家认同——明清华南地区宗族发展的意识形态基础》，《历史研究》2000 年第 3 期。
④ 换个角度而言，若是在传统社会，雷家不会轻易把自己的祖业拱手让给龚家，龚家恐怕也不会有如此胆量去雷家祖业山上开荒，仅只在现代国家权力的支撑下，龚家才能获得雷家祖业山的承包经营权。

同样，在 X、Y 和 Z 这三个村庄集体上访案中，我们也看到了家族等地方性因素与国家之间的碰撞与耦合。X 村 8 组村民集体上访状告组长任命程序违规并检举组长道德问题，尽管符合国家相关法律制度规定，裹挟有合理成分，但其背后更为主要的因素是家族利益纷争。Y 村以前任村支书王田华为首的集体上访也同样源于村内家族、派性之争。在 Z 村的集体上访抗争事件中，9 组村民抗争组织的解散和抗争结果的失败而 8 组村民团结一致抗争成功的鲜明对比，更是凸显了家族力量在集体上访组织中的重要性。

综上，农民集体上访的形成，是国家权力与地方社会因素冲撞与耦合的结果。现代国家将触角不断往下延伸，对地方社会进行渗透，激活了地方性知识。国家权力尽管进入了村庄，但未能完全按照国家所确定的一整套制度规范来维持社会秩序，由此激起了各种地方社会力量之间的冲突。由此所形成的集体上访，实际上是两个互相冲突家族的一方借助国家力量来对抗另一方。家族政治通过国家信访制度安排进入了国家政治领域，实现了家族与国家政治之间的连接。在这个意义上，农民集体上访实际上是国家塑造的结果，而并非完全是农民的理性维权行动。尤其是在当前的高压维稳环境下，国家的信访体制安排，包括信访目标考核管理责任制、一票否决制等，将在一定程度上起着催化农民上访行动的作用。

概言之，当前乡村社会中相当一部分的农民集体上访行动，是以家族为核心的地方社会结构与国家政治相互耦合的衍生物。可以预见的是，随着社会大转型的持续和加速，国家的大规模制度变革，必然会搅动更多的地方社会因素。在这种激烈的碰撞和缠绕中，农村的抗争行为也会相应增加。再加上当前信访维稳体制的催化作用，农民抗争行为将会持续剧烈地冲撞着社会安全防线。

在此基础上，我们还可进一步拓展本书提出的地方性表达框架。这一框架的辐射范围并不限于地方社会，而是将地方与国家关联起来，在两者之间的互动与纠葛中发掘农民集体抗争行为的特性。所有这些，都不是基于民主—权利框架下思考相关问题的维权范式所能涵盖的。

四　进一步的拓展讨论

以上已经通过对四个个案的比较研究展示了当前农民集体上访的复杂逻辑。研究表明，农民集体上访的动力机制和组织过程都深受以家族为核心的地方社会结构的影响。国家与地方社会结构共同塑造出农民集体上访的地方性表达特征。从这个意义上讲，仅仅基于农民民主权利意识提高、乡村干群关系恶化等①角度而对农民上访问题做出泛政治化解读是远远不够的。上访的确意味着农民的一种利益表达方式，但它不一定就是经典意义上的维权行为。换言之，农民并非只有在权益遭受侵害的情况下才会踏上上访之路。这从一个侧面彰显出维权范式在理解农民上访问题上的局限性。地方性表达框架正是试图超越已有维权范式下的农民上访研究的一种初步尝试。同时，地方性表达框架跟民主维权范式仅以社会为中心、偏重社会而忽略国家的研究取向进行了反思，将国家因素引入农民上访问题研究中。在这里，国家不仅仅只是作为一个背景或者衬托，而是被视为一个影响和塑造农民上访行为的重要变量。在研究中将家族等地方社会因素与国家关联起来，建立起国家与农民之间的关联，是地方性表达框架下农民上访研究的重要旨趣。此外，地方性表达框架还拓展了应星从"气"的角度展开的农民集体行动研究，注重从地方社会结构角度去挖掘农民的"气"得以形成、演化和消散的深层逻辑，从而为中国农民抗争政治研究找到了一条可能更为恰切的本土进路。

同时，地方性表达框架还揭示出了中国农民集体上访与西方社会运动之间的差异。在西方，社会运动已经发展到较高的组织化和专业化程度，这些都并非中国农民集体行动所能比拟的。具体而言，我们可以从以下几个方面进行比较，见表1-2。

---

① 这样的视角其实属于社会变迁论的一种，直接从社会某一方面或几方面变化而推导出结论，这种研究方法因其大而空的直线式思维弊端而易遭批评，可参见赵鼎新《社会与政治运动讲义》，社会科学文献出版社2006年版，第82页。

表1-2　　　　　　　　　　中西集体抗争行为比较

比较要素 \ 比较对象	中国农民上访	西方社会运动
动力机制	私域利益	公共利益
组织者身份	家族领袖、当家人	社会精英
组织纽带	血缘（兼地缘）	业缘、趣缘
组织化程度	较低	较高
资源来源	家族内部	外部
合法化程度	视规模、烈度等因素而定	较高

从上表比较可知，中国农民集体上访作为一种地方性表达行动，在动力机制、组织者身份、组织纽带和组织程度等方面都与西方社会运动存在明显差异。在组织层面，农民集体上访如应星所言，既无法跟西方高度组织化的社会运动相比，又不似印度那样丧失自主性的碎片化底层，而是由作为家族"当家人"的乡村非体制精英进行发动并以家族为动员网络的强力动员。在动力机制上，农民集体上访既非纯粹理性选择行为，又非单纯的情感性行动，而是基于地方性规范的考量和伦理共同体的支撑所做出的行动。在组织纽带上，农民集体上访主要以血缘和地缘为纽带，而非西方社会运动那样主要以业缘和趣缘为连接纽带。决定所有这些差异的最重要变量，就在于血缘纽带及其主要载体——家族。我们还可以预见，在农村社会结构依然长期保持整体稳定的情况下，血缘和地缘因素将继续在农民集体行动中扮演重要角色。

总之，地方性表达框架不仅可以如应星的研究那样超越西方社会运动精英动员论与印度底层无组织场域的对立，而且还有利于弥合西方社会运动理论史上一直存在的理性论与情感论之间的张力。同时，地方性表达框架还对国内农民集体上访研究过于从民主、权利视角去思考问题，过于偏重社会而忽视国家的现象进行了反思，并拓展了"气"与抗争政治路径下的农民集体行动研究。

沿循这一研究思路，我们还试图根据家族力量的强弱程度来建构一个中国农民集体上访特征的区域差异模型，见表1-3。

表1-3　　　　　　　中国农民集体上访特征的区域差异

家族力量层次	典型分布区域	农民集体上访频度及抗争对象		
原子化地区	中部、东北	低		
家族碎片化地区	华北	高，针对村干部或异族		
宗族性地区	南方，如江西、广东、福建及浙江、安徽、湖南和湖北部分区域	单宗族或一强多弱型村庄	整合度高	上访少
			整合度低	上访多
		多族鼎立村庄	上访多，针对村干部或异族	

上表展示了家族力量层次不同地区所呈现出来的农民集体上访的区域差异。在原子化[①]地区，由于农民一致行动能力相对较弱，形成集体行动的难度较大。在家族碎片化地区（如华北），由于家族还能在一定范围内达成一致行动（如五服以内或者兄弟堂兄弟之间），且各个家族分支之间竞争激烈，因而常常容易引发集体行动，甚至形成派性而互相争斗。

宗族性地区的集体上访问题则呈现出另一番景象。贺雪峰曾经提出，在宗族性地区一般很少发生针对村干部的集体上访。[②]但我们调查发现实际情形不然。部分宗族性村庄可能难以发生针对村组干部的集体上访，主要在于村干部（一把手村支部书记）威望高、处事公正，能够运用家族血缘纽带有效整合和治理村庄。同时，在这一类村庄中，尽管针对村组干部的集体上访较为少见，但很可能因为对地方政府的不满而团结起来与之对抗。而在其他一些单姓宗族村落，如果缺乏颇具"魅力型权威"[③]的村干部，那么很可能陷入房头之间剧烈竞争中，各方都会想方设法来压制对方，不服气的一方则很可能选择通过上访方式将对方告倒。总体而言，处于前一种情况的村庄数量很少，因为宗族"对内从来没有团结的时候，对外却从来没有不团结的时候"[④]。族内斗争可谓一种常态，使得宗族内部难以铁板一块，而总是难免出现这样那样的争斗，除非宗族领袖具有超强的

[①] 所谓原子化，指农民相互之间缺少超越家庭以上层次的认同，难以形成合作，成为马克思所言"散落的马铃薯"状态，参见贺雪峰《新乡土中国》，广西师范大学出版社2003年版，第5页。

[②] 贺雪峰：《新乡土中国》，广西师范大学出版社2003年版，第5页。

[③] ［德］马克斯·韦伯：《经济与社会》（下卷），林荣远译，商务印书馆1997年版，第444页。

[④] 肖唐镖：《宗族政治》，商务印书馆2010年版，第279页。

"卡里斯马权威",能对村庄实施强力整合。同时,可以预见的是,随着家族整体团结度的下降,第一类村庄将会越来越少见。但由于家族力量依然较强,各个家族和房头之间都可能因为种种原因而不断竞争,故第二类村庄将长期持续存在。

当然,以上关于农民集体上访特征区域差异的分类和讨论只是一个理想模型,其内部的复杂性和多样性还需要进一步厘清,且应有更多的经验材料来支撑和论证。

五 余论

总结而言,由家族政治诱发的农民上访过程中,存在国家、地方政府与宗族三大主要行动主体。此类上访中存在两种基本的关系机制:一是在国家对地方社会渗透与改造的过程中,宗族与宗族之间产生矛盾纠纷,进而寻求国家权力的援助;二是国家、地方政府和宗族(农民)围绕信访维稳而展开博弈。在国家、地方政府和宗族之间,形成"相互妥协的三角关系"[①],强化了地方社会的碎片化倾向,使得国家对社会的控制难以达到预期目标。

鉴于家族因素在农民集体上访中发挥的重要作用,它长期为政府实践部门所重视。主要思路是将家族视为稳定的祸端,主张对家族采取弹压甚至打击措施。但在稳定压倒一切、构建和谐社会的当下,简单粗暴的治理方式显然不可取。我们认为,由家族等地方社会因素引致的农民集体上访问题,必须随着时间的推移和现代化的持续推进方能消逝。而这恰恰使我们面临着一个两难选择:一方面,只有等待市场经济和现代性的持续进入,地方社会结构解体并最终消散,家族因素在农民抗争政治中的作用方可消失;另一方面,地方社会结构解体后,我们又该以何种方式组织农民?就长远而言,农村被卷入现代性大潮、地方社会解体是大势所趋,而真正的难题是,从传统地方社会结构解放出来的农民,又如何可以过上一

---

① [美]米格代尔:《强社会与弱国家》,张长东等译,江苏人民出版社2009年版,第258—269页。

种新的组织生活。这或许是我们面临的最大挑战。这个问题不解决，则缺乏组织的农民可能比有所傍依的农民更让人担忧。①

还要强调的是，本书侧重从家族政治理解农民上访，并不是排除那些由于地方"权力—利益的结构之网"而导致的集体维权行动。我们也承认，处于大转型时期的中国乡村社会，由剧烈的利益冲突和基层政权侵权所导致的集体抗争行动并不在少数。不过，我们也应看到，即使是利益受损之后，农民也并不一定就愿意或者能够组织起来维权。农民是否组织起来维权，除了利益受损因素之外，还取决于他们的组织网络和组织能力，而这恰恰跟地方社会结构有着紧密关联。否则，我们就无法理解，为何同处转型时期，有的地方农民集体上访和群体性事件数量明显偏多，而其他地区则更为少见。可见，"地方性表达"框架的解释力，不仅限于由家族争斗等地方性知识所引发的农民集体上访行为，还可拓展到因权益受损而促成的农民集体维权行动。

本章的分析还有一些不足之处，比如，对家族等地方因素所导致的集体上访问题普遍性的估计仅限于逻辑上的推理，而缺乏更为精确和翔实的资料数据来测量或证明因这些因素导致的集体上访行为在所有上访事件中占据的确切比重。同时，对于导致农民集体上访的多重因素还需要做出进一步的细分和厘清。所有这些，都是我们今后继续努力的方向。

---

① 在西方社会科学界，一些学者的研究已经探讨了中层组织在社会结构中的作用。比如托克维尔（参见［法］托克维尔《旧制度与大革命》，冯棠译、桂裕芳、张芝联校，商务印书馆1992年版）在研究法国大革命时指出，贵族在传统法国社会中扮演着中间层的角色，管理着大量的地方事务，而路易十四的中央集权改革措施虽然增强了国家权力对社会的渗透，但同时也严重削弱了贵族在地方社会的领导权，使得法国社会日益原子化，并最终促成了法国大革命的爆发。与之相异，在美国，大量的、多元化的、强有力的社会中间组织的存在，极大地促进了美国民主政治的发展，整个社会也更为有序（参见［法］托克维尔《论美国的民主》，董果良译，商务印书馆2004年版）。另一学者康豪瑟（参见 Kornhauser William. *The Politics of Mass Society*. New York：Free Press，1959）在探讨极权主义的起源时认为，政治精英、中层组织和民众是一个正常的社会结构的基本组成部分，如果中层组织被削弱，就很有可能形成由民粹主义控制的大众社会，导致政局动荡，并最终发展成极权主义运动，建立起极权主义国家。国内学者李强（参见李强《后全能体制下现代国家的构建》，《战略与管理》2001年第6期）的研究表明，由于苏联解体前政治制度的特征是全能国家，即以国家及其各级基层组织作为组织社会的唯一力量，任何其他社会力量，诸如宗教、家族、行业与地域组织等，都没有合法存在的权利，因而都没有号召乃至组织社会的力量。因此，一旦国家出现危机，整个社会全然不存在任何可以维系秩序的力量。在我看来，这些学者的分析对于当下中国乡村社会而言仍具有重要参考意义。

第二章　国家、阶层与农民[①]

改革开放以来，我国农村社会发生了巨大的变化，农村社会结构已经并将继续经历着剧烈的分化与重组。在农村社会阶层结构呈现多元化的同时，农村社会冲突也在加剧。迄今为止，学界在农村社会阶层分化方面已经取得了大量的重要研究成果。[②] 这些研究对于深化我们关于农村社会阶层结构的认识具有极为重要的启发意义。然而，相关研究大多局限于对社会阶层结构进行静态的分类，而缺乏对阶层之间互动关系的探讨。尽管近年来部分学者开始呼吁关注阶层之间的互动关系，有关该主题的研究观点也散见于某些文献之中[③]，但相关的实证研究和理论概括仍然较为贫瘠。尤其是，已有研究基本上只是在探讨不同阶层之间的博弈关系，而对国家在阶层分化之中的角色以及国家应对不同阶层挑战的策略和机制鲜有关注。但实际上，国家在农村社会阶层分化之中扮演着重要的角色。国家制定的制度、政策都会直接或间接地影响农民阶层分化。同时，国家在应对不同阶层的挑战时采取的行为策略也将深刻影响到农村社会阶层关系，进

[①] 本章部分内容曾收录于拙著《人民政治：基层信访治理的演绎与阐释》，中国社会科学出版社2017年版。收录本书时，笔者已进行了较大幅度修订，侧重于从国家与阶层之间关系对案例进行讨论分析。

[②] 参见陆学艺主编《当代中国社会阶层研究报告》，社会科学文献出版社2002年版，第160页；贺雪峰：《取消农业税后农村的阶层分析》，《社会科学》2011年第3期；毛丹、任强：《中国农村社会分层研究的几个问题》，《浙江社会科学》2003年第3期；樊平：《关注农村阶层关系的新变化》，《中国党政干部论坛》2005年第9期；杜鹏：《熟人社会的阶层分化：动力机制与阶层秩序》，《社会学评论》2019年第1期。

[③] 参见仇立平、顾辉《社会结构与阶级的生产：结构紧张与分层研究的阶级转向》，《社会》2007年第2期；杨华：《农村阶层研究范式论纲：实体论与关系论》，《南京农业大学学报》（社会科学版）2013年第2期；田先红、陈玲：《阶层地权：农村地权配置的一个分析框架》，《管理世界》2013年第9期。

而影响到执政党在农村的阶层基础和群众基础。

国家与不同阶级阶层或利益集团之间的关系是西方国家理论关注较多的话题。经典的马克思主义国家理论主张国家是阶级统治的工具。国家是为统治阶级利益服务的。① 国家的意志就是统治阶级的意志。"由这样一种简单的阶级统治意志所统一起来的国家,只不过是其一种无能为力的工具而已"②。换言之,在经典的马克思主义理论那里,国家总体而言是缺乏自主性的。即使是马克思和恩格斯分析的波拿巴主义,国家完全脱离社会,取得了自主性,但这种自主性仅仅是在特定历史条件下产生的个别现象,是阶级力量平衡的暂时产物。③ 新马克思主义者尼科斯·波朗查斯(Nicos Poulantzas)对马克思、恩格斯将国家视为阶级统治工具的观点进行了修正。他提出了国家的"相对自主性"这一概念。国家的相对自主性"是指的国家对阶级斗争领域的关系,特别是其针对权力集团的阶级和派别的相对自主性,并扩大到针对权力集团的同盟和支持力量的相对自主性"④。此后,波朗查斯和拉尔夫·米利班德(Ralph Miliband)围绕国家的"自主性"和"工具性"问题展开了激烈争论。

时至20世纪70年代末,以斯考切波为代表的"回归国家派"对国家自主性进行了系统而深入的阐释。斯考切波认为,"作为一种对特定领土和人民主张其控制权的组织,国家可能会确立并追求一些并非仅仅是反映社会集团、阶级或社团之需求或利益的目标,这就是通常所说的'国家自主性'(state autonomy)"⑤。国家在任何地方都具有摆脱支配阶级直接控制的潜在自主性。国家自主性的高低及其产生实际影响因具体的场景和条件不同而存在差异。⑥ 国家自主性并不是任何一个国家普遍具有的特征,而

---

① 《马克思恩格斯选集》第4卷,人民出版社1995年版,第170页。
② [希腊]尼科斯·波朗查斯:《政治权力与社会阶级》,叶林、王宏周、马清文译,中国社会科学出版社1982年版,第286页。
③ 《马克思恩格斯选集》第3卷,人民出版社1995年版,第91—93页。
④ [希腊]尼科斯·波朗查斯:《政治权力与社会阶级》,叶林、王宏周、马清文译,中国社会科学出版社1982年版,第285页。
⑤ [美]彼得·埃文斯、迪特里希·鲁斯迈耶、西达·斯考切波:《找回国家》,方力维等译,生活·读书·新知三联书店2009年版,第10页。
⑥ [美]西达·斯考切波:《国家与社会革命》,何俊志、王学东译,上海人民出版社2007年版,第30页。

第二章 国家、阶层与农民

必须具备相应的条件才能获得。① 此后,国家自主性在西方社会科学界得到进一步的深入讨论。学者们提出了"嵌入性自主""隔离式自主性"等概念。② 一些学者还研究了现代西方民主国家和发展中国家的自主性问题。③

姚洋曾经在奥尔森"共容性组织"④ 概念的基础上,提炼出"中性政府"这一概念来形容我国的国家角色。奥尔森指出,"共容性组织"不是一个代表某些特殊利益集团的组织,而是代表整个社会利益或大多数人的"共容性组织"。"共容性组织有动力使它们所在的社会更加繁荣"。奥尔森主要从规模的角度来理解"共容性组织"⑤。姚洋进一步反思和发展了奥尔森的"共容性组织"概念。他认为,与"共容性组织"侧重于规模因素不同,"中性政府"与组织规模并没有必然关系。"中性政府"追求的是整个社会的经济增长,追求的是增加全体人民的利益而不是特定集团的利益。"中性政府"是中国经济成功的关键因素。⑥ 他还指出,平等的社会基础是"中性政府"的重要条件。姚洋的"中性政府"概念对于我们理解中国的国家与各个阶层或社会群体之间关系具有重要启发意义。但他主要是从宏观角度分析,而缺乏微观的经验支撑。同时,他主要是做的静态的结构分析,而并没有对国家与不同阶层、社会群体之间动态关系进行研究。

本章试图在这方面作出进一步的努力。确切地说,本章选择以农民上访问题为切入点来观察当代中国农村社会的阶层冲突以及国家与各个阶层之间关系。笔者将主要关注一种新的农民上访现象——由农村社会阶层分化导致的农民上访行为。尽管这种上访现象并非农民上访问题的全部,但

---

① [美]彼得·埃文斯、迪特里西·鲁斯迈耶、西达·斯考切波:《找回国家》,方力维等译,生活·读书·新知三联书店2009年版,第18页。

② Evans Peter. *Embedded Autonomy*: *States and Industrial Transformation*. Princeton University Press,1995,p.39;[澳大利亚]琳达·维斯、约翰·霍布森:《国家与经济发展:一个比较及历史性的分析》,黄兆辉、廖志强译,吉林出版集团有限责任公司2009年版,第268—273页。

③ [美]埃里克·诺德林格:《民主国家的自主性》,孙荣飞、朱慧涛、郭继光译,江苏人民出版社2010年版;[美]罗伯特·贝茨:《热带非洲的市场与国家:农业政策的政治基础》,曹海军、唐吉洪译,吉林出版集团有限责任公司2011年版。

④ [美]曼瑟·奥尔森:《国家的兴衰》,李增刚译,上海人民出版社2007年版,第47—52页。

⑤ [美]曼瑟·奥尔森:《国家的兴衰》,李增刚译,上海人民出版社2007年版,第47—52页。

⑥ 姚洋:《中性政府:对转型期中国经济成功的一个解释》,《经济评论》2009年第3期。

却为我们理解当代中国农村社会阶层结构的变化趋势以及国家与农村社会阶层之间关系提供了一种新的有益视角。

本章将以浙北C镇的调研资料为基础,探讨我国经济发达地区农村由于社会阶层分化而导致的农民上访现象。在论证过程中,我们将以C镇S村的经验材料为主,兼及运用C镇其余若干个村庄的材料。

本章研究表明,在农村阶层分化加剧的背景下,富人阶层通过获取村庄政治权力,掌握村庄资源分配的主导权。同时,他们还与地方政治精英结盟,共同主导着基层社会的分利秩序。农民的上访行为是底层村民对既有利益分配格局的挑战,是阶层冲突的一种表现方式。在长期的上访实践中,上访者的个体之气逐渐演化为阶层之气。利益的分殊和反复的冲突博弈强化了底层村民与上层精英之间的差异和边界,滋长了村民的阶层意识。阶层关系的紧张也影响到了底层农民对国家的想象。尤其是当地方政府在处理社会冲突过程中存在偏袒和保护农村上层精英等不公正行为时,更是冲击着底层民众对国家的道德想象。他们倾向于认为国家(地方政府)与农村上层精英存在合谋。这最终影响到底层民众对国家(地方政法)的信任。国家在农村实行的部分政策(如"双强双带"工程)为吸纳农村社会精英进入国家政权提供了渠道,带动了农民致富和农村经济社会发展,但也在客观上使得农村上层精英更为稳固地掌控着基层社会的分利秩序。信访制度为底层民众监督和反抗上层精英的垄断权力地位提供了武器。国家可以借此平衡不同阶层的利益分配格局。为有效治理农民上访问题,国家不仅需要推进信访制度改革,而且更应该加强农村民主政治建设,着力于优化基层社会资源分配机制,切实保障广大底层民众的利益。

一 抗争政治的研究进路

在西方,有关集体行动、社会运动和革命的研究已经形成了深厚的传统。早期的研究多持社会心理学的视角,侧重于关注情感在集体行动和革命中的作用,代表性的如勒庞(Gustave LeBon)、布鲁默(Blumer)、格尔(Ted Gurr)、斯梅尔塞(Smelser)等。与社会心理学视角不同的是,马克思主义的研究传统主要从生产力与生产关系、经济基础与上层建筑之间的互动以及在此基础上形成的阶级矛盾和社会怨恨来解释革命和集体行动的生成，代表性的如马克思（Karl Marx）、摩尔（Barrington Moore）、佩杰（Paige）等。

至20世纪60年代，随着新社会运动在欧美国家的兴起，学者们越来越多地将目光聚焦于社会运动上面。他们不再满足于之前的社会心理学和阶级分析的视角，而更多地关注社会结构、政治结构（国家）在社会运动中的作用。随后，资源动员理论、政治过程理论、政治机会结构理论、国家中心理论受到越来越多学者的青睐。尤其是政治过程理论、政治机会结构理论长期在社会运动研究中占据着显赫地位。

在这些研究的基础上，蒂利（Charles Tilly）、麦克亚当（Doug McAdam）和塔罗（Sidney Tarrow）提出用"抗争政治"（contentious politics）这一概念来统摄集体行动、社会运动和革命的研究，以为学界提供一个统一的解释框架。所谓抗争政治，指"这种斗争是由提出要求者及其要求对象之间偶尔发生的、公众的和集体性的相互作用所致。这种互动发生时：（a）至少某一政府是提出要求者、被要求的对象或要求的赞成方；（b）所提出的要求如能实现，就会影响要求者中至少一方的利益；（c）所有参与冲突的各方均属于此前已得到认可的体制内的政治行动者"①。抗争政治分析还试图克服之前各种理论视角各自为阵的情形，转而探索民众抗争行为发生和演变的因果机制与动态过程。

当前，学界有关中国农民上访的研究深受欧美理论传统尤其是抗争政治理论的影响。例如，李连江和欧博文提出了"依法抗争"（rightful resistance）的解释框架。② 于建嵘则将其进一步提升为"以法抗争"模式。③

---

① 道格·麦克亚当、西德尼·塔罗、查尔斯·蒂利：《斗争的动力》，李义中、屈平译，译林出版社2006，第9页。
② 李连江、欧博文：《当代中国农民的依法抗争》，吴毅主编：《乡村中国评论》第3辑，山东人民出版社2008年版，第2页。
③ 应星曾对于建嵘的观点进行了商榷，认为当前农民上访并未达到"以法抗争"的程度，他更倾向于用"草根动员"来描摹中国农民集体上访的特性，凸显其与西方社会运动和印度底层政治的差异，并指出合法性困境是造成这一现状的重要原因。另一学者吴毅则以一采石场纠纷个案展现了农民在与地方政府博弈过程中的各种行动策略，并运用"权力—利益的结构之网"来形容农民群体利益表达所遭遇的困局。参见于建嵘《当前农民维权活动的一个解释框架》，《社会学研究》2004年第2期；应星：《草根动员与农民群体利益的表达机制》，《社会学研究》2007年第2期；吴毅：《"权力—利益的结构之网"与农民群体性利益的表达困境》，《社会学研究》2007年第5期。

此外，还有一些学者运用资源动员理论、政治过程理论和政治机会结构理论来分析农民上访行为。他们讨论了上访者的关系网络对上访行动的影响、精英的矛盾与分裂和国家权力内部的裂缝给上访者提供的机会等问题。[1] 上访的方式和结果（成败及其原因）、上访者与政府的互动关系是这些研究关注的重点。

抗争政治进路下的研究多关注抗争者（尤其是抗争精英）和具体的抗争事件和过程，但往往容易忽略社会结构及其变迁对民众抗争行为的影响。事实上，民众抗争行为固然跟抗争者的素质、能力和某些具体事件相关，同时更与他们所处的社会结构地位有着密切关联。这种结构不仅是诸如个人关系网络之类的微观结构，而更是指社会阶层等宏观社会结构。

此外，抗争政治的研究进路将上访预设为权利遭受侵害的农民针对政府而采取的维权行为。在这里，上访者被视为理性的维权行动主体。上访之所以发生，就是权利意识觉醒的农民运用法律、政策等武器来抗争政府（尤其是地方政府）而维护自身权益。应该看到，在社会大转型时期，确实有不少上访源于农民与政府之间的冲突和博弈，是官与民争利而导致的农民维权行为。不过，我们也该看到，也有许多农民上访行为似乎跟政府并无直接关联，或者起码并非政府侵权而引发。不少经验研究也表明，在一些农民上访事件中，维权是虚，而出气为实。[2] 在村庄社会中，还有一些农民以上访维权的名义来争夺家族或者派系的利益。[3] 对于这些农民上访行为的深层逻辑，如果仅局限于具体的上访事件和过程的分析是难以把握的，而需要我们深入村庄社会结构中去观察。

因此，针对抗争政治研究进路的局限性，本章主张从村庄社会结构的

---

[1] 参见 O'Brien Kevin J. "Rightful Resistance". *World Politics*, Vol. 49, 1996 (01); Yongshun Cai. "Power Structure and Regime Resilience: Contentious Politics in China". *British Journal of Political Science*, Vol. 38, 2008 (03); Xi Chen. "The Power of 'Troublemaking': Protest Tactics and Their Efficacy in China". *Comparative Politics*, Vol. 41, 2009 (04).

[2] 参见应星《"气"与抗争政治》，社会科学文献出版社2011年版，第179页；陈柏峰：《"气"与村庄生活的互动》，《开放时代》2007年第6期；陈锋、袁松：《富人治村下的农民上访：维权还是出气》，《战略与管理》2010年第3期。

[3] 参见孙琼欢《派系竞争：村庄治理的隐秘机制》，华中师范大学政治学研究院博士学位论文，2008年，第37页；田先红、杨华：《家族政治与农民集体行动的逻辑》，载周晓虹主编《中国研究》（2013年秋季卷），社会科学文献出版社2014年版，第1页。

视角剖析农民上访的逻辑。确切而言，本章重点关注一种由村庄阶层分化引发的农民上访现象，并为这一现象提供相应的理论解释。基于村庄阶层结构来理解农民上访现象，是本章的基本出发点。为更好地展开本章的研究，我们提出阶层政治的分析框架，来为这一研究路径提供一个切实的载体。

二 阶层政治：一种新研究进路的尝试

本章提出阶层政治的分析框架，意在凸显农民上访问题与农村社会阶层分化之间的关联。质言之，农民上访问题不仅仅是农民与体制权力之间关系问题，而且可能蕴含着阶层与阶层之间关系问题。它是身居村庄社会底层的农民反抗由村庄上层精英建构的不合理、不公正利益分配秩序的一种行动。

（一）阶层政治研究进路的理论渊源与现实基础

本章的阶层政治分析框架受到了阶级分析法的启发。如前所述，阶级分析在欧美学界的革命和社会运动研究中已经形成了较为深厚的传统。在微观实证研究方面，西方学界对阶级关系进行系统研究的学者当属詹姆斯·斯科特，其代表作之一为《弱者的武器》。在该书中，斯科特对既有关于大规模农民反抗（社会运动和革命）的研究进行了反思，提出应该关注农民的日常反抗行为。他希望通过农民的日常反抗行为和阶级冲突的常规情境来透视地方阶级关系的结构和实践。可以说，斯科特的著作为我们基于村庄的微观视角开展阶级阶层关系研究提供了一个极好的范例。

自改革开放以来，由于政治等多方面原因，阶级分析法在国内学界长期被人们遗忘，取而代之的是各式各样的分层研究。直到近年来，国内学界开始出现"回到马克思""重返阶级分析"的主张。不过，已有主张还大多停留在理念层面和宏观判断之上，而未对当下中国的阶级阶层关系进行系统深入的实证研究。尤其是在有关中国农民上访和抗争政治研究领域，鲜有学者运用阶级阶层分析的视角。

之所以出现这样的局面,可能跟学界对阶级阶层问题的认识和判断有关。学者应星认为,"阶级论在已不存在革命和暴乱的情况下是否适合分析中国当代社会的抗争政治,在学理上尚有许多疑虑"①。他的观点可能代表了许多学者的心声。笔者认为,尽管当代中国未再发生革命和暴乱,阶级结构是否形成也可争议,但在社会分化加剧、阶层结构呈现固化趋向的情况下,我们似有将阶级阶层分析的视野引入上访研究领域的必要。尤其是近年来,资本下乡日渐增多。无论是在发达地区,还是在欠发达地区,资本在农村土地流转、农民日常生活等方面都扮演着日益重要的角色。由资本所激起的农村社会冲突逐渐增加。这表明阶级阶层分析在当下中国农村社会研究中已有一定的发掘空间。

(二) 阶层政治研究进路的创新和优势

概括而言,较之于抗争政治的研究进路,阶层政治分析框架的创新和优势体现为:

其一,研究假设的差异。抗争政治研究(特别是资源动员理论、政治机会理论)多将抗争者视为理性人,强调抗争者在抗争行动过程中的判断能力和资源动员能力。它凸显了抗争者的主观能动性,呈现了抗争者在抗争过程中对外界资源和条件的掌控与利用。而阶层政治分析框架则强调上访者的非理性特征及社会结构对上访者行动的形塑和制约作用。笔者也承认,上访者都有其特定的利益诉求目的,在上访过程中也很善于掌握和利用相应的资源及机会。然而,我们也应该看到他们的非理性的一面。例如,有不少访民在上访过程中并不是为了维护自己的利益,而是没有明确的利益诉求,纯粹是为了出一口气。另外,抗争政治研究进路忽视了社会结构对抗争者的形塑和制约作用。② 而事实上,人类的行动都受到社会结构的制约。既定的社会结构塑造了人们的行动方式和行动能力。抗争者的行动也概莫能外。他们抗争的能力、方式和结果不仅与抗争者个体有关,更与他们身处的社会结构地位有着紧密关联。

---

① 应星:《气与抗争政治》,社会科学文献出版社 2011 年版,第 16 页。
② 在西方社会运动和抗争政治研究中,一些学者也关注了社会结构因素对社会运动和抗争行动的影响。不过,他们要么是关注宏观层次的社会结构,要么是侧重于政治权力结构。两者都忽略了微观层面的社会结构尤其是不同阶层之间的互动关系及其对抗争政治的影响。

其二，研究视角的转换。抗争政治进路下的农民上访研究多关注上访的事件—过程。他们较多地通过对这些上访事件—过程的解读来探寻其学术和政策意义。而阶层政治的分析框架则基于村庄层面的微观社会结构去理解农民上访的行为逻辑，以改变当前学界在农民上访研究领域多关注具体的事件—过程，而忽视事件背后的社会结构（尤其是微观层面）的现状。将宏观社会结构变迁与微观社会学机制（社会心理学）勾连起来去理解农民上访行为，是本书的努力方向之一。

其三，研究对象的不同。抗争政治进路下的农民上访研究将抗争精英（protest leaders）作为主要研究对象。抗争精英的个人品质、能力、关系网络和动员策略等是这些研究关注的重点内容。而阶层政治分析框架则更加关注村庄社会普通村民（包括边缘群体）的上访行为。我们认为，村庄普通村民的抗争行动虽不如村庄精英抗争那么引人注目，但却能为我们理解中国式抗争行动提供一幅别样图景。

其四，研究切入点的不同。抗争政治研究进路以抗争者与政府之间关系为研究切入点。而阶层政治分析框架则着眼于分析阶层与阶层之间关系。我们将农民上访问题放置于阶层之间互动关系场域中去理解。

总之，阶层政治分析框架既承续了欧洲革命和新社会运动研究的历史哲学传统，又借鉴了美国的实证主义研究传统。它意在探讨农民上访、抗争行动的社会结构根源，揭示农民上访故事背后的"故事"。它力图在村庄的微观场域中揭示转型中国农村社会中的阶层互动关系。它要求我们去观察"阶级阶层关系（比如剥削、竞争、冲突等）是如何在具体场域中实践和体现的？这种关系不是宏观的、静态的关系，而是一种实践的、动态的阶层关系"[1]。在本章中，我们要探讨的是阶层互动关系如何在上访场域中得以呈现。

当然，需要说明的是，虽然本章是以村庄阶层分化诱发的农民上访现象为重点关注对象，但是我们并不否认和忽视导致农民上访行为的其他因素。我们提出这一论题，意在吁请学界注意当下中国农村社会结构变迁特别是农民阶层分化的新趋势，以及这一趋势对农民抗争行动的形

---

[1] 田先红、陈玲：《阶层地权：农村地权配置的一个分析框架》，《管理世界》2013年第9期。

塑作用。

本章的资料来源于笔者及研究团队同人在浙江省B市C镇的驻点田野调查。调查时间为2013年7月、2013年10月和2014年7月。调查的主要方式为田野观察和深度访谈。在论证过程中，我们将以C镇S村的经验材料为主，兼及运用C镇其他若干村庄的材料。

三　阶层分化、精英结盟与分利秩序

C镇地处浙江省北部，下辖23个行政村（社区），户籍人口6万余人。外来人口（主要是打工者）7万人。该镇距离B市市区20公里，距省会城市70余公里。镇内有4家上市公司，32家5000万元以上资产的企业以及大量小规模的家庭企业（小作坊）。2013年，C镇GDP为120亿元，财政收入约20亿元。该镇的主导产业为五金业。

S村于2006年由三个村合并而成。全村共有13个村民小组，人口2000余人。目前村两委干部有11人，其中支委5人，村委6人。改革开放以来，伴随市场经济的高速发展，部分村民把握市场机会，村内收入差距日益加大。在S村，经济条件最好的当属办企业的村民，他们当中有的年收入已达300万元以上。另有一部分在外经商的村民，比如五金、水暖产品销售。还有一部分村民从事珍珠、螃蟹养殖业。另有一些在大企业里的中层干部或高管，月薪一般在10000元左右。还有较多村民开办家庭作坊，购买几台机床从事五金加工，基本上不雇工或者只雇几名工人。约有40%的村民在工厂里打工，月薪一般为3000—4000元。还有一些小商贩、个体户。居于村庄最下层的是那些独居的老人、残疾病困家庭。伴随贫富差距的加大，村庄的阶层分化日益明显。

村庄阶层分化不仅体现在社会资源（生活消费、人际交往等）分配上面，而且集中表现为政治权力资源分配的非均衡状态。而政治权力资源的非均衡分配又以富人治村为典型。近一二十年来，当地先富阶层越来越多地参与村庄政治。尤其是最近十年，随着城镇化的不断加速，土地增值较快，村庄利益日益密集。富人阶层积极参与到村庄巨额利益的分配过程中。我们调查发现，在2008年公开贿选之前，大多数村干部家庭经济条件一般。富人尚未大规模登上村庄政治舞台。

自 2008 年公开贿选之后，越来越多的富人积极参与竞选村干部，且村主职干部大都是村内顶级经济精英。特别是 2010 年城镇化建设的浪潮席卷了 S 村，月亮湖工业园区征地开发带来巨额利益。富人们纷纷瞄准了这一致富良机。村两委换届选举成为富人角逐的舞台。竞选所花费的资金总额也不断攀升。在 S 村，自 1999 年村两委换届选举开始出现送烟拉票的现象。自 2008 年开始，村里普遍出现花钱贿选现象。① 一张选票的价值从最早的 500 元一度上升到最高达十多万元。竞选各方投入也从早期的几十万上升到 2011 年的上千万。在此情况下，中下层民众基本上没有机会参与村庄权力角逐。原先的村干部纷纷退出村庄政治舞台。富人阶层积极参与村庄政治，形成"富人治村"的格局。② 目前，S 村 11 名村两委干部的家庭经济条件都比较优越。其中，私营企业主有 8 名，商人 1 名，企业中层干部 1 名，特种养殖大户 1 名。经济条件最好的村干部当属村支书和村主任。他们俩都创办有企业，年收入在 300 万元以上。

我们发现，"富人治村"在当地已经颇有"民意"基础。在长期的市场环境浸润下，财富崇拜的氛围日益浓厚。"有钱的人讲句话就不一样，没钱的人讲话都没底气"③。家庭经济条件较差的村民无法获得社区权威。"现在当村干部一定要有钱，有钱有势才能当村干部，特别是主职干部一定要有钱"④。"你没钱最好不要当村干部，不然的话，你就会弄心思"⑤。在当地，"富人治村"俨然已成为一种意识形态。社区舆论也为"富人治村"提供了合法性支持。

富人阶层参与村庄政治，可以获取的利益主要包括以下几个方面：其一，政治资源。富人当上村干部之后，更有机会获得市、省人大代表等政

---

① 在当地村两委换届选举中，贿选现象非常普遍。直到前两年地方政府出台了严厉的政策措施，贿选才有所收敛。学界对农村基层选举中的贿选现象也有诸多研究。参见吴思红、李韬《村两委选举中派系贿选现象研究》，《政治学研究》2015 年第 1 期，等等。

② "富人治村"已经成为中国东部发达地区农村的普遍现象。甚至在全国中西部地区农村和城市郊区也呈现"富人治村"的趋势。"富人治村"是学界研究的热点问题之一，相关成果较为丰硕。参见卢福营《个私经济发达背景下的能人型治村》，《华中师范大学学报》（人文社会科学版）1998 年第 2 期；贺雪峰《论富人治村》，《社会科学研究》2011 年第 2 期；等等。

③ 访谈笔记，2014 - 07 - 05，TZY。

④ 访谈笔记，2014 - 07 - 05，TZY。

⑤ 访谈笔记，2014 - 07 - 08，LFW。

治头衔。此外,他们还可以发展自己的亲戚、朋友入党,扩大自己在村庄中的政治势力。

其二,经济利益。这表现为:(1)获得政府提供的廉价土地。2010和2012年,镇政府从S村两次征地之后,村支部书记LFW获得镇政府低价转让的15亩土地,村长LWQ获得10亩。2013年,新任村长TYW获得10亩,村委TMY获得5亩。村干部要么利用土地办企业,要么将土地转手赚取高额差价。(2)承包工程项目。富人当上村干部之后,可以利用其与镇政府的关系获得承包工程项目的先机。尽管按照规定村干部不得直接参与工程项目,但是他们可以安排自己的亲属朋友承包工程项目。S村村支部书记LFW利用自己的关系给其弟LWX承包工程项目,他自己入股弟弟的公司,从中获得分红收入。在Z村,村主任WHM将修建村务办公大楼的工程安排给本派系的两名成员承包管理。[1] (3)分配宅基地。村干部可以利用权力为亲戚、朋友分配宅基地。例如,S村一名长期经商的富裕村民李某(曾任村长)利用其弟弟在村里当村委的机会获得800平方米的宅基地指标。该指标是以他80岁老母亲的名义申请的。我们发现,不少富人都获得了大面积的宅基地。有的面积甚至达到2亩。此外,村干部还通过出卖宅基地指标来谋利。他们抬高宅基地指标价格,有个别村庄的宅基地指标达到40万元/个的天价。[2] 高价的宅基地指标让广大底层村民望而却步,即使他们急需宅基地建房,也无法承受如此高昂的价格。因此,不少底层村民都上访反映村干部在分配宅基地问题上的不公。(4)上级政府提供的各种专项资金。例如,2011年,当地发生严重洪灾。S村两委干部每人获得从1000元至5000元不等的救济款。此事随后被村里的查账小组发现,并被村民们举报到市纪委。最终,村支书LFW被给予党纪处分。(5)劳务机会分配。在S村,村里常常需要村民出工干活,例如,打扫环境卫生、维修沟渠和电力设施、修整道路等。如何分配这些杂活,村干部尤其是村主职干部具有决定权。

其三,关系资源。尽管村干部并非官僚体制成员,但他们跟镇政府乃至更高层级的政府部门有着密切联系,不少村干部都是市、省级人大代

---

[1] 张建雷:《阶层分化与富人治村——浙北Z村调查》,2013年10月。
[2] 曾凡木:《沿海城郊村治模式——以C镇J村为例》,2013年10月。

表。有了这些社会资本，他们更容易获得解决问题的渠道。例如，有的村干部办企业，需要土地或者资金，他们比那些非体制精英就拥有更多的机会满足自己的需求。

在"富人治村"的格局下，富人阶层垄断了村庄权力，掌握了村庄内部的利益分配主导权。富人治村使得广大普通民众被排斥在村庄政治权力结构之外，无法参与到村政决策过程和村庄利益分配之中。富人通过选举获得村庄权力，从之前单纯的经济精英转化为体制内的权力精英，身兼两种精英身份。富人对穷人的支配，并非在体制外实现的，而是依靠体制权力实现的。

通过上述分析可知，富人阶层在经济上的优势逐渐扩大到社会和政治层面。同时，富人阶层还积聚起日益雄厚的道德资本，他们的道德优越感不断增强，表现出经济能力决定道德能力的逻辑。[①] 如同法国社会学家皮埃尔·布迪厄所指出的："经济资本和象征资本纠缠在一起，难以分开……象征资本的展示是导致资本带来资本的机制之一。"[②] 村庄中的经济分化带来政治分化、社会分化，政治分化、社会分化又反过来不断强化经济分化。村庄阶层分化路径呈现出政治与市场（社会）协同演进的趋势[③]。如此，村庄中逐渐形成日益鲜明的阶层结构，进而导致阶层固化。[④] 富人阶层对底层村民的优势是全面的、压倒性的。这一社会结构演化轨迹可用图 2-1 来表示：

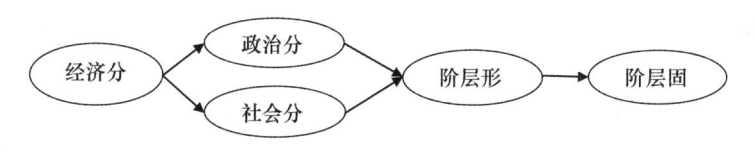

图 2-1 村庄社会结构演化图

综上，我们可以根据经济资源（财富）、政治资源（权力）和社会资

[①] 林辉煌：《富人治村与基层民主走向——基于浙东先锋村的个案考察》，《战略与管理》2011 年第 5 期。
[②] 皮埃尔·布迪厄：《实践感》，译林出版社 2009 年版，第 168 页。
[③] 周雪光：《国家与生活机遇》，中国人民大学出版社 2014 年版，第 27 页。
[④] 袁松：《农民分化与先富阶层的社会确认》，《人文杂志》2014 年第 7 期。

源（关系、声望等）的占有状况为标准[①]，将村民家庭大致划分为如下五个阶层：上层（精英阶层）、中上层、中层、中下层和下层，见表2-1。

表2-1　　　　　　　　　村庄社会阶层分类简表

层级	从事行业	经济资源（万元）	政治资源	社会资源
上层精英	大企业主	100	主导村政、权力大	关系广、声望高
中上层	中等企业主、经商大户、企业高管	50—100	较多，有较大影响力	关系较广、声望较高
中层	高利润养殖业、家庭作坊	20—50	一般	关系、声望一般
中下层	打工者、小商贩	8—20	少	关系狭窄
下层	独居老人、病残家庭等	3—8	无	极少

从当地的分层格局可以看到，经济资源与政治资源、社会资源的分配具有相当的契合性，即经济资源越多的人，相应的政治资源、社会资源也越丰富。这表明，社会分层的封闭性正在凸显。这种封闭性体现为一系列的社会过程，即帕金（Parkin）所谓的"排他"和"内固"[②]。

同时，作为村庄上层精英的富人还与地方政府形成了稳固的利益联盟。这些富人村治精英依附于地方政府，而地方政府也需要村治精英摆平村庄社会矛盾，完成各项治理事务，典型比如征地工作，政府需要村治精英去摆平钉子户和上访户。上层精英可以凭借其掌握的丰富资源去处理这些问题。尤其是某些富人跟地方黑灰势力有着千丝万缕的联系，这为他们

[①] 马克斯·韦伯曾经提出经济（财富）、政治（权力）和社会（声望）的经典分层标准，这构成了本文阶层划分标准的理论渊源。不过，本书划分阶层的这三个维度并不是互相孤立的，而是主张三者间的相互转化和互通互融。而且，本文的社会资源也并不限于声望，还包括关系网络、身份等。还值得一提的是，毛丹、任强将社会资源作为农村阶层划分的主要标准，所谓社会资源包括经济资源和象征性资源，而象征性资源通过社会权力来测度，社会权力中涵盖了政治权力。本书的阶层划分标准参考了他们的观点，但是本书将政治权力这一维度进一步凸显，是为了表明村庄政治精英在利益分配中的主导性角色。参见毛丹、任强《中国农村社会分层研究的几个问题》，《浙江社会科学》2003年第3期。

[②] 转见毛丹、任强《中国农村社会分层研究的几个问题》，《浙江社会科学》2003年第3期。

摆平钉子户和上访户提供了暴力威慑。

总之，经过迅速而剧烈的分化之后，当地阶层结构趋于定型，由富人阶层主导的分利秩序[①]已然形成。面对强势崛起的富人阶层，底层村民心理落差巨大。同时，上层精英垄断村庄权力格局，造成了越来越深的政治和社会排斥。[②] 普通民众对富人阶层的怨恨不断加深，他们的相对剥夺感不断增强。阶层之间的区隔越来越大，社区传统社会规范（血缘、地缘）的消解，使得阶层之间关系无法在社区内部进行整合。[③] 同时，相应的替代性规范又未能得到有效发育，导致阶层之间的鸿沟不断加深。最终，普通民众只能通过上访等抗争手段来反抗既有的阶层利益分配秩序。在C镇，上访的主体大多是身居底层的普通农民。这些农民被甩出村庄权力结构之外，无法参与村庄利益分配。他们上访，目的就是为了控告居于上层的富人村干部。这些上访行为背后折射出来的，正是上层富人与底层穷人之间的冲突。上访成为社会阶层冲突的主要表现形式。从调研来看，当地底层村民上访的诉求内容主要涉及村干部财务混乱问题、村干部违章建筑问题、宅基地分配不公问题、镇村两级土地征用违规违法问题等方面。

四 重构利益分配格局：底层上访的动力

吴毅曾经指出，地方政治场域中权力—利益的结构之网是农民维权行动遭受的主要障碍。农民维权之所以陷入困境，乃在于他们无法突破地方权力之网。[④] 吴毅观察到了地方政治精英在利益分配秩序中的主导作用，

---

① 参见［美］曼瑟·奥尔森《国家的兴衰：经济增长、滞胀和社会僵化》，上海人民出版社2007年版，第47页。国内也有一些学者运用相关理论来讨论农村社会的分利秩序问题，参见王海娟、贺雪峰《资源下乡与分利秩序的形成》，《学习与探索》2015年第2期；李祖佩、冯小：《论精英俘获与基层治理》，《探索》2012年第5期；陈锋：《分利秩序与基层治理内卷化——资源输入背景下的乡村治理》，《社会》2015年第3期。

② 相关深入分析可参见贺雪峰、谭林丽《内生性利益密集型农村地区的治理》，《政治学研究》2015年第3期；桂华：《富人治村的困境与政治后果》，《文化纵横》2011年第4期。

③ 关于社区与阶层整合之间关系的讨论，可参见杨华《农民分化程度与农村阶层关系状况》，《人文杂志》2014年第7期。

④ 吴毅：《"权力—利益的结构之网"与农民群体性利益的表达困境》，《社会学研究》2007年第5期。

但他侧重强调基层政府强大的权力对上访民众的压制。而且,他将造成这一权力—利益结构之网的主要因素归结为官权力的强大,而未能进一步分析其背后的社会结构因素。事实上,底层群体上访不仅仅是对官权力的抗争,而且是对整个乡村利益共同体的抗争。这个乡村利益共同体不仅涵盖掌控着官权力的地方政府,而且包括村庄中的富人阶层(尤其是作为村治精英的富人)。

如前已述,富人村治精英主导着村庄利益分配格局,而底层民众被排斥于利益分配秩序之外。底层村民试图通过上访打破既有的由富人主导的村庄权力格局,重构阶层之间的利益分配秩序。在C镇,当前直接涉及村民生活的最突出的利益问题就是宅基地分配。所以,许多村民上访反映村干部宅基地分配不公。

案例1[①]:YZY,女,1954年生,S村村民,上访状告前任村主任TYY转卖宅基地指标、多占宅基地等问题。信中写道:

> TYY在2000—2006年担任S村主任期间,利用手中职权私自出卖上级分配给S村的建房指标,牟取暴利。其中,知情有:卖给邻村H村YZX指标1个,牟取转卖费1万元之多,卖给L村LYX建房指标1个,牟取转卖费2万元之多。据说N村SBF也有买去。有20多个指标都被TYY暗地转卖掉。……S村的新农村规划也是被他搞乱成了现在的梅花形状。46亩的田只造了10多户的房子。很多的土地被滥用。而这些现象镇政府干部都不闻不问。……我们举报TYY变相移位已有三年了,而C镇政府为何总包庇着TYY?甚至还为他篡改建房档案,牛头改装成马脸。一面说TYY的建房是有点手续不齐全。他的建房指标是工作人员的流失(失误)造成,一面又为TYY补办手续。TYY为何屡屡都能左右逢源?TYY的一家三口究竟要拥有多少的住宅面积才能满足?在村已有90+108+拆除85.93+120,而我们有些老百姓人家三代人只住着三十几个平方米。相差是多么的悬殊啊!TYY指标要卖就卖,自己想要移到哪就能移到哪!

[①] 本案例材料来源于被访谈对象YZY赠送给笔者阅看的上访信。

案例 2①：WLQ，Z 村村民，木工，妻子在本地打工。2010 年，因儿子结婚需要建房，WLQ 本打算将自己的老房屋拆旧建新，但是未获周围邻居同意，没能办理建房手续。房子建到一半时被作为违章建筑拆除。房屋被拆后，WLQ 一家无房居住，寄住在弟弟家里。随后，他向村里申请宅基地，当年未获批。2011 年开始到镇上访要求分配宅基地。镇里给他分配一个指标，但是村里未给他提供土地。WLQ 对村长极为不满，继续到市、赴省进京多次上访要求分配宅基地，并状告村长违建。2013 年，恰逢当地严格执行"三改一拆"政策，村长的违建房屋因 WLQ 的举报而被拆除 4 次。

据了解，上访者 YZY 目前是老俩口一起生活，平时主要靠丈夫打零工为生。她从 2012 年开始上访，上访开支靠丈夫供给。在此封上访信中，YZY 痛斥村干部变卖、多占宅基地的行为。她还将村干部的宅基地占有状况与一些普通村民宅基地占有状况进行对比，凸显宅基地资源分配的严重不公和不平衡。在我们后来对 YZY 的访谈中，她也再次表达了对村干部宅基地分配不公问题的愤怒："村里的五保户、困难户（宅基地）都是 20—30 平方米，有钱的、当官的，哪一家不是几百个平方米？"② 我们不排除 YZY 的上访行为裹挟有个人利益诉求，但是，透过她的上访行为背后我们可以看到一个阶层的利益受损的影子。在长期的村庄生活中，YZY 也觉察到宅基地分配不公并非个性而是共性问题，是以她为代表的广大底层村民共同面临的问题。在她眼里，宅基地分配不公就是上层精英（她所谓"当官的、有钱的"）对底层的侵夺和剥削。所以，她才会区分出"当官的、有钱的"的"他们"和作为"五保户、困难户"的"我们"。从另一上访者 WLQ 那里我们也可看到他对村干部宅基地分配不公、对自己无奈违建遭罚而村干部违建却安然无恙的现状的极度不满。

而且，当地因为宅基地问题而上访的远不止 YZY 和 WLQ。大量普通村民都不断上访反映村庄宅基地分配不公问题。我们从 C 镇信访办也了解到，近年来因为宅基地分配不公而引发的上访成为当地最为突出的信访问题之一。据 C 镇信访干部估计，目前所有涉及土地的信访中，因为宅基地问题而信访的占比在 70% 左右。③ 这一问题的普遍性隐含着访民利益诉求

---

① 本案例材料来源于张建雷：《阶层分化与富人治村——浙北 Z 村调查》，2013 年 10 月。
② 访谈笔记，2014-07-07，YZY。
③ 刘锐：《C 镇 J 村调查报告》，2013 年 10 月。

的结构性特征,即访民的利益诉求是特定社会阶层结构的反映。正是因为利益在不同阶层分配的非均衡性才诱致如此普遍的上访行为。尽管上访者有他们自身的利益追求,但他们的行为在一定程度上也表达了广大底层村民的心声。他们的利益与整个底层群体的利益有着高度契合性。从某种意义上讲,他们就是底层村民的代理人。在这里,上访成为一种阶层利益表达方式。上访者就是要打破既定的利益分配结构。他们对抗的是由精英联盟形成的牢固的利益结构之网。在这个意义上,村民上访行为背后隐含的是不同阶层间的互动关系。它是村庄社会阶层结构在村民行动上的反映。

应该说,任何上访行动都内含着特定的利益诉求,但是,并非所有上访者的利益诉求都具有结构性。一方面,上访者的个体利益并不一定代表某个阶层的利益;另一方面,上访者反抗的可能仅只是某个特定的对象,针对特定的事件,而非某个阶层或者利益联盟。

然而,在C镇,农民上访却呈现出鲜明的结构性特征。它是底层村民对上层精英的反抗。在长期的村庄生活中,广大普通村民逐渐意识到作为底层的"我们"与上层精英的"他们"之间的区别,并发现"我们"的利益正在被"他们"剥夺。这种被剥夺感激发他们不断走向上访之路,与上层精英抗争。在不断的抗争行动中,阶层之间的界限也越发鲜明。

五 从个体之气到阶层之气:底层上访的演化

在西方传统的社会运动、集体行为和革命研究中,情感论是其中一条非常重要的理论脉络。在国内,近年来一些学者也开始关注情感因素在农民抗争行动中的作用。例如,应星曾经对气与抗争政治之间的关联展开了深入的研究。[①] 他关注的是个体之气,且主要是在一些具体的上访事件—过程中阐释气的形成和演化逻辑。我们认为,气不仅有个体之气,而且有阶层之气,气的形成和演化除了与具体的上访事件—过程有关外,还根植于其背后的社会结构性因素。所谓阶层之气,即底层农民在反抗上层精英

---

① 应星:《气与抗争政治》,社会科学文献出版社2011年版。

过程中透露出来的各种怨恨情绪。他们上访的真正目的不是为了维权,而是为了出气。① 在上访过程中,个体之气可能根源于阶层之气,而阶层之气通过个体之气得以呈现。

在 C 镇调研时,我们明显感受到弥漫于上访群体中的"气"。前文提及的 S 村上访者 YZY,虽然上访一直未果,但仍然坚持上访。访谈时,她愤愤地向我们倾诉道:"我上访值得,反腐败,就是要把村干部告倒。这样腐败我气死了,头发白了,也要上访,总会有一个正确的答复给我们。2012 年以后,村里把我当敌人看。总有一天太阳会出来的。"② 在 J 村,村民 CHM 组织其他村民长期上访状告村干部违法卖地等问题。CHM 在向调查者讲述他组织村民们上访的原因时说道:"感觉自己权利被剥夺,人格被侮辱了。"③ 在 Z 村 WLQ 上访案中,WLQ 对村干部怀着深深的怨恨,先后数次状告村长违建。其上访目的已经从单纯要求分配宅基地转移至要求查处村干部违建这一与他并无直接利益关涉的问题。在这些访民的叙说和行动中,固然不可避免地掺杂着他们对自己利益诉求未能得到满足而产生的不满,但同时更显现出身居村庄底层的他们对上层精英的愤恨。

换言之,访民的"气"已经从个体之"气"上升为阶层之"气"。上访成为底层村民发泄阶层之"气"的一种渠道。尤其是当底层上访群体的某些正当诉求未能得到有效解决时,这种阶层之气越发得以滋长和膨胀。长此以往,底层上访群体逐渐意识到横亘在他们面前的牢固的阶层结构和权力利益之网,其诉求也逐渐超越之前的个体化、具体的诉求,而寻求对利益分配结构和压制性秩序的改变。越来越多的村民意识到财富可以转化为体制权力,而体制权力能够带来更多的财富。他们逐渐对既有利益分配秩序中的不公有着越来越深刻的体会。S 村村民 TGY 说:"LFW 当村干部之后发大财,LWQ 也是当村干部之后变得更有钱。"④ 另一村民 TFM 也说:"我们辛辛苦苦做事,才 100 块钱一天,你们不做事,都盖大房子。"⑤ 可见,底层民众渐渐意识到他们与上层精英的利益分殊,注意到利益分配秩

---

① 陈锋、袁松:《富人治村下的农民上访:维权还是出气》,《战略与管理》2010 年第 3 期。
② 访谈笔记,2014-07-07,YZY。
③ 刘锐:《C 镇 J 村调查报告》,2013 年 10 月。
④ 访谈笔记,2014-07-07,TGY。
⑤ 访谈笔记,2014-07-06,TFM。

序的不公。强烈的被剥夺感促使他们逐渐将上访的矛头指向上层精英及其所主导的分利秩序。恰如印度底层学派所揭示的那样,"底层意识由从属阶级的经验发展而来,从抵抗日常的奴役、剥削和剥夺的斗争中发展而来,用以维持底层群体的身份认同"①。村庄底层村民的上访抗争行动,不仅在反复冲击着既有的分利秩序,而且在塑造着底层村民的阶层认同,强化着不同阶层之间的边界。

　　阶层之间循环往复的博弈与冲突,不断再生产出阶层之气。上访村民的气从之前针对某一特定事件(或问题)的气上升为针对另一阶层(上层精英)的抽象之气。这种阶层之气不再是某一具体事件—过程中的气,而是抽象的、结构性的气。阶层之气是以阶层结构分化为基础的,而不是某些具体的事件。具体事件只是为阶层之气提供了一种呈现的渠道。所以,阶层之气实质上是一种结构性怨恨。它是底层民众在特定的社会阶层结构中形成的被剥夺感和压迫感,呈现出底层在利益分配秩序中的愤懑、无奈和失望。在这个意义上,从个体之气到阶层之气的演化过程,就是阶层边界不断清晰和强化的过程。

　　我们还可看到,这些底层村民在上访时一般倾向于采取集体上访方式。② 尽管人数时多时少,但常常是多人采取一致行动到上级上访告状。S村的YZY就经常召集其她几位女访民(如TJZ、SGN、TZF、PWL等人)进行集体上访。另一上访代表TFM近两三年来一直组织村民TSY、TWL、TSM等人到镇、市、省和北京集体上访状告村干部贪污洪灾救济款、财务不公开等问题。村民们之所以集体上访且集体上访之所以容易达成,跟他们所处的相同的社会结构地位有很大关系。正是相同的阶层地位和阶层利益,使得他们拥有类似的日常生活遭遇、相近的被剥夺感和相同的利益诉求,因而采取集体上访行动。③ 在反复的上访过程中,他们的"自己人"认同不断强化。个体之气逐渐汇聚成阶层之气。集体上访正是阶层之气的一种表达方式。

---

① 查特吉:《关注底层》,《读书》2001年第8期。
② 当然并不是说所有上访都是集体的,实际上,一些访民也时常会单独去上访。不过,即使是个体单独上访,他们也往往是以村民代表的身份进行,并准备有村民们的联名信。最重要的是,无论是个体上访抑或集体上访,访民们大多身居村庄社会底层。
③ 当然,跟个体上访相比,集体上访更容易引起上级政府的重视。这也是村民们倾向于集体上访的原因之一。

当阶层之气累积到一定阶段,底层村民上访就并不仅仅是为了达到某个明确的利益诉求目的,而纯粹是为了发泄对上层精英(富人村干部)的不满。越是上访到最后,村民反映的问题越多,诉求越不明确。诉求越不明确,就越是无法解决,越是无法解决,就越是要上访。如此,底层村民的上访行为陷入一个恶性循环。他们的上访行为被不断地再生产。他们在上访过程中遭受的挫折(如遭基层干部冷眼、阻拦、打压等),又不断再生产出新的气。在无止境的上访过程中,访民之"气",尤其是针对上层精英的"气"得以不断滋长和扩散。

除了对上层精英的怨恨激发村民上访外,他们的上访行为还受到其他底层村民的助推。因为这些上访村民生活在村庄熟人社会之中,他们的一举一动、一言一行,都被其他村民知晓。如果他们停止上访,就会失去底层村民的支持,为村民们所不齿。大家都会以奚落的、怀疑的目光看待他,使他在村庄中失去面子,难以立足。在调研中,有的访民向我们抱怨道:"到现在有老百姓说,上面给你们钱了,你们不去告了……我们要坚持上访,给老百姓一个明确的交代。"[①] 可见,这些访民背负着其他底层村民的道义期待。他们之所以坚持上访,重要原因之一就是要给其他村民一个交代。这样,底层村民助推访民不断上访。个体上访的价值在村庄熟人社会中被不断抬高。最终,阶层吸纳了个体。嵌入于阶层的上访无法获得停歇的机会。上访个体被社会压力裹挟着走上持续上访之路。[②]

伴随阶层裂痕的加深,一些底层上访代表开始有意识地动员底层民众与上层精英抗争。S村的访民TGY就是其中之一。他跟我们讲:"他们(村干部)开着宝马,抽着软中华,我们骑着电瓶车,抽着白沙,穷与富就是这么分出来的。穷鬼跟富人,已经在斗争了。"[③] 目前,TGY正在酝酿参与下一轮的村两委换届选举。尽管他自己家庭经济条件一般,但是他对自己赢得选举有较强的信心。用他的话说,他走的是下层路线,"斗地主、分田地、打土豪,这是我的口号"[④]。底层上访代表的策略,是营造富人与穷人对立的氛围,强化底层对上层的结构性怨恨,并使之转化为人们的

---

① 访谈笔记,2014-07-06,TFM。
② 罗兴佐:《阶层分化、社会压力与农民上访》,《思想战线》2015年第4期。
③ 访谈笔记,2014-07-07,TGY。
④ 访谈笔记,2014-07-07,TGY。

"一般化信念"①。通过这一"框架整合"（frame alignment）②方式，上访代表可以使自己的主张更加契合村民们的日常需求，在广大底层村民中塑造统一的意识形态，加强抗争动员的效果。

固然，我们可以质疑底层上访代表的私心，但是，我们更应该注意的是他们行动的社会基础。若村庄社会分化程度较低，或者各个阶层之间和谐共处，那么上访代表在动员底层村民时将会遭遇更大的阻力。他们之所以采取上述行为，显然源于他们对阶层冲突现实的洞察，源于阶层裂痕加深的事实。

六 收买、压制和利用：上层精英应对底层上访的策略

上文已经阐述了底层村民上访行为的发生和演化逻辑，揭示了上访与阶层冲突之间的关联，下文将阐释上层精英应对底层上访的策略，以及在这种应对—反抗过程中呈现出来的阶层关系样态。

在C镇，上层精英应对底层民众上访的策略主要有三：收买、压制和利用。

首先，收买上访者。在当前压力型信访体制下，基层政权（含村级）为了"不出事"，往往倾向于大事化小、小事化了，用钱摆平上访者。有的甚至不惜以"兜底"③的方式来换取访民息诉罢访。在C镇，上层精英应对底层民众上访的主要方式便是收买。上层精英利用自己掌握的资源分配主导权，对底层上访民众予以利益诱导。例如，给访民分配劳务机会，给一定的报酬，或者给访民一些特殊的救济（如享受低保），等等。也有的直接给上访者金钱，促其不再上访。"有的上访的，镇里给点钱，就不

---

① "一般化信念"指人们对某个特定问题产生的症结及其解决途径产生一个共同的认识。参见赵鼎新《社会与政治运动讲义》，社会科学文献出版社2006年版，第65页。

② 赵鼎新：《政治与社会运动讲义》，社会科学文献出版社2006年版，第212页。

③ 所谓"兜底"，是指政府为了换取人们对于社会秩序的接受而公开或含蓄地提供某些好处的现象。参见杨华《政府兜底：当前农村社会冲突管理中的现象与逻辑》，《公共管理学报》2014年第2期；李婷婷：《"兜底"的调解者：转型期中国冲突的管理迷局与逻辑》，《社会主义研究》2012年第2期，第52—57页。

去了。"①

其次,压制上访者。压制既包括硬控制,又包括软控制(soft control),特别是关系弹压(relational repression)。② 所谓硬控制,就是运用暴力进行威胁和压制,迫使上访者放弃上访。在 C 镇 S 村,村支书 LFW 的势力较大,不少村民都对他有所忌惮。访民 TGY 说:"LFW(现任 S 村支部书记)对上面拍马屁,下面高压村民。"③ CGL 说:"村子里面不会超过 20 个人敢反映 LFW。LFW 的弟弟(LWX)是 C 镇黑帮老大,他那帮兄弟,都叫他祥哥。"④ 访民 YZY 曾经讲道:"家里人叫我不要去上访,怕被人谋杀了。"⑤ 我们在当地调研时,不少访民都千叮万嘱我们绝对保密,不得泄露他们反映的问题,以免遭人报复。

所谓软控制,就是通过与访民有关联者去做工作,促其放弃上访。在实践中,访民的家属、亲戚、朋友、工作单位领导等,是上层精英经常动员用以劝说访民的对象。一般而言,这一方式也会比较有效。

上层精英对底层上访村民的压制,特别是硬控制,往往会激化矛盾。上层精英将底层上访村民永远排挤出利益分配秩序之外,这将进一步强化底层村民上访的决心,迫使他们上访到底,从而加剧底层村民与上层精英的对立。

最后,利用上访者。一些上层精英还适时对底层上访加以利用,使其服务于自己的争权夺利图谋。利用与收买不同,收买是上层精英通过利益诱导访民放弃上访,而利用则是通过利益诱导访民去上访攻击自己的反对派。在 C 镇,各村内派性斗争较为激烈。为了争夺村政主导权,各个派性使出各种手段攻击对方。鼓动某些底层村民去上访状告反对派就是其中之一。上层精英利用资源、利益引诱底层村民上访。底层上访被吸纳进入村庄派性斗争之中。部分访民的上访行为就从底层上访转向派性上访。底层村民被派性斗争利用,被上层精英控制。

毫无疑问,部分底层民众通过上访谋取上层精英赐予利益的行为在一

---

① 访谈笔记,2014-07-09,CGL。
② Yanhua Deng & O'Brien Kevin J. Relation Repression in China: Using Social Ties to Demobilize Protesters. *China Quarterly*. No. 215, 2013 (Semptember), pp. 533-552.
③ 访谈笔记,2014-07-07,TGY。
④ 访谈笔记,2014-07-09,CGL。
⑤ 访谈笔记,2014-07-07,YZY。

定程度上"玷污"了底层民众的形象。S村村支书LFW在谈到上访老户TFM时曾说："（TFM）串通人上访，叫别人去，然后他自己打电话给镇书记、镇长，有时也给我打电话，说哪个哪个又去上访了，就会演戏，就是想搞点钱。……现在空闲人太多，（上访）就是想弄点钱。"① 在上层精英眼里，底层村民上访是"不务正业"，目的是捞取好处。这是上层精英对底层村民的想象。因为权力、哪怕是舆论主导权都掌握在上层精英手中。"正是权力的运作妨碍了村庄精英了解较穷村民的真实想法"②。但实际上，底层民众的上访行为，甚至是带有些许谋利性质的上访行为，都可能是他们反抗上层精英的一种"弱者的武器"，是他们在既定阶层结构和分利秩序中的无奈抉择。但遗憾的是，大多数统治精英却常常认为，"他们的下层阶级拥有各种源于复仇欲望的恶性力量和意图"③。

七 结论与讨论

针对抗争政治分析框架在解释中国农民上访行为逻辑上的局限性，本章提出阶层政治的分析框架。研究表明，在中国东部沿海发达地区，农村社会分化加剧。先富阶层通过基层民主制度登上村政舞台，掌握村庄利益分配主导权。他们的经济优势转化为政治和社会优势。同时，村庄上层精英与地方政府结成利益联盟，主导着农村社会的分利秩序。信访制度为底层村民提供了抗争上层精英的渠道。底层村民通过上访引入国家力量来对抗上层精英。上访是底层村民试图重构阶层关系的一种方式，是他们打破由上层精英主导的分利秩序的策略。虽然访民的上访行为更多停留在话语层面，从他们的上访中我们看到更多的是对上层精英的谩骂、指责，但他们的话语可能恰恰代表了他们的利益诉求和内心的真实情感。正如斯科特指出的那样，这些口舌之战构成了底层农民"日常反抗"的核心部分。④它是底层民众与上层精英意识形态斗争的一部分，是他们与上层精英争夺

---

① 访谈笔记，2014-07-08，LFW。
② ［美］詹姆斯·斯科特：《弱者的武器》，译林出版社2011年版，第350页。
③ ［美］詹姆斯·斯科特：《弱者的武器》，译林出版社2011年版，第350页。
④ ［美］詹姆斯·斯科特：《弱者的武器》，译林出版社2011年版，第292页。

第二章 国家、阶层与农民

文化"霸权"①的策略。

在底层村民与上层精英的博弈与冲突过程中，阶层之间的界限日益明显。利益的分殊和共同的斗争经历强化了不同阶层之间的差异，滋长了村民的阶层意识。阶层在底层村民与上层精英的斗争过程中形成。可以说，在冲突与斗争发生之前，阶层只是一种自在的存在，是一种静态的"结构"。只有在循环往复的冲突与斗争过程中，人们对于阶层的认知才得以形塑，关于阶层的文化才得以培育。

读者也许会问，如果说农民上访是阶层关系紧张和冲突所致，那么为什么我们尚未看到阶层与阶层之间的大规模对抗？笔者认为，在组织层面，下层民众仍然没有形成有效的组织方式，他们的组织动员能力较低。换言之，虽然底层已经显示出一定的阶层意识，底层已经具有有一定的自主性和组织能力（如集体上访），但他们仍然是"碎片化的底层"②。阶层的事实正变得日益明朗，但阶层的一致行动尚未形成。这是一个自在的阶层，但与自为的阶层尚存有距离。同时，由于上层精英掌握着资源分配主导权，他们可以通过利益诱导对下层民众进行分化瓦解。最终，我们观察到村民们（上访代表）能够常常组织集体上访，发泄阶层怨恨，但却未有形成大规模的集体抗争。并且，笔者认为，这种高度组织化、大规模的集体抗争在可预见的将来发生的可能性比较小。

退一步而言，从人类社会发展史来看，"贯穿于大部分历史过程的大多数从属阶级极少能从事公开的、有组织的政治行动，那对他们来说过于奢侈……就其真正发生时的重要性而言，农民叛乱是相当稀少的——更不用说农民革命了……更为重要的是去理解可以称为农民反抗的日常形式的斗争……了解这些平凡的反抗形式就是理解农民长期以来为保护自己的利益对抗或保守或进步的秩序所作的大多数努力"③。在当下中国的政治制度环境下，上访可能是农民与上层精英进行抗争的较为稳妥且较为有效的方式。即使我们不去赞美农民这一"弱者的武器"，也应该尊重和理解它。

还需要进一步解释的是，在本章所述案例中，相关冲突事件主要发生

---

① ［意］安东尼奥·葛兰西（Antonio Gramsci）：《狱中札记》，中国社会科学出版社2000年版，第202页。
② ［美］查特吉：《关注底层》，《读书》2001年第8期。
③ ［美］詹姆斯·斯科特：《弱者的武器》，译林出版社2011年版，前言第2—3页。

于普通村民与村干部之间。这似乎表明，农民上访仍然是由掌握权力的村干部对农民实施侵权而引发。确实，表面看来，上访的农民仍然是在与掌权的村干部相抗争。但我们更应该看到掌权的主体的社会结构来源。即村干部来源于哪一个阶层？在 C 镇的案例中，村干部显然是主要来源于村庄经济精英阶层。因此，农民与掌权的村干部之间的冲突是"表"，而阶层与阶层之间的冲突才是"里"。

另外，本章虽然只是一项基于 C 镇的个案研究，但是改革以来中国农村社会阶层分化不断加大已是普遍事实。特别是近年来"富人治村"现象无论在东部发达地区农村抑或在中西部地区农村都不断扩散。国家在基层党建领域的"双带工程"政策也为农村经济精英登上村庄政治舞台提供了制度通道。因此，本研究可以说基本反映了中国农村社会的总体变化趋势。尽管不同地区农村阶层冲突的激烈程度存在差异。在这个意义上，阶层政治分析框架并不试图解释所有的农民上访现象，但却为我们预测和理解当代中国农村社会冲突变化趋势提供了一种有益视角，也为我们制定防范可能出现的相关问题的政策措施提供了参考。

在政策层面，本研究表明，国家应该进一步健全农村民主管理制度，加强对村干部的监督和制约，在农民与村干部之间构建良性的协商对话平台，使农民能够积极有效地参与到村庄政治社会发展过程中。同时，为有效治理农民上访问题，国家不能仅仅局限于在信访制度上面进行改良，而更应该着力于优化基层社会资源分配机制，切实顾及广大底层民众的利益，缩小阶层之间的差距。如此，"富人治村"的正功能才能得到发挥，阶层冲突才能得以缓和，上访问题也才能得到根本解决。

最后，需要指出的是，本章提出阶层政治的分析框架，并非要否认抗争政治分析框架的合理性和有效性，而只是试图促使我们反思抗争政治分析框架的局限性，并为我们研究当下中国农村社会冲突与不平等问题提供一种新的思路。同时，作为一个尝试，本章更多的是留下有待进一步研究的课题，比如阶层冲突与社区整合之间关系、阶层冲突的未来发展趋势，等等。我们期待越来越多的同人加入这一研究领域中，共同推动相关研究的深化。

第三章　国家、派系与农民

本章将延续本书确定的研究思路,继续从村庄社会结构的视角去理解农民上访行为。具体而言,本章主要关注一种由村庄派系(亦称派性)政治诱发的农民上访现象(以下简称"派系上访")。

关于派系的界定,学界存有争议。有学者认为,派系是人们以特定的关系为纽带建立起来的具有共同利益和现实功能的非正式组织。[①] 另有学者认为,派系指村民以二元联盟(dyadic alliance)为基本单元,为了达成某种共同利益所建构的一套多重人际网络组织。[②] 尽管不同学者对派系的概念界定存在差异,但学者们均认为利益关系是维系派系的主要纽带。派系实质上是一种关系网络结构。联结派系的特定关系既包括血缘关系,也涵盖了利益关系、地缘关系、业缘关系和趣缘关系。追逐共同利益是派系的最根本特征。人们之所以结成各种各样的派系,最终目的是为了实现某种利益诉求(或物质的或精神的)。

关于派系的构成,学界也有不同的观点。有学者认为,在派系结构中,除了派系精英之外,还有派系骨干和普通派系成员。[③] 也有学者指出,派系的结构主要由两部分构成:一是与派系精英关系紧密的核心层,另一部分是通过利益交换而结成的利益联盟。[④] 派系的核心层包括派系精英和派系骨干。每一个派系都有核心人物——派系精英。派系的实力在很大程度上取决于派系精英的素质和能力。派系骨干多是派系精英通过家族、姻

[①] 孙琼欢:《派系政治》,中国社会科学出版社2012年版,第4页。
[②] 吴思红、李韬:《村两委选举中派系贿选现象研究》,《政治学研究》2015年第1期。
[③] 吴思红、李韬:《村两委选举中派系贿选现象研究》,《政治学研究》2015年第1期;孙琼欢:《派系政治》,中国社会科学出版社2012年版,第30页。
[④] 贺雪峰:《派性、选举与村集体经济》,《南方论丛》2003年第1期。

亲、朋友等关系网络构建的。

　　派系与中国农村社会生活中的另一重要现象——家族（宗族）——有一定联系但又有根本区别。家族（宗族）是指根据父系世系原则形成的基于家庭又超越家庭的亲属群体或团体。① 联结家族成员的纽带是血缘关系。而联结派系成员的纽带则不限于血缘关系。在华北、华南等地，家族争斗也会引发农民集体抗争行动。② 家族争斗与派系斗争具有一定相似性，但是从根本而言，它还是属于家族之间的纷争，而不是派系竞争。以家族政治为基础的动员方式与派系动员也存在巨大差异。

　　派系现象在中国农村社会并不是特例，而是具有普遍性。尤其是在东部沿海发达地区，派系和派系竞争问题更为突出。派系竞争给基层治理和社会稳定带来极大的影响。在展开利益争夺的过程中，村内各个派系往往会通过一种非常重要的制度化抗争方式——上访来维护本派系的利益。笔者在田野调研时也观察到，向上级政府上访告发对立派系的种种问题是村庄派系竞争的重要手段。

　　学界的个别文献中偶尔涉及由派系竞争导致的上访现象③，但并没有对这一问题展开深入系统的分析。④ 虽然已有一些学者重点关注了派系政治的形成机制及其对基层治理和民主政治建设的影响⑤，但派系与社会运

---

① 钱杭：《族与前宗族时代——兼论宗族概念的二元结构》，《上海师范大学学报》（哲学社会科学版）2009年第5期。
② 田先红、杨华：《家族政治与农民集体行动的逻辑》，载周晓虹主编《中国研究》2013年秋季卷，社会科学文献出版社2014年版。
③ 孙琼欢：《派系政治》，中国社会科学出版社2012年版，第131—133页；杜姣：《派性上访的实证研究》，《华中科技大学学报》（社会科学版）2017年第4期。
④ 有研究者将北方小亲族之间围绕利益争夺而展开的上访行为定性为派性上访（参见邢成举《派性村庄政治下的农民上访研究》，《北京社会科学》2016年第9期）。但笔者认为，小亲族实质上是家族的一个子类属，因此，由小亲族之间争斗而诱发的上访行为仍然是家族政治逻辑支配下的上访行为。家族与派性是两个不同的社会群体概念。由家族政治引发的农民上访不宜与由派系政治引发的农民上访混为一谈。关于家族政治与农民上访行为之间的关联机制问题，可参见田先红、杨华《家族政治与农民集体行动的逻辑》，载周晓虹主编《中国研究》2013年秋季卷，社会科学文献出版社2014年版。
⑤ 卢福营：《派系竞争：村委会选举面临的新挑战》，《中国农村观察》2005年第1期；吴思红、李韬：《村两委选举中派系贿选现象研究》，《政治学研究》2015年第1期；孙琼欢：《派系政治》，中国社会科学出版社2012年版；Pillsbury, Barbara L. K. Factionalism Observed: Behind the "Face" of Harmony in a Chinese Community. *The China Quaterly*, No. 74, 1978 (6)。

动动员之间的关联尚未被充分发掘。① 尽管个别学者曾注意到派系斗争导致民众维权运动的分化瓦解现象②，但派系动员的具体机制仍然模糊不清。而且，在有关派系竞争及派系上访的研究中，研究者往往只局限于探讨各个派系之间的博弈行为，而国家在这些研究中往往隐而不见。

本章要探讨的核心问题是，派系竞争各方是如何"为利益而斗争"的？这一核心问题又可以分解为一系列次级问题：国家在派系上访中扮演着何种角色？派系竞争如何导致上访的发生？派系上访具有何种特征？它的组织动员机制是什么？本章将以笔者及研究团队在浙北 C 镇 S 村和 Z 村的派系上访案例为基础来展开对上述问题的分析。

本章分析表明，派系竞争导致派系上访的生成，而派系上访具有弱组织性、求援性、非政治性、目标的人格化和参与者的两面性等特征。与那些"为权利而斗争"的农民上访行为不同，派系上访的目的是"为利益而斗争"。各个派系为了在竞争中占据有利地位，援引国家的法律政策来为自身的策略行动提供支撑。他们利用国家权力来打击对立的派系。国家应对派系上访的策略直接影响到派系竞争的格局。国家制定的规则被派系竞争者所利用和改造。在某种意义上，派系上访使得国家权力遭到软化。国家权力成为各个派系展开竞争的手段。派系上访虽然在一定程度上有利于监督村治精英，维系村庄内部权力均衡，但也容易导致村政混乱和村庄公共性缺失，增加基层治理成本，耗费国家治理资源。

一 案例概况

（一）S 村村情概览

S 村于 2006 年由 W 自然村、X 自然村和 Y 自然村等三个村合并而成。

---

① 还有一些学者研究了中国宏观政治生活中的派系现象，宏观层次的派系政治与微观层面的派系政治具有一定的同构性，但二者也有显著区别。参见 Nathan Andrew J. A Factionalism Modal for CCP Politics. *The China Quaterly*, No. 53, 1973（January）, pp. 34 – 66；Tang Tsou and Nathan. Andrew J. Prolegomenon to the Study of Informal Groups in CCP Politics. *The China Quaterly*, No. 65, 1976（March）, pp. 98 – 117；Lowell Dittmer. Chinese Informal Politics. *The China Journal*, No. 34, 1995（July）, pp. 1 – 34。

② 何艳玲、钟佩：《熟悉的陌生人：行动精英间关系与业主共同行动》，《社会学研究》2013年第 6 期；石发勇：《业主委员会、准派系政治与基层治理》，《社会学研究》2010 年第 3 期。

W自然村、X自然村和Y自然村既是自然村，但同时又是行政村建制。W自然村有人口约1000人，X自然村约600人，Y自然村约400人。目前，S村下辖13个村民小组，总人口2000余人。村两委干部有11人，其中支委5人，村委6人。村内有田、俞、李和郑四个大姓，另外零星分布着刘、石、丁、赵等大量小姓。田、俞两大姓氏主要分布在W自然村，郑姓主要在X自然村，李姓主要在Y自然村。除了少数老人外，S村村民已经基本不再从事农业种植，而主要依靠办厂、经商、特种养殖和务工谋生。在S村，经济条件最好的当属办企业的村民，他们当中有的年收入已达300万元以上，固定资产超过千万元。近年来，城市化的浪潮波及了S村。2010年，镇政府决定建设高新技术工业园区，S村的土地基本被征用完毕。

随着贫富差距的加大及城市建设的推进，富人越来越多地登上村庄政治舞台。"富人治村"的特征日益明显。目前，S村11名村两委干部的家庭经济条件都比较优越。其中，私营企业主有8名，商人1名，企业中层干部1名，特种养殖大户1名。经济条件最好的村干部当属村支书LWF和村主任田勇武。他们俩都创办有企业，年收入在300万元以上。在村两委选举中，贿选成为公开的秘密。候选人动辄耗资数百万元参与竞选。一张支委选票的价格最高时达到十万元。如此巨额的竞选费用，广大普通村民自然负担不起。所以大部分普通村民都无法参与竞选，被排斥于村庄政治之外。村政权力被富人阶层垄断。同时，富人耗费巨资竞选之后，必然会想方设法将竞选成本收回。承包各种工程项目、变相瓜分集体资源就成为村干部敛财的必然途径。最终，村庄资源分配的主导权被富人村干部掌控。

（二）S村派系结构

随着利益的日益密集，村庄中的派系竞争也愈演愈烈。在S村，派系竞争由来已久。早在1999年村两委换届选举时，就开始出现组团竞选的现象。所谓组团竞选，即指在竞选过程中，某几个"志同道合"的人组成一个竞选团队，做好选举分工，明确每人的竞选职务，然后跟另一派的竞选团队展开竞争。组团竞选将个人与团队捆绑在一起。只有团队所有人都竞选成功，那么个人才能成功。如果团队中有候选人落败（尤其是竞选主职干部的候选人），那么整个团队就落败，即使已经获胜的候选人也一般会自动放弃。

当然，在20世纪90年代的S村，虽然存在派系竞争，但是并不激烈。进入21世纪之后，随着工业化、城镇化步伐的推进，土地资源快速升值，各种项目等发展机会迅速增加，村庄中围绕村政权力的派系争夺愈演愈烈。尤其是2010年高新技术工业园区的征地开发带来巨额利益，村庄中的派系竞争趋于白热化。

在当下的S村，主要的派系代表人物包括LWF、LWQ和TGY三人。他们的基本情况如下，见表3-1。

表3-1　　　　　　S村三大派系核心人物基本情况一览表

派系核心	基本情况
LWF	男，39岁，初中毕业，X自然村人。现任村党支部书记，2008年时开始进入村委，2011年当选村支部书记，2014年获选连任。19岁开始办五金加工企业，目前企业规模较大，家庭年收入在300万元以上。他和他的兄长LWX在C镇都是有头有脸的人物，跟镇政府的关系非常密切。在调查时，有多位被访谈村民说LWX是C镇黑社会老大，拥有较强的暴力能力。S村一般村民都对他们兄弟俩比较忌惮。
LWQ	男，50岁，Y自然村人。妻子娘家在S村的另一个大自然村，娘家势力比较强。2008年进入村委，2011年当选村长，2013年退出村政舞台。承包各种工程项目，家中有挖机、大卡车十多台。家庭年收入在50万元以上。
TGY	男，45岁，W自然村人。自2005年至2011年担任S村村长。2008年因与村支书TPJ斗殴被判刑1年，出狱后继续担任村长。2011年换届时因出狱未满五年而无资格参与竞选。早年曾经商，目前承包了镇里的一个110亩面积的鱼塘。家庭经济条件一般。尽管他在经济方面无法跟LWF和LWQ等人相比，但是他身材魁梧，比较有魄力，讲话很有气势，敢说敢干，也比较讲究谋略。敢为普通村民说话，也善于动员普通民众，在普通村民中有较高的威信。

正如已有研究指出的那样，派系结构具有不稳定性。[①] 在S村，各个派系也常常因为利益矛盾而发生分化组合。例如，LWF、LWQ和TGY就从曾经的同派最终演变分裂为三派。早在2008年村两委换届选举时，

---

① 吴思红、李韬：《村两委选举中派系贿选现象研究》，《政治学研究》2015年第1期；卢福营、孙琼欢：《论现阶段农村基层政治生活中的派系》，《中国农村观察》2005年第1期。

TGY、LWF 和 LWQ 作为同一派参与竞选。TGY 是派系核心。三人都不是亲戚，之前关系也很一般，只是因为组成竞选同盟的需要而走到一起。最终，TGY 获选连任村委会主任，LWQ 和 LWF 分别任村委（还有一名女性村委）。村支委被以支书 TPJ 为首的另一派掌控。2009 年 1 月，TGY 因为跟 TPJ 斗殴被判刑一年。在服刑期间，TGY 通过一些渠道得知 TPJ 曾经有生活作风问题，遂指使人到市纪委上访举报 TPJ。最终，TPJ 被免职。S 村支部书记由 C 镇干部 ZJH 兼任。TGY 入狱之后，LWF、LWQ 逐渐疏远了他。LWF 曾告知我们："TGY 不当村长之后，LWQ 开始跟支委 TPJ 一派拉关系，TGY 出来之后，还是村长，就对 LWQ 有想法。LWQ 跟支委拉关系，势力会强一点。我后来跟 TGY 还是站在他这一边的，虽然没有之前那么好了。"[①]

2011 年换届选举时，TGY 因为被判刑无法参与竞选。但他支持另一候选人张生产参与竞选村主任。而 LWQ 加入到另一派竞选村主任，成为 TGY 和 LWF 的反对派。最终，LWQ 和 LWF 分别竞选上村主任和村支部书记。在工作过程中，LWQ 和 LWF 常常发生矛盾和争吵。不过，由于双方还有共同利益需求，所以也仍然维持一定程度的合作，比如，一起承包工程项目等。

在推举本派村主任候选人时，TGY 和 LWF 产生了分歧。TGY 支持张生产参选，而 LWF 支持 TYW 参选。最终，TGY 的意见被采纳。但是 LWF 对 TGY 的不满逐渐加深。本来跟 TGY 同一派的 TYW 也对 TGY 不满。随着自身势力的增强，LWF 也不再听从 TGY。TGY 也对 LWF 越来越不满。双方开始互相攻击。用 LWQ 那一派的上访骨干 CGL 的话说，TGY 和 LWF 闹矛盾，也是"因为利益，利益分赃不均，所以分道扬镳"[②]。

2013 年（原本是 2014 年换届，但此次换届时间提前）再次换届时，LWQ 被镇政府要求不再参与竞选村主任（据说镇政府给的理由是因为 LWQ 当村长期间民怨较大，但实际上是 LWF 一派长期指使村民上访将 LWQ 告倒的），而 LWF 则成功连任村支部书记。LWF 支持 TYW 竞选村长并获得成功。TYW 之前未曾担任村干部，缺乏村庄政治斗争经验，基本上

[①] 访谈笔记，2014 - 07 - 08，LWF。
[②] 访谈笔记，2014 - 07 - 09，CGL。

成为傀儡。村政大权被LWF一手掌控。在竞选过程中，LWF从TGY一派拉拢了不少人（包括现任村长TYW和支委TMY）。他和TGY之间已经矛盾重重、势不两立。由于TGY曾被判刑，已有三四年时间远离村庄权力结构核心，且经济状况一般，所以他这一派的许多成员都逐渐远离了他，派系实力大大下降。

二　派系动员与上访事件的展开

在我们进行田野调查时，村里仍然还是LWF、LWQ和TGY这三大派系。LWQ和TGY都处心积虑要将LWF拱下台。LWF也采取各种手段进行反击。下文将分别介绍LWF与LWQ和TGY之间的派系动员与上访故事。

1. LWF与LWQ

2011年，LWF与LWQ主政S村之后，两人展开了村政领导权的争夺。据说，身为村主任的LWQ比较强势，在实际权力上面占有优势。况且LWQ比LWF更年长，常常不服LWF的领导。尽管两人还保持一定程度的合作，但是相互之间的矛盾已经日益明显。LWF曾经指使村民TFM（现任村电工）、YZ、田水永等人长期上访状告LWQ任村长期间村级财务混乱、违法买卖土地、贪污征地款和洪水救灾款等，要求彻底清查村里财务。LWF身为村干部不能参与上访，但他暗中指使TFM等人去上访。据说LWF还为TFM购买了一套上访设备，包括录音笔、针孔摄像头等。我们在访谈TFM时，他曾经向我们展示过。据他自述，摄像头的价格为15000元，录音笔的价格为300元。

TFM之所以愿意充当LWF这一派的上访骨干，一是因为2011年LWQ当选村长之后撤销了他的电工职务，他对LWQ十分不满；二是LWF任命他担任村电工；三是从上访中捞取一定的好处，包括LWF给予的报酬。TFM被撤销电工职务之后，开始组织一帮人上访状告LWQ这一派。他们的目标也契合了LWF的心愿。所以，双方一拍即合。TFM等人随之为LWF所用。LWF除了报销所有上访开支之外，还额外给他们支付"工资"，并经常给他们安排村里的一些杂活（如打扫卫生、挖沟渠等）。据说有的人上访一天可获200元报酬。具体标准视上访者与派系精英商谈确定。对于特别重要的上访事项,报酬则更高。如果上访成功,还给予额外奖励。另据 LWQ 这一派的上访骨干 CGL 透露,LWF 之所以在 2013 年底换届选举之后重新聘用 TFM 担任村电工,是因为 TFM 抓住了 LWF 在换届选举时的贿选证据。① 为了让 TFM "封口",LWF 向他允诺获选后聘用他为村电工。CGL 所述不一定属实,因为 TFM 之前就已经是 LWF 一派的上访骨干,LWF 掌权之后,聘用 TFM 为电工也属自然之举。当然,CGL 的话语表明,TFM 与 LWF 之间确实存在较深的利益瓜葛。

在 TFM 等人的反复上访缠闹之下,镇政府于 2012 年 4 月批准成立 S 村财务审计监督小组。财务监督小组主要针对 2011 年 3 月至 2012 年 4 月之间的村级财务账本进行清查。这一时间段恰好位于 LWQ 担任村主任一职期间。财务监督小组成员包括 TFM、YZ 等 8 人。这 8 人的基本情况如表 3-2 所示。

表 3-2　　　　　　　　财务监督小组成员简况

姓名	性别	基本情况
TFM	男	1954 年生,水电工。②
田水永	男	65 岁,泥瓦工,年收入 3 万—4 万元。其妻子 DLJ 也参与上访。
俞双飞	男	48 岁,做小工。
田渭来	男	55 岁,小工。
俞中权	男	现任村委俞海伟之子,建筑工。
田信学	男	小工。
YZ	男	1966 年生,小工。③
田水木	男	小工。

注:这 8 人均为 W 自然村人。另据了解,田水永、田渭来、田水木三人是原村会计 TLP 五服以内的堂侄,原来有亲戚往来关系,但后来他们三人都对 TLP 十分不满。

财务监督小组挂着 S 村的名义,但实际上主要针对 LWQ 这一派。它是 LWF 一派为了扳倒 LWQ 而撺掇设立的。财务监督小组成员都是 LWF 一

---

① 2013 年底村两委换届选举时,当地政府严厉打击贿选问题,一旦发现贿选行为,则取消参选资格。在这一高压态势下,贿选从原先的公开转入地下状态。
② 关于 TFM 的详细情况,可见后文"各派系上访骨干基本情况一览表"。
③ 关于 YZ 的详细情况,可见后文"各派系上访骨干基本情况一览表"。

派的人马。最终，财务监督小组查出了村级财务的许多问题（如虚假票据、虚构开支等），几乎全部是针对村主任、村会计和电工等人，也就是LWQ这一派。吊诡的是，LWF这一派则未牵涉相关问题。随后，担任村会计15年之久的TLP被镇政府免职。村电工CGL（TLP丈夫之弟）也退回所贪污款项，并被给予留党察看一年的党纪处分。村主任LWQ虽然未被免职，但在2013年底换届选举时被镇政府劝退，不再参与竞选。

不过，LWF一派并没有善罢甘休，而是继续指使TFM等人到市、省和中央上访，要求彻查LWQ、TLP等人，并追究其刑事责任。他们采取的策略是争取先将直接担负财务责任的原村会计TLP绳之以法，然后进一步扳倒LWQ等人。TFM曾经说："要先把会计查了，下一步才能查村长，下一步肯定要查到LWQ那里去。"① 同时，由于镇政府对S村财务问题进行冷处理，上访者还到B市、省里和中央举报镇政府包庇村干部、不作为，并违法征用农民土地。在上访过程中，为了壮大声势，他们还制作了一封联名信，并动员了458名村民签字。在制作联名信时，都是本派系骨干去动员本派村民。他们希望通过这样的方式使自己反映的事由更好地"问题化"，引起上级重视。

除了指使TFM等人上访状告LWQ之外，LWF还支持YZY、TJZ、石桂女、田祖凤等一批女性村民上访。YZY等女性访民上访已有较长历史。在早期，她们主要反映老村长TYY②多占宅基地、私卖宅基地指标和贩卖过期变质烟花爆竹。③ 之所以状告TYY，是因为她们向村里申报宅基地指标时未获村里批准，遂对TYY产生不满。眼见村干部和不少富人都纷纷获得宅基地指标，她们更是愤愤不平。被LWF拉拢收买之后，YZY等人又将LWQ纳入上访目标。她们状告LWQ在贩卖变质烟花爆竹一事上包庇祖护TYY，造成村集体资产流失（TYY属LWQ这一派，2011年换届选举时TYY曾帮LWQ拉票）。同时，她们还在上访事由中添加了上一届村委违法

---

① 访谈笔记，2014-07-06，TFM。
② TYY在2000—2006年担任小S村村长，三村合并之后，他担任了两届支委，2013年底换届选举之后退出村政舞台。
③ 根据国家法律规定，农村实行一户一宅。C镇当地实行宅基地指标控制之后，宅基地指标成为一种稀缺资源。村干部掌握了宅基地指标的分配权。在分配宅基地指标时，普遍存在着不公现象。有的村民尤其是那些有关系的富人拥有大面积的宅基地，而不少底层村民则难以获得宅基地。

卖地之事，目标直指 LWQ。在一封联名上访信中，YZY 等人将 LWQ 和 C 镇党委书记、副镇长等 4 人列为在 S 村违法征地的"刽子手"。据悉，2010 年办理征地手续时，S 村村长是 TGY，当时征地款还没有拨下来，村民们并无太大意见。2012 年 3 月，当征地补偿款拨到村里时，村长已经变更为 LWQ。在补偿款未足额到手的情况下，作为村法定代表人的 LWQ 自然会被村民怀疑为贪污挪用征地款的"罪魁祸首"。所以，YZY 等人将矛头对准了 LWQ。村民 TGY 的话也进一步印证了 YZY 等人的上访受 LWF 操纵。他讲道："YZY、TJZ、DLJ 都是 LWF 他们指使去告状的，都是他们的死党。"① YZY 等人长期上访的主要部门涉及中央纪委、国土资源部、国家信访局、浙江省国土资源厅、B 市纪委等。当地干部曾笑称她们为"金陵十二钗"。

虽然 YZY 这一批女性访民跟 TFM 这批男性访民在上访事由上面略有差异，但两批访民都属同一派，都受到 LWF 的支持，所诉事由也有交集（在 TFM 出示的联名信中也有 YZY、TJZ 等人的签名）。TFM 也经常和 YZY 保持密切联系，互相沟通信访动态消息。在我们访谈了 TFM 之后，他即介绍 YZY、TJZ 来接受我们的访谈。如今，TFM、YZ、田水永、YZY 和 TJZ 都已成为当地闻名的上访老户。

另一派的核心 LWQ 也不甘示弱。LWQ 被迫退出村政舞台之后，自然对 LWF 一派极为不满。这意味着两人之前仅存的一丝利益合作关系从此断裂，双方成为对立面。LWQ 组织本派骨干 CGL（村里的上一届电工，LWF 独揽大权之后，CGL 被另一电工 TFM 替换）、CST、田利忠和田培根等人长期上访状告 LWF。由于 LWQ 已经不再担任村干部，他自己也亲身参与到上访之中。他们曾经到市、赴省和进京上访。上访的事由包括如下：一是 LWF 利用权力为自己所在自然村新增人口超额分配征地青苗补偿费；二是 2011 年伙同村两委干部私分洪灾救济款，其中自己获得 5000 元；三是将 16 亩村集体建设用地据为己有，并贪占村集体征地补偿款十多万元；四是利用职务之便为亲朋好友承揽工程项目。同时，LWQ 等人还控告 LWF 之兄长 LWX 具有黑社会背景，兄弟俩在 C 镇黑白两道通吃，使得 S 村广大村民对其敢怒不敢言。此外，他们还状告 LWF 一派的上访骨干 TFM 在任村电工期间的种种违

---

① 访谈笔记，2014 - 07 - 07，TGY。

法行为，并特别强调 TFM 作为残疾人不符合电工条件。CGL 和 TFM 各居一派，成为死对头，争夺村里的电工职务。TFM 在组织查账和上访时特别突出 CGL 的违法违规问题，CGL 也专门写了一封上访信举报 TFM。跟 LWF 一派一样，LWQ 这一派在上访时也状告镇政府违法违规征地。

值得一提的是，2012 年 1 月上一届村两委干部私分洪灾救济款问题是被 TFM 带领的财务监督小组查出来的。TFM 等人在上访时也一直将此事作为上访事由之一。由于 LWF 和 LWQ 在镇政府都有"保护伞"，所以此事一直被镇政府以"村两委讨论通过"为由未予追究。TFM 等人则一直上访状告此事。一直到 2014 年 6 月，TFM 等人还给 B 市市委书记写信，要求督办此案。随后，LWF 担心事态闹大，便收买了 TFM，TFM 遂暂停告状。TGY 曾讲道："现在 TFM 不告了，肯定得了好处的。"①

然而，关于这一事件的上访在 LWQ 这一派却未停息。2013 年底 LWQ、CGL 两人退出村政舞台之后，他们在上访时也将这一事件作为上访的事由。虽然 LWQ、CGL 两人都曾参与私分洪灾救济款事件，但是此时他们已经退出了村政舞台，也就不必再担心因为这一事件而波及自己。当然，LWQ 和 CGL 在上访反映这一问题时，他们主要是突出 LWF 作为村支部书记对这一问题负有直接领导责任。其矛头直接指向 LWF。他们在上访信中写道："洪灾发生受到政府和各界人士的高度重视及救助。在抗洪救灾和灾后家园重建，广大村民都无私奉献，不计报酬。但作为村经济合作社社长、村支书 LWF 却在救灾过程中以工作辛苦为由，把村二委会人员加上会计、出纳、电工等十多人，向政府骗取补贴费 62500 元，他自己拿进 5000 元（此钱属各界救助款）。根据国家《防洪法》第五十三条规定：任何单位和个人不得截留、挪用防洪救灾资金和物资。……防汛抗旱是每个公民应尽的义务。广大人民群众都无私奋战在抗洪救灾的第一线。作为党员干部他有啥理由领取补贴费。此钱还是社会各界的救助资金呢！"自 2013 年底之后，他们曾将此事上访状告到中纪委、省纪委、B 市市委书记和市纪委等。笔者在 S 村调查期间，LWQ、CGL 还在电话联系打探这一案件的处理结果。

2014 年 7 月，迫于 TFM、LWQ、CGL 等人反复上访的压力，B 市市委书记批示要求市纪委和镇政府调查处理上一届村两委干部等人私分洪灾救

---

① 访谈笔记，2014-07-07，TGY。

济款一事。最终，参与此事的村两委干部被要求退回所分救济款，LWF 还被给予党内警告处分。

2. LWF 与 TGY

除了应对 LWQ 一派的挑战之外，LWF 还得跟 TGY 一派展开斗争。2014 年初，已经远离村政领导层三年多的 TGY 重回 S 村，开始为下一次换届选举谋划布局。他之所以重回 S 村，一方面是眼见村庄开发带来的巨额利益，另一方面是为了证明自己的实力，挽回自己在村庄中的声誉和面子，尽管 TGY 已多年未登上村政舞台，他这一派系的不少人员都已离他而去。据他自述，他这一派的成员被 LWF 挖走约 70%，目前只剩下约 30% 的人支持他。不过，由于他为人耿直，有较强的人格魅力，敢为广大普通村民说话，所以他在村庄中特别是在底层村民中仍然具有较强的号召力。尤其是当地政府严厉打击贿选之后，富人的贿选行为有所收敛。这对于像 TGY 这样经济条件一般但在广大底层村民中具有较高威信的在野精英是一个良机。所以，LWF 十分害怕 TGY 重回村政舞台，随即对 TGY 展开了攻势。由于 TGY 已远离村庄权力结构核心多年，且在任村干部时除了打架斗殴一次之外并无其他十分严重的问题，LWF 难以抓到他的把柄，也无法通过指使人上访去控告他。所以，LWF 这一派针对 TGY 的主要斗争手段是在村庄中造舆论，将 TGY "污名化"。他们指责 TGY 吃喝嫖赌、好吃懒做，甚至还吸毒，欠下巨额债务，对老婆使用家庭暴力等。

TGY 对 LWF 可谓恨之入骨。他讲道："LWF，150 万的宝马，是我把他带出来的，他现在长高了。……我和 LWF 这个战斗谁赢谁输要两年后见分晓。"[1] 如今，TGY 正在动员村庄中的中下层村民，利用富人长期掌控村政权力带来的资源分配不公、征地后补偿款未足额发放等问题来激起广大底层村民对 LWF 的怨恨。他的主打牌就是村里的征地款。他向村民许诺，只要他当上村主任，将来一定向村民分配征地款。"90% 的钱都分掉，如果有 2000 万，村里留下 200 万，剩下的都分掉。……你们想要分钱，就肯定要选我，你不想要分钱，就去选他们。"家庭经济条件一般的 TGY 似乎深谙广大普通村民的心理。他也对自己的动员策略充满自信。"村民说，选你当村长，分给我们一百块就是一百块。这个手段是非常有用的。

---

[1] 访谈笔记，2014-07-07，TGY。

他们（指LWF等人）当这个村干部，你没好处。即使是有点亲戚，也没用。如果选我，还能分到十几万块钱。"①TGY的动员口号是"斗地主，打土豪，分田地"，目标直指以LWF为首的富人村治精英。"我一直是走下层路线，就是这个思路……把大众票做好了。"②TGY也计划动员YMG、ZJL等一批村民去上访状告LWF。"现在马上有几十个人打算去北京……政治就这么简单，我下一次选村长，肯定要安排一批人去告LWF他们。"③

总体而言，在这三派之中，无论是从经济实力、上层关系网络还是从掌握的权力资源来看，LWF一派的实力都更胜一筹。据说，TGY一派跟LWQ一派存在合作的可能，目的是共同对抗LWF一派。TGY曾讲道："LWQ现在不跟LWF合作了，到时候他肯定会和我站在一边的，那也是为了利益。"④另据LWF说："TGY现在跟之前最反对他的人在一起，打过架的，动过刀的。"⑤尽管LWF未透露具体何人，但我们后来从其他被访谈对象获知此人就是TPJ。这无疑再一次印证了派系的脆弱性及利益在派系竞争中的重要性！的确，在派系争夺中，没有永远的敌人，也没有永远的朋友！（见表3-3）⑥

表3-3　　　　S村各派系上访骨干基本情况一览表

派别	上访骨干	基本情况
LWF派系	TFM	男，1954年生，初中毕业，左腿残疾，W自然村人。早年曾经营理发店，随后一直从事水电安装维修行业30余年。曾任12年村民小组长。自1997年至2011年一直被聘为村电工。2011年LWQ当选村主任后，辞退了TFM，聘任CGL担任电工。2013年底换届之后，LWF重新任命TFM担任村电工，年工资9000元。他还另外带领5个人在当地承包水电活。自2011年被辞退电工之后开始上访。
LWF派系	YZY	女，62岁，W自然村人。目前老两口一起生活，丈夫有时打零工。儿子已婚，女儿离异。已经上访多年。起初状告老村长TYY违法贪占宅基地，买卖宅基地指标等。随后在LWF的指使下开始状告LWQ。曾去北京上访多次。YZY经常和TFM等人交流联系，互通上访动态信息。

---

① 访谈笔记，2014-07-07，TGY。
② 访谈笔记，2014-07-07，TGY。
③ 访谈笔记，2014-07-07，TGY。
④ 访谈笔记，2014-07-07，TGY。
⑤ 访谈笔记，2014-07-08，LWF。
⑥ 当然，这也从反面证明，村庄派系竞争具有"斗而不破"的特点。各派系为了争夺利益可以真刀真枪地将对方往死里整，同时也可能为了利益而再度走向联合。

续表

派别	上访骨干	基本情况
LWF 派系	YZ	男，1966 年生，初中文化程度，做小工为生，W 自然村人，曾任村民代表。2011 年向村里申请宅基地，未获批准，对时任村长 LWQ 不满。2012 年 4 月曾参加村财务审计监督小组。自 2012 年开始上访反映洪灾救灾款问题、土地征用问题等。
LWF 派系	TJZ	女，71 岁，W 自然村人。曾经在文革前担任 6 年小学教师，后因被定性为"反革命"，被取消教师资格。丈夫 4 年前因脑溢血瘫痪在床。有一儿一女，儿子在本地工厂打工，女儿已出嫁。自 2012 年开始一直跟随 YZY 上访。
LWF 派系	DLJ	女，61 岁，S 村财务监督小组成员田水永之妻，长期和 YZY 等人上访。有时候也独自上访。曾经上访至国家信访局。
LWQ 派系	CGL	男，48 岁，退伍军人，中共党员，W 自然村人。与原村会计田丽萍之丈夫为兄弟关系。曾任村电工，2013 年村两委换届之后，被村里辞退。所以，他对 LWF 十分不满。随后，他和 LWQ 组织本派人员上访状告 LWF。曾经去北京上访 2 次。夫妻俩在杭州萧山区打工。
LWQ 派系	CST	男，50 岁，W 自然村人，CGL 的堂兄。目前做黄沙生意。曾任村民小组长。2013 年准备参选村长，后因 LWF 一派到镇政府上访状告其新建房屋属违章建筑，若不拆除则不能获得竞选资格。① 最终，CST 不愿意拆除新房，所以未能参选村长。他对 LWF 也十分不满。跟随 LWQ、CGL 等人一起上访状告 LWF。
TGY 派系	YMG	1963 年生，初中毕业，木工，W 自然村人。
TGY 派系	ZJL	X 自然村人，做珍珠生意。2008 年时曾计划参与村委竞选，但被 LWF 排挤未能如愿，所以对 LWF 不满。

注：据上表可知，各派系的上访骨干基本上都是 40 岁以上的中老年人。他们大都居于村庄中下层。这些上访骨干在派系动员中充当着组织者和行动者的角色。某些上访骨干同时也是本派系的骨干（如 CGL、CST、YMG、ZJL 等）。

三 派系竞争中的上访

传统农村社会尽管也存在以宗族房头等为基础的派系，但学界讨论较

---

① 在 2013 年底换届选举时，当地政府规定所有参选人员必须拆除自家的违章建筑，否则不能获得竞选资格。

多的是农村现代利益派系。农村现代利益派系的形成，源于农村社会结构的转型和变迁。传统社会组织如宗族、宗教功能的弱化，农村社会异质性的增强和人际关系理性化等因素促成了当下农村派系的形成。① 当然，我们强调当下农村的派系具有强烈的利益色彩，并不否认这些派系之中仍然存在传统的社会关系网络。实际上，传统的血缘、地缘关系仍然在当下农村派系中扮演着重要角色。只是，伴随农村的市场化发展，业缘、趣缘关系网络对于派系精英建构关系圈发挥着越来越重要的作用。

派系的结构主要由两部分构成：一是与派系精英关系紧密的核心层，另一部分是通过利益交换而结成的利益联盟。② 派系的核心层包括派系精英和派系骨干。每一个派系都有核心人物——派系精英。派系的实力在很大程度上取决于派系精英的素质和能力。派系骨干多是派系精英通过家族、姻亲、朋友等关系网络构建的。

（一）村庄中的派系竞争

所谓派系竞争，是指"以派系为组织依托，旨在改变现存的权力和利益分配格局的集团性竞争行为"③。利益构成派系竞争的基础机制。④ 正是因为利益的存在，才引发不同派系之间的竞争。在笔者调研的C镇S村，派系竞争由来已久。早在1999年村两委换届选举时，就开始出现组团竞选的现象。所谓组团竞选，即指在竞选过程中，某几个"志同道合"的人组成一个竞选团队，做好选举分工，明确每人的竞选职务，然后跟另一派的竞选团队展开竞争。组团竞选将个人与团队捆绑在一起。只有团队所有人都竞选成功，个人才能成功。如果团队中有候选人落败（尤其是竞选主职干部的候选人），那么整个团队就落败，即使已经获胜的候选人一般也会自动放弃。

20世纪90年代，C镇虽然存在派系竞争，但是并不激烈。进入21世

---

① 贺雪峰：《派性、选举与村集体经济》，《南方论丛》2003年第1期；卢福营：《群山格局：社会分化视野下的农村社会成员结构》，《学术月刊》2007年第11期；吴思红：《村庄派系的缘起、演变与功能》，《国家行政学院学报》2009年第1期。
② 贺雪峰：《派性、选举与村集体经济》，《南方论丛》2003年第1期。
③ 孙琼欢、卢福营：《中国农村基层政治生活中的派系竞争》，《中国农村观察》2000年第3期。
④ 卢福营：《治理村庄：农村新兴经济精英的社会责任》，《社会科学》2008年第12期。

纪之后,随着工业化、城镇化步伐的推进,土地资源快速升值,各种项目等发展机会迅速增加,村庄中围绕村政权力的派系争夺愈演愈烈。尤其是2010年高新技术工业园区的征地开发带来巨额利益,村庄中的派系竞争趋于白热化。

派系竞争的核心目标在于争夺村政领导权,村政领导权对于每个派系均具有战略意义。只有掌握村政领导权,派系才能在村庄利益分配中居于优势地位。

为了夺取村政领导权,派系竞争通过两条途径得以演绎。其一,在村两委换届选举期间,派系竞争主要争夺村两委的控制权。村民自治的实施,为具有不同利益基础的各个派系争夺村庄公共权力提供了制度平台。这一制度平台的载体就是村两委选举。正如贺雪峰所言:"村委会选举为派性斗争提供了表达的途径……派性因为选举而被激活和强化。"[1] "村庄资源越多,派系之间的利益博弈越激烈,选举的竞争性也就越强"[2]。在选举期间,各个派系都展开拉票行动。拉票的形式随竞选的激烈程度而变化。一般都免不了给村民送礼。在 C 镇,前几年还一度流行贿选。贿选反映出村庄利益的高度密集以及派系竞争程度的升级。

其二,在村两委换届选举结束后,各个派系互相干扰和打击对方。此时的派系竞争可能以两种情形呈现出来:一是体制内精英之间的派系竞争,典型的是以村支部书记为首的派系与以村委会主任为首的另一派系之间的竞争。比如,在 C 镇的 Z 村,目前村内主要有两大派系,一派由村支书 ZDR 领头,另一派由村主任 XZG 领头(包括跟 ZDR 属同一自然村的 WHM)。这两大派系都不断动员派系成员上访状告对方。村庄领导班子长期无法形成决策和共识,许多公共治理事务都无法开展,村庄公共治理陷入瘫痪或者亚瘫痪状态。[3] 二是体制内精英和非体制精英之间的派系竞争。[4] 在 C 镇的 S 村,目前主要存在三大派系,包括掌权的 LWF 派系和在野的 LWQ 派系及 TGY 派系。LWF 派系在村庄中散播舆论,指责 TGY 吃喝

---

[1] 贺雪峰:《派性、选举与村集体经济》,《南方论丛》2003 年第 1 期。
[2] 吴思红、李韬:《村两委选举中派系贿选现象研究》,《政治学研究》2015 年第 1 期。
[3] 陈潭、刘祖华:《精英博弈、亚瘫痪状态与村庄公共治理》,《管理世界》2004 年第 1 期。
[4] 也有学者将这两类派系竞争称为在任与在野之间的竞争和在任之间的竞争,或者治理精英与非治理精英之间的竞争和治理精英之间的竞争,参见贺雪峰《派性、选举与村集体经济》,《南方论丛》2003 年第 1 期;孙琼欢:《派系政治》,中国社会科学出版社 2012 年版。

嫖赌、吸食毒品和使用家庭暴力。LWF 派系还指使村民状告 LWQ 担任村主任时的经济问题。LWQ 和 TGY 两派则主要揭发 LWF 派系的经济问题。

可见，派系竞争的手段主要包括两种：一是揭发对方派系的违纪违法问题尤其是经济问题；二是通过制造舆论将对方派系污名化。各个派系都欲图将对立派系彻底整垮，使其永无翻身之日。

当然，派系竞争格局并不是固定不变的，而是一个动态演化的过程。不同的派系之间往往出现合纵连横、分化重组的情况。在一个村庄中，起初可能有多个派系，但是随着派系竞争形势的变化，一些没有太大胜算的派系可能选择联合起来共同对抗另一个强大的派系。此外，有些本来处于对立面的派系也可能出于共同的利益需求而走在一起。比如，Z 村的 ZDR 和 XZG 两人关系原本尚可。2011 年村两委换届选举时，已当选村支书的 ZDR 支持其弟 ZZH 竞选村主任。而 WHM 支持 XZG 竞选。最终，XZG 不顾 ZDR 的劝阻执意参选，且成功当选，ZDR 和 XZG 由此反目。在 S 村，TGY 和 LWF、LWQ 本来属于同一个派系，但是后来三人逐渐分裂，分别建立了各自的派系。LWF 掌握村政大权之后，LWQ、TGY 两派为了对付 LWF 派系，又准备联合起来。可见，派系的分化与组合可谓派系竞争的常态。在派系竞争中，成员变动不居，派系与派系之间没有永远的敌人，也没有永远的朋友。这进一步表明，派系是一个松散的利益联盟，派系竞争的无原则性可见一斑。

派系竞争内含着一套利益交换机制。派系竞争以利益交换为基础，同时又服务于利益交换目的。为了稳固和壮大派系，派系精英必须以利益交换获得派系成员的忠诚。在获得村政领导权之前，派系精英以送礼、请客甚至贿选的方式为派系成员提供利益交换，并许诺掌权之后给派系成员带来更大的利益。掌握村政领导权后，派系精英通过分配村庄公共资源来笼络派系成员，换取派系成员的支持，以进一步巩固和壮大派系。这种利益交换虽然带有中国传统的"报"文化和人情往来互惠的特征，但它在本质上是以牺牲村庄公共利益为代价的，极容易导致村庄公共资源分配不公。长此以往，村庄政治的公共性被派系竞争消弭殆尽。

（二）派系上访的生成

派系竞争主要在村庄场域之内展开。但是，当各个派系诉求的问题无法在村庄之内获得解决时，派系竞争随之延伸到村庄之外。尤其是当派系竞争诉诸揭发对立派系的违纪违法问题时，派系竞争必然要超越村庄场域，向上级政府上访求助就是派系竞争的常用手段。此外，派系上访常常采取集体上访的方式，力求把事情闹大。派系精英还往往指使派系成员反复上访，将派系的诉求"问题化"，以引起政府的重视。

这样，派系竞争通过信访制度渠道延伸到村庄场域之外。派系上访实质上是村庄派系竞争的延伸。值得一提的是，上访并不仅仅是在派系竞争中居于弱势地位的派系的"专利"。即使是那些在派系竞争中占据优势的、实力较强的派系也同样偏好于通过上访来打击对立派系。比如，在 C 镇 S 村，虽然 LWF 一派实力最强，但他仍然常常组织 TFM、YZY 等人反复上访状告 LWQ 一派。

与一般民众上访维权相比，派系上访有其独特之处。一般而言，人们上访抗争时都会有一个明确的利益诉求。在目标上，这种诉求或为自己，或为他人，或为公益。在具体形态上，或为物质利益，或为精神追求，或为某种抽象权利和正义。概言之，一般的上访者都是针对某件具体事件而采取行动。一旦某个问题解决，自己的诉求得到满足，他们一般会适可而止。在派系上访中，上访者也会诉说具体的事由，但这些具体事由只是一套说辞，是他们用来斗争的武器。而且，上访者并没有明确的利益要求（要求分配宅基地，获得救助抑或其他），而基本上都只是要求处罚被控告对象——对立派系的核心人物。

派系上访的这一特性与派系精英在派系中的核心地位以及派系竞争的性质紧密相关。如前所述，派系精英是一个派系的核心人物。派系精英的倒台往往意味着派系的分崩离析。所以，派系竞争往往以打倒对立派系精英为要旨。派系竞争的性质决定了派系上访的目标最终锁定对立派系精英。例如，无论是在 S 村 TFM、YZY 抑或是 CGL 的上访信中，还是在 Z 村的派系上访中，我们都始终未见他们个人的明确诉求。他们并没有要求上级给自己提供物质或精神方面的帮助，而只是在反复要求上级查处被控告对象。他们上访并不是针对某件特定的事件，或者满足自己某个特定的诉求，而是针对某个特定的人。他们的目标就是要整垮反对派精英。

由此我们也可理解派系上访者的"问题化"技术。我们看到，不同的派系上访者都可能会就同一事项上访，但是他们在上访时针对的对象却有差异。比如，LWF 这一派和 LWQ 这一派在上访时都向上级反映了村干部贪污洪灾救济款一事。但是，LWF 这一派在上访信中只是提到了上一届村干部私分救济款问题，其诉说的重心在于洪灾救济款整体管理的混乱，并将责任推向 LWQ。而 LWQ 这一派在上访信中则只提及上一届村干部私分洪灾救济款之事，并突出 LWF 作为村党支部书记应付直接领导责任。LWQ 等人对洪灾救济款的其他管理问题只字未提。共同的诉求标的（事由）与不同的针对对象，充分体现了派系上访者高超的"问题化"艺术。

派系上访的对人不对事目标决定了它往往是个漫长的过程。由于各个派系一般都有相应的庇护网络，所以要整垮某个派系并不能一蹴而就。除非某一派系触犯了官僚体制的底线，否则上级一般不会轻易"揭盖子"。因此，派系上访者反映的某一事项解决之后，可能被状告对象仍然安然无恙。此时，派系上访者就必须想方设法挖掘新的诉求事由，继续上访控告对方，直到被控告对象被整垮为止。上访事由在派系上访过程中不断地得到再生产。即使被控告对象可能确实没有十分严重的问题，但是派系上访者也可以设法给他们制造事端。比如，在重要节假日或者重要会议期间，到北京非正常上访或者围堵会议场所等。上级为了维稳保安，很可能严厉处罚维稳责任人，甚至直接将其就地免职。这样，派系上访者就达到了整人的目的。派系上访一般不会适可而止，而是不达目的绝不罢休。否则，如果给反对派留下余地，一旦反对派将来东山再起，那么本派系的地位将遭到威胁。如此，我们便可以理解 S 村的村支书 LWF 为何要长期指使村民上访状告 LWQ，又为何要在村庄中造舆论将 TGY "污名化"。

总之，村庄中派系上访的真正目的不是为了解决某些特定的问题，而是针对特定的派系，尤其是派系精英。"没事找事""对人不对事"成为派系上访的重要特征。

四　派系上访的组织机制

（一）派系上访参与者的角色

应星认为，农民维权精英的角色具有两面性。一方面，他们是底层的利益代表；另一方面，他们的行为又遵循一定的精英逻辑，这导致他们的

"公心"和"私心"混杂在一起。① 与一般的维权精英一样，派系上访中也存在个体私利与整体公益之间的关系问题。由于派系竞争攸关整个派系成员的利益，本派系若在竞争中获胜，则派系成员能够获利，反之则受损。因此，为了使本派系在竞争中获胜，为更好地实现自己的私利提供基础，派系成员会积极参与派系上访。

与一般的农民维权组织不同，派系是一种纯粹的利益联盟。派系上访的目的就是展开利益争夺。派系成员之间的关系十分松散，派系结构具有高度不稳定性。换言之，一般的农民维权行动属于"反应型"抗争行为，而派系上访具有较强的"进取型"② 色彩。"为权利而斗争"是农民维权行动的鲜明特征，"为利益而斗争"是派系上访的本质特征。这样的差异决定了农民维权组织的行动逻辑与派系上访参与者的行动逻辑的不同。在一般的农民维权行动中，农民既是抗争行动的组织者又是亲身参与者。而在派系上访中，派系精英一般只在幕后筹划、支持，具体的组织工作和上访行动都由派系上访骨干和其他参与者来完成。支撑派系上访参与者的力量主要是对利益的衡量，而并非对抽象正义的追求。在派系上访中，尽管上访者常常以各种正义、道义的话语来证成自己行动的合法性和正当性，但并不能泯灭其行动背后利益的影子。

同时，参与上访的派系成员并不直接明确表达个人利益诉求，但这并不意味着派系上访参与者个体私利的缺席。恰恰相反，支撑这些派系成员参与上访抗争的主要是个体的私利。比如，S 村村民 YZY 上访时反复状告原村长 TYY，就是为了报复 TYY 任村长时未给自己分配宅基地。而且，S 村许多村民在上访时，都反映 C 镇政府违法征地、征地补偿标准不合理、补偿款未足额到手等问题。这些问题尽管不是他们个人的问题，但却关系到他们的切身利益，是他们个人渴望增加征地补偿款的表现。此外，Z 村村民 HLQ 上访的重要原因就是发泄对村干部未能批准自己的宅基地申请的不满。

所以，在派系上访中，派系利益与个人私利夹杂在一起。派系精英利

---

① 应星：《草根动员与农民群体利益的表达机制——四个个案的比较研究》，《社会学研究》2007 年第 2 期。
② ［美］丹尼斯·史密斯：《历史社会学的兴起》，周辉荣、井建斌译，上海人民出版社 2000 年版。

用派系成员为本派利益而斗争，同时派系成员也利用派系竞争的机会更好地表达个人诉求。

（二）依附与自主：底层民众与派系精英关系的双重性

在派系上访中，派系精英是幕后支持者、策划者，而参与上访的实际行动者多为中下层普通村民。底层民众与派系精英之间的关系具有双重性。一方面，底层民众处于被派系精英动员和支配的地位，表现出较强的依附性；另一方面，他们又相对独立于派系精英，具有一定的自主性。

底层民众之所以对派系精英具有较强的依附性，是因为底层民众被派系精英利用，以服务于他们派系竞争的需要，被派系精英纳入派系竞争之中。在上访时，派系精英会为参与上访的底层民众提供经费支持和报酬。某些上访户从中尝到甜头，也乐意为派系精英服务。这些上访户逐渐转化为上访老户甚至以谋利为取向的上访专业户。[1] 尤其是当他们在上访过程中遭遇挫折和苦难时，他们的诉求也不断地得以再生产。这在 S 村 YZY 等人的上访经历中表现得较为明显。YZY 起初上访反映原村长 TYY 的宅基地问题。被 LWF 一派收买之后，转而状告 LWQ。在长期的上访过程中，YZY 也尝尽了上访路上的艰辛和苦难。笔者在接触 YZY 时，发现她具有十分强烈的倾诉欲望，反复地诉说自己在上访时的种种不幸遭遇，比如原村长 LWQ 对她的咒骂、镇干部的恶劣态度等。所有这些都不断地强化她上访讨要公道的决心。诸如 YZY 这类上访户原本代表了底层民众的心声，但被派系利用之后，其上访行动也随之发生了质变，从之前具有正当性的底层反抗转化为谋利之举。

此外，底层民众参与到派系上访之后，必然会得罪对立派系。对立派系精英也会想方设法给这些底层民众"穿小鞋"，甚至进行暴力威慑。底层民众为了规避反对派的威胁，也需要本派系精英提供庇护，需要不断地参与到派系上访之中。否则，一旦离开派系，这些无权无势的底层民众将难以在村庄中立足。所以，不少底层民众参与派系上访之后，就等于踏上了一条不归路。越是参与派系上访，他们与反对派的矛盾就越深，矛盾越

---

[1] 田先红：《从维权到谋利：农民上访行为逻辑变迁的一个解释框架》，《开放时代》2010年第6期。

深又越是激发他们继续参与派系上访。他们被深深地吸纳进入派系竞争的轨道之中。在这个意义上，派系上访、派系竞争也在不断地再生产上访老户。这恰好表明了底层民众对上层精英的依附性。在既定的社会分层和权力结构中，底层民众处于被支配地位。他们始终无法跨越这一社会区隔的鸿沟。

虽然底层民众难以发出统一的声音，但并不意味着他们就真的是"无声的底层"，也不是说他们完全任由上层精英宰割。恰恰相反，底层也有一定的自主性。这种自主性表现为：首先，底层民众在派系上访中表达自己的私利。例如，S村的TFM在上访过程中不仅状告LWQ、TLP、CGL一派贪污公款，而且状告上一届村两委干部私分洪灾救济款一事。此事恰恰牵涉现任支部书记LWF。若被上级查处，LWF至少难逃干系。尤其是前任村长LWQ已经卸任，对此事负主要领导责任的就只有LWF，LWF当然不愿意TFM等人向上级状告此事。不过，TFM等人还是将此事反复上访。2014年6月，他们还写信给B市市委书记要求督办此案。当年7月，市纪委和C镇政府即对此案做出处理。尽管后来TFM等人已暂停上访，但他们之前的上访行动无疑对上级政府处理此案起到了推波助澜的作用。尽管TFM和LWF同属一派，但TFM仍然有自己的"私利"。他可以发出自己的声音，尽管这种声音是孤立的、碎片化的。

其次，底层民众在派系上访中具备一定的自主行动能力。在西方社会运动理论中，关系网络、资源动员能力被视为影响民众抗争结果的重要因素。然而，在派系上访中，上访参与者要么是无业游民，要么是自由职业者。空闲时间较为充裕，为上访提供了充足的时间条件。同时，由于他们没有在体制内单位任职，也不必担心政府对他们进行打压。尽管他们一无体制权力，二缺关系资源，但却能在中国独特的信访体制和政治环境下游刃有余。对于这些无资源、无地位的底层村民来说，政府也难以对其进行制约。这为他们持续上访提供了相对宽松的环境，也增大了他们上访抗争获得成功的可能性。所以，在精英群体面临种种体制束缚的情况下，底层民众恰恰能在这一体制下获得一定的自主性。尽管这种自主性反衬了底层民众的尴尬境地，但它也为底层民众追求自己的那一点"私利"提供了某种空间。

（三）派系上访中的关系网络

有研究者在讨论农民集体上访中的家族动员过程时，提出血缘纽带在中国农民群体利益表达行动组织中的重要性。[①] 在派系上访中，不仅有诸如血缘、地缘等先赋性关系在发挥联结纽带作用，而且还有业缘、趣缘等建构性关系发挥作用。事实上，在 C 镇当地，由于较早受到市场经济的深度渗透，人们之间的关系呈现出较强的理性化特征。血缘、地缘关系在人们日常生活中的纽带作用已经大大削弱，它们很容易遭到利益关系网络的切割。尽管人们还具有一定程度的血缘和地缘认同，但是这种认同已经较弱。

在血缘方面，核心家庭化是当地家庭关系的典型特征。在社会生活中，人们可能为了利益的需要而置家族利益于不顾。比如，S 村村长 TYW 与 TGY 是堂兄弟关系，但是后来 TYW 跟随了 LWF 这一派。TSY、TWL 和 TSM 都是 TLP 五服以内的堂侄，但是他们三人都参与上访状告 TLP。Z 村的 ZYG、ZHM 等人与前任村长 ZZH 本属同一家族，但 ZYG 和 ZHM 等却曾上访状告 ZZH。

在地缘方面，它在村庄社会生活和村庄治理中的作用也较弱。以村级权力的分配为例，如果人们的地缘认同很强，那么合村之后，人口最多的 W 自然村应该能在村主职干部竞选中占据绝对优势，而实际上，近两届的村主职干部中除了 TYW 出自 W 自然村之外，其余都出自 X 自然村和 Y 自然村。况且，TYW 还是得到 LWF 大力支持才竞选成功的。在 Z 村，村支书 ZDR 与 WHM 本属同一自然村，但两人却成了对立派。在选举过程中，跨自然村动员相当普遍。人们投票时较少考虑候选人是否属于本自然村，而主要是衡量关系状况及跟自身利益的相关性（包括给钱多少）。同理，在派系上访中，本自然村的村民上访状告本自然村的另一派也很常见。比如，TFM 等人上访状告 TLP，YZY 等人上访状告 TYY，等等。

可见，派系上访已经超越了传统的血缘、地缘关系纽带，呈现出跨家族、跨地域的鲜明特征。跟血缘、地缘作用下降相反，业缘和趣缘等建构

---

① 田先红、杨华：《家族政治与农民集体行动的逻辑》，载周晓虹主编《中国研究》2013 年秋季卷，社会科学文献出版社 2014 年版。

性关系在派系上访中的作用显得更为突出。在 S 村，从事相同行业的、社会地位相当的或志同道合的村民更容易走到一起。比如，TGY 家庭经济条件一般，跟随他的主要是村庄中的中下层村民。TFM 自己是水电工，跟随他上访的村民也全都是做小工的。当然，最终将这些关系拧合在一起的还是利益关系，这是派系上访的最主要纽带。

（四）派系上访中的资源来源

在西方的社会运动中，专业化、资源动员是其主要特征。运动的资源主要来源于外部专门机构、基金的支持。资源动员能力成为考量运动精英的重要方面，也是攸关社会运动成败的重要因素。运动参与者的资源动员能力越强，社会运动成功的可能性越大，反之可能性则小。同时，影响个人参与社会运动的主要因素是个人掌握的资源状况。因为参与社会运动"不仅要花费某些产业生产者的时间，还要花费他们的金钱"[①]。

中国农民群体行动的资源来源与西方社会运动有较大差异。无论是在草根动员中，抑或是在家族集体上访中，其资源都主要来源于集体行动群体内部。按人头平摊或者自愿捐资是其主要方式。一般而言，农民都会积极参与其中。因为在大家都面临生存伦理压力的情况下，集体行动出现"搭便车"者的现象较少。况且，村庄社区规范也会将"搭便车"者边缘化。"那些不参加集资的人，在一个平均主义意识浓厚、没有陌生人存在、世代相处的村庄共同体中，将会面临巨大的压力"[②]。这在那些社区传统规范保留较为完整、社区整合能力较强的宗族性村庄中表现得尤为明显。若某位家族成员不愿意出资，那么他将会遭到其他家族成员的唾弃。

派系上访的资源来源既不同于西方社会运动，也与中国一般的抗争行动存有差异。派系上访的资源不是来自外部的专门机构或基金会，也不是参与上访者自己出资，而是由派系精英供给。派系精英往往都具有较强的经济实力，比如 S 村的 LWF、TYW 和 Z 村的 ZDR、XZG 等人都是村内顶级经济精英。派系上访所需耗费的资金对他们而言只可谓"九牛一毛"。

[①] [美] 曼瑟尔·奥尔森：《集体行动的逻辑》，陈郁等译，上海人民出版社 1995 年版，第 10 页。

[②] 应星：《草根动员与农民群体利益的表达机制——四个个案的比较研究》，《社会学研究》2007 年第 2 期。

派系上访的参与者不仅不需要付出资金，而且还可以获得派系精英提供的相对较为丰厚的报酬。稳定而充沛的资源支持给参与者们提供了动力，也为派系上访的持续奠定了物质基础。派系上访往往是"持久战"，若缺乏派系精英提供稳定的资源支持，派系上访很可能半途而废。

五 派系上访的特征

根据以上分析，我们可以归纳出派系上访的若干特征。

（一）派系上访的弱组织性

与西方社会运动的高度组织化、专业化不同，派系上访只是呈现出一定程度的组织性。派系精英在动员底层民众上访时都需要事先进行精心谋划、筹备和分工，包括制作上访信、标语口号、发动派系成员签名等。同时，派系上访的资源来源和动员网络都比较稳定。它也有相应的激励约束机制——派系精英为参与者提供报酬和利益分赃。所有这些，都体现出派系上访具有某种程度的组织化特征。甚至可以说，由于各个派系精英都掌握有较多的政治社会资源、具备较强的动员能力，且都是村庄政治斗争的行家，这使得派系上访的组织化和专业化程度都要高于草根动员。但是，派系上访的组织程度仍然是非常有限的。一般都是派系精英和上访骨干私下口头商量。况且，派系本身就是一种基于利益联盟基础上的非正式组织。它没有正式的组织名称、章程和机构等。所以，派系上访既不同于西方的专业化社会运动，也迥异于"以法抗争"。

（二）派系上访的求援特性

派系上访嵌入于派系竞争之中，成为派系竞争的一部分。上访成为村庄派系竞争的工具。信访制度被村庄各个派系工具化地利用。派系上访实际上是对立的派系互相援引国家力量展开利益争夺，各个派系都不断地将反对派的相关事由"问题化"，并寄望于国家权力介入，以打击反对派。这类似于各个家族通过集体上访借助国家权力来为本族伸张正义，也类似于家庭纠纷排解中势单力薄的弟兄向"父母"投诉强悍霸道的兄长。[①] 它是各个派系对国家权力的求援,具有较强的"求援型上访"[②] 特性。各个派系都希望能够得到国家(政府)的"父爱式"关怀。[③] 在根本上,它以民众对国家权力的认同和膺服为前提,而不是对国家权力的反抗。它也在一定程度上强化了国家权力对村庄社会的渗透和农民对既定政治秩序的认同。由此,派系政治通过派系上访得以与国家政治相联结。

(三)派系上访的非政治性

派系上访主要是针对村庄中的反对派,而不是针对某一级政权或国家权力。派系上访的目的在于争夺具体的利益,而不是抽象的权利诉求。一旦反对派被整垮,派系利益得到满足,那么派系上访也随之停止。尽管派系上访会给基层社会秩序带来威胁,甚至造成村级治理瘫痪,但它并不构成对国家政权的挑战,也不会成为尾大不掉的政治势力。国家也不必基于政治考量而对其实施打压。此外,各个派系精英在上级政府都有相应的庇护网络,即使派系上访参与者偶有过激行为,派系精英也可以通过庇护网络摆平。况且,在利益表达机制的制度化建设不断加强、国家政治文化日益开放及和谐社会建设不断推进的背景下,民众维权行动所遭遇的阻力已经大大减小。[④] 即使上访者偶尔采取某些过激行为,地方政府也不至于大动干戈。

当然,我们不排除出现这样的情况,即由于地方政府在应对派系上访时过于偏袒某一方(事实上经常如此),而导致派系上访者对地方政府的不满。这种不满可能会蔓延上升至对国家权力公正性的质疑,带来民众对国家政治信任的流失,最终诱发派系上访向政治性抗争的转化和升级。不过,出现这种情况的可能性极小。因为派系竞争和冲突的根源不在于某一

[①] 吴毅:《"权力—利益的结构之网"与农民群体性利益的表达困境》,《社会学研究》2007年第5期。

[②] 焦长权:《政权悬浮与市场失灵:一种农民上访行为的解释框架》,《开放时代》2010年第6期。

[③] [匈]雅诺什·科尔奈:《社会主义体制:共产主义政治经济学》,张安译,中央编译出版社2006年版。

[④] 吴毅:《"权力—利益的结构之网"与农民群体性利益的表达困境》,《社会学研究》2007年第5期。

级政府，而是源于村庄社会本身。且派系上访的宗旨就是整垮反对派，争夺特定的利益，而不是针对政府。这也是它与草根动员的本质差异所在。

总之，派系上访制度化的主要困境，不在于政治合法性问题，而在于派系目标追求的狭隘性（只以利益为旨归）。这决定了派系上访的政治高度十分有限。跟其他的农民抗争行动相比，派系上访是不是更容易制度化，或者说具有更大的制度化空间？因为它本质上是利益争夺，不会威胁到政府，也不具有政治诉求，只要政府在派系间主持正义。

（四）派系上访目标的人格化

派系上访的目标不是为了解决某件具体的事项，而是为了整垮某个特定的个人，进而打倒反对派。"对人不对事"是派系上访的鲜明特征。这与草根动员者在动员过程中进行理性控制并适时结束群体行动的特征存在差异。

（五）派系上访参与者的两面性

派系上访参与者大多出自底层，他们有着自己独特的利益追求，其行动目标不同于派系精英。但是，他们作为派系的一员，也必须顾及派系利益。否则，他们自身利益将无法得到更好地实现，甚至将面临派系精英的制裁。所以，派系上访参与者既不会只顾个人私利，也不可能完全将自己奉献给派系。

六　结论与讨论

以上基于村庄社会结构的视野，从派系政治的角度对农民上访行为特征和组织机制展开了剖析。在学理层面，基于村庄派系政治的视角理解农民上访行为逻辑，有利于进一步拓展农民抗争问题的研究视野。在政策层面，这一研究视角有助于决策部门更为清晰地认识农民上访行为的深层根源。

我们的分析表明，派系上访在组织性、政治性、诉求目标、资源来源等方面与西方社会运动和一般的农民抗争行动存在差异。尽管派系上访在组织程度、行为的烈度、持续时间、资源的稳定性等方面要高于一般的农民抗争行动，但它仍然距离"有组织抗争"甚远。派系本身就是一种基于利益联盟基础上的非正式组织。它没有正式的组织名称、章程和机构等等。它的组织化程度非常有限。

此外，本章研究还表明，"为权利而斗争"并不是农民上访行为的全部，"为利益而斗争"贯穿于农民派系上访行动的始终，甚至"为利益而斗争"是派系上访的本质。派系上访的目的在于争夺具体的利益，而不是抽象的权利诉求，派系目标追求的狭隘性（只以利益为旨归）决定了派系上访的政治性十分有限。派系上访主要是针对村庄中的反对派，而不是针对某一级政权或国家权力。一旦反对派被整垮，派系利益得到满足，派系上访也随之停止。尽管派系上访会给基层社会秩序带来威胁，甚至造成村级治理瘫痪，但它并不会成为尾大不掉的政治势力。尽管他们常常援引民主、权利之类的政治大词来强化自己行动的正当性与合法性，但他们并没有将自己行动的目标定位在实现这些政治大词之上。

国家的本意是通过村民自治制度来发展基层民主，为基层实现善治提供制度支撑。但是，在实践中，村民自治制度却被派系竞争者所利用。这种派系竞争并非良性的民主政治行为，而是恶性的权力斗争。特别是当贿选等不良行为被引入村两委换届选举当中时，更是极大地歪曲了国家实施村民自治制度的初衷。如此，国家制定的规则被派系竞争者所利用和改造。

同时，派系上访容易给村庄治理带来一些负面影响。在派系上访中，各个派系都是利用信访来打击对方。这虽然在一定程度上有利于加强对村治精英的监督，形成某种权力制衡，但是同时也容易导致村内权力争夺不断，严重者甚至导致村政瘫痪，村庄治理成本大幅增加。原本用以保障弱势群体权益的国家信访制度被卷入村庄政治之中，国家治理资源被大量耗费。此外，加入派系上访的底层民众虽然表现出一定的政治参与热情，但是这种参与行为与理想意义上的政治参与距离甚远。派系上访的泛滥不仅没能在村内构建一种理性、协商的对话平台，反而使得村庄政治的公共性进一步缺失。国家试图通过村民自治制度实现基层善治的愿望难以得到很好地实现。

因此，必须对村庄派系上访加以恰当引导，培养村民理性协商的竞争精神，建构良性健康的公民文化，重塑村庄政治的公共性。当然，在沿海发达地区，由于村庄利益高度密集，村内围绕巨额利益而展开的权力争夺异常激烈，要完全遏制派系竞争和派系上访具有极大难度。但国家仍可以通过完善基层公共资源分配机制、健全村级民主制度来缓解派系上访的负面影响。

下 篇

国家：嵌入农村社会

第四章 国家、土地与农民

进入21世纪以来,珠三角地区因征地历史遗留问题而导致的农民集体抗争事件一直处于高发态势。表面上看,不少征地案件都存在程序不规范、补偿标准低、补偿资金不到位、乡村干部贪污腐败等问题,但若深入这些案件的背后,我们可以发现这些征地集体抗争事件的产生有着更为复杂的结构和机制。跟一般意义上的农民反抗政府侵权行为不同,珠三角地区的农民集体抗争行动表现出鲜明的利益博弈特性。而且,这些农民集体抗争往往跟村庄内的宗族和土地股份制安排等"结构—制度"类因素耦合在一起。因此,仔细解剖这些农民集体抗争案件,将不仅有利于厘清其内在机制,而且对于我们从学理上深化理解农民抗争行为、创新农民抗争研究的理论视角具有重要意义。

一 利益政治分析框架的提出

自20世纪90年代以来,国内外对中国农民上访问题展开了深入的研究,涌现出了大量的研究成果。相关研究大多援用了西方抗争政治研究以及詹姆斯·斯科特(James Scott)底层反抗研究的理论资源。[1] 这些研究往往秉持"政府侵权—农民抗争"的理论预设。研究者们为学界所呈现的往往是这样一幅景象:掌握强大权力且常常侵害农民权益的地方政府与居于底层的、弱势的农民。这样的景象与现实有部分吻合之处,但如果将所有

---

[1] 肖唐镖:《当代中国的"维稳政治":沿革与特点——以抗争政治中的政府回应为视角》,《学海》2015年第1期;于建嵘:《当前农民维权活动的一个解释框架》,《社会学研究》2004年第2期;应星:《气与抗争政治》,社会科学文献出版社2011年版。

的农民抗争行为都统统归为底层的、弱者的反抗,也不可避免地会带来对社会现实的片面化呈现。

在有关失地农民抗争的研究中,研究者也大多是秉持"政府侵权—农民抗争"的预设。[①] 他们往往倾向于将农民抗争行为简单化为权益保护行为。的确,现实中确实存在不少由于政府在征地过程中侵权而导致的农民抗争行为。因此,"政府侵权—农民抗争"的理论预设在一定程度上反映了现实。但若以这一预设来理解一切农民抗争行为,则往往容易掩盖或忽视农民抗争的深层逻辑和机制。

实际上,农民也是分化的。特别是改革开放以来,伴随市场经济和城市化的深入,农村社会分化呈不断扩大趋势。这已为诸多研究所揭示。[②] 学界也开始有人关注农村阶层分化对农民上访行为的影响。[③] 此外,还有不少研究者发现,农村社会中不少征地拆迁类抗争案件并非由政府侵权所引发或者起码跟政府并无直接关系,而是由于宗族房头斗争和不同派系竞争所导致。[④] 上述事实告诉我们,农民内部分化会对农民抗争产生重要影响。农民并不总是呈现一副弱者的形象。在农民当中,有强者,也有弱者。如果我们将农民视为铁板一块的整体,将难以进一步认识和理解农民,也无法深入理解农民抗争。

农民分化不断加剧的事实提醒我们,对于农民及其抗争行为要具体问题具体分析,而不宜一概而论。如果我们仍然以先入为主之见来观照农民抗争,一律将其视为底层的、弱者的反抗,很可能会遮蔽我们的研究视野。实际上,在当下中国农村社会,不少农民抗争行为并非纯粹是甚至并不是所谓居于底层的弱者的反抗,而是具有更强的利益博弈的色彩。[⑤] 与其将某些农民上访行为视为"抗争政治",毋宁视之为"利益博弈—非抗

---

① 赵德余:《土地征用过程中农民、地方政府与国家的关系互动》,《社会学研究》2009年第2期。
② 陆学艺:《当代中国社会阶层研究报告》,社会科学文献出版社2002年版;杨华:《农村阶层关系研究》,华中科技大学出版社2017年版。
③ 田先红:《阶层政治与农民上访的逻辑》,《政治学研究》2015年第6期。
④ 孙琼欢:《派系竞争》,中国社会科学出版社2012年版。
⑤ 贺雪峰:《区域中国》,社会科学文献出版社2018年版。

争政治"①。

基于此，本书在反思抗争政治研究框架的基础上，提出利益政治的分析框架。所谓利益政治，是指人们围绕利益分配而展开的一系列博弈行为过程。按照政治学有关"政治"的定义，所谓政治是指"在特定社会经济关系及其所表现的利益关系基础上，社会成员通过社会公共权力确认和保障其权利并实现其利益的一种社会关系"②。政治的本质内容之一就是利益分配。③ 那么，"利益政治"与"政治"概念本身是否有重合之处？我们注意到，学界之前也有使用"利益政治"概念的先例。④ 在本书中，所谓利益政治，是指各行动主体围绕利益分配而展开的一系列博弈行为和过程。笔者在此使用利益政治这一概念，主要是凸显农民抗争行为的"利益"指向，从而与经典的"抗争政治"分析框架凸显农民"反抗"指向形成对照。具体而言，利益政治的分析框架与抗争政治的分析框架具有以下不同之处。

首先，理论预设不同。如前所述，抗争政治分析框架主要以"政府侵权—农民反抗"作为预设。在这一分析框架中，农民之所以抗争，就是因为政府侵犯农民权益所致。正是因为农民的权益受到政府侵犯，因此，农民起而反抗政府便是理所当然之事。而利益政治的分析框架则主张，农民抗争行为并不一定是由于政府侵权所致，而是一种发生在农民、政府等不同利益主体之间的利益博弈行为。在这一过程中，农民抗争并不必然伴随着政府的明显侵权行为，甚至与政府并无直接关联。而且，农民抗争并不一定意味着他们要挑战政府，而很可能是以对政府的认同和对权威的服从为前提。恰如裴宜理指出的那样，"把权利看成是由政府权威认可的增强民族团结繁荣的渠道，而不是天然赋予的保护以对抗政府的入侵——在这样的语境中，大众对于政治权利的实践要求也许更应被看作对政府权力的

---

① 虽有研究者提出了"利益博弈—非抗争政治"的概念，但并没有将其进一步操作化和应用。参见陈锋《从抗争政治、底层政治到非抗争政治》，《南京农业大学学报》（社会科学版）2014年第1期。

② 王浦劬等著：《政治学基础》（第三版），北京大学出版社2014年版，第9页。

③ 王浦劬认为，政治的本质内容应包括利益、政治权力和政治权利这三种基本关系。参见王浦劬等著《政治学基础》（第三版），北京大学出版社2014年版，第10页。

④ 景跃进：《演化中的利益协调机制：挑战与前景》，《江苏行政学院学报》2011年第4期。

认可而非挑战"。[①]

其次，行动主体关系不同。在抗争政治分析框架中，农民的抗争行为是发生于两个不平等的行动主体之间，即一方是掌握了绝对权力、居于绝对优势地位的政府，另一方是居于弱势地位、毫无权力的农民。与抗争政治框架建构的行动主体关系不同，利益政治的分析框架更倾向于将政府与农民视为两个相对平等的利益博弈主体。按照一般的理论预设，国家（政府）总是高于社会（民众）的，二者并非对等关系。且在现实中，国家（政府）掌握的资源远非社会（民众）所能比肩。国家还拥有绝对的暴力优势。如果将政府与农民视为相对平等的利益博弈主体，那么可能有违"常理"。笔者承认，从绝对意义上讲，政府确实掌控着远非民众所能抗衡的权力，但是，这并不意味着政府可以为所欲为，民众只能任由政府宰割。实际上，现代国家建设的过程就是国家与社会走向协商和对话的过程，也是二者逐渐趋向平等的过程（尽管不可能达到完全平等）。这已为众多学者所讨论。国家并非绝对强大，国家甚至可能被社会俘获，从而丧失自主性。[②]

最后，诉求内容不同。根据抗争政治的分析框架，农民之所以抗争，是因为他们要维护和追求权利，尤其是民主权利。这一分析框架很容易对农民在抗争过程中所采用的话语和方式进行政治化地解读，从而高估农民抗争行为的政治属性。比如，一些学者认为农民抗争表明他们民主权利意识的觉醒，这为中国农村民主政治发展提供了重要基础。[③] 而利益政治的分析框架则强调，农民抗争诉求的主要目标并不在于抽象的民主权利，而是具体的、实在的利益。利益而非权利（政治）构成了农民抗争的本质属性。诚如裴宜理所言："中国的'公民'一词——就字面而言是'公共性的个人'——隐含的意义是政治共同体中集体性的成员资格，而非一种相

[①] 裴宜理：《中国人的权利概念（下）——从孟子到毛泽东至现在》，《国外理论动态》2008年第3期。

[②] 乔尔·米格代尔：《社会中的国家》，李杨、郭一聪译，江苏人民出版社2013年版，第269页。

[③] O'Brien Kevin J. Rightful Resistance. *World Politics*，Vol. 49，1996（01）；李连江、欧博文：《当代中国农民的依法抗争》，载吴毅主编《乡村中国评论》，山东人民出版社2008年版。

第四章　国家、土地与农民

对于国家而言对个人的、不可剥夺的权利的诉求。"[1] 裴宜理的阐述比较符合中国农民抗争的现实。大量的调查研究都显示，中国农民抗争行动主要以解决实际问题为旨归。[2] 一旦其诉求的实际问题被解决，农民抗争行动一般会终止。

概言之，利益政治分析框架强调，抗争行动是发生于抗争者、村庄、政府等不同行动主体之间的利益博弈行为，它将各个行动主体放置于相对平等的地位中予以考察。

具体到中国而言，以往学界常常援用"全能主义""集权体制""威权政体"等概念来凸显中国国家权力的强大，民众似乎根本无法跟政府谈判和博弈。但实际上，中国国家体制中内嵌着一套在国家与社会之间进行权力平衡的机制。信访制度就扮演着这样的角色。国家通过信访制度为民众提供利益诉求渠道，从而监督和制约地方政府。特别是近十余年来，国家越来越强调服务型政府建设和协商民主建设。在各类重大公共决策过程中，民众的参与作用越来越大。与之同时，维稳政治被国家高度强调，也在客观上督促地方政府更加重视民众的利益诉求，促使政府与民众之间关系朝着更为平等的方向演变。据不少研究者调查，近年来各地缕现一些民众通过上访、闹大等方式来要挟地方政府谋求利益的案例。[3] 这也进一步表明，认识和理解农民抗争行为需要引入新思维。一味将农民抗争行为视为底层的弱者反抗，可能会忽略更为复杂的经验现实。因此，本章提出利益政治的分析框架，不仅源于理论创新的驱动，而且具备较强的现实经验支撑。

在征地过程中，主要存在政府（国家）、村庄与农民这三大行动主体，本章将通过探讨政府、村庄与农民之间互动关系，来揭示这三者围绕地利

---

[1] 裴宜理：《中国人的权利概念（下）——从孟子到毛泽东至现在》，《国外理论动态》2008年第3期。

[2] 王德福：《政策激励型表达：当前农村群体性事件的一种新类型》，《探索》2011年第5期；李祖佩：《农民上访：类型划分、理论检视与化解路径》，《中州学刊》2012年第5期；袁明宝：《论消极治理与农民上访》，载杜志淳主编《中国社会公共安全研究报告》第2辑，中央编译出版社2013年版，第39—51页。

[3] 田先红：《从维权到谋利：农民上访行为逻辑变迁的一个解释框架》，《开放时代》2010年第6期；韩志明：《闹大现象的生产逻辑、社会效应和制度情境》，《理论与改革》2010年第1期；陶郁、侯麟科、刘明兴：《顶层设计、干部权威与越轨抗争》，《公共管理学报》2017年第3期。

分配而展开的博弈过程。

在下文中,我们将以珠三角地区因征地历史遗留问题而导致的农民集体抗争事件为对象,来阐释这一分析框架的具体路径和实证基础。在理论层面,本章将有利于拓展学界有关农民抗争行为的研究视野,提供新的分析思路;在经验层面,本章将深入揭示珠三角地区因征地历史遗留问题而引发的农民集体抗争行为的发生机制。本章将揭示出,在本质上,珠三角地区因征地历史遗留问题而产生的农民集体抗争并非经典意义上的弱者的反抗,而是农民和村集体与政府围绕土地增值收益分配而展开的一种利益博弈。

二 土地股份制与村集体地利分配

改革开放后,珠三角地区的工业经济渐渐起飞。自20世纪80年代始,乡村集体企业得到快速发展。同时,大量的"三来一补"、外资企业的涌入,为村庄集体经济的发展壮大提供了契机。分散的个体农户经营无法对接大规模涌入的外资,必须依靠村集体(或者政府)整合土地资源来与外资企业对接。而且,伴随非农就业机会的增多,许多农民不愿意再耕种土地。他们选择将土地上交给村组集体经营。

(一) 土地股份制的缘起

已有资料显示,深圳万丰村最早实行土地股份制。随后,南海引入土地股份制,并形成具有较大影响的"南海模式"。南海具有发展集体经济的历史传统。人民公社解体后,南海在生产大队和生产队基础上建立了经济联社和经济社。1992年,广东南海的下柏村率先实行土地股份制。[①] 农民并不是无偿地将土地交付给村集体,而是以土地入股的方式交由村集体经营。村集体获得农民的土地,同时担负着为农民提供社会福利保障和分红的义务。此后,南海模式渐渐在珠三角地区推广。2003年,珠三角地区

[①] 关于南海土地股份制的兴起和变迁过程的详细描述,可参见刘宪法《"南海模式"的形成、演变与结局》,载张曙光主编《中国制度变迁的案例研究》(土地卷)第八集,中国财政经济出版社2011年版。

已经普遍实行了土地股份制,且土地股权被固化,即"生不增、死不减"。通过土地股份制的实施,许多村集体都逐渐完成了土地集中的工作。村集体将集中的土地用于直接出租或者建设厂房等物业之后再出租。村集体经济得以不断发展壮大。

(二) 农民地权意识的强化

学界不少研究者对土地股份制给予了高度评价。他们认为土地股份制是让农民参与工业化和城市化、分享土地增值收益的有效制度安排,有利于避免现行征地制度对农民土地权益的剥夺。[①] 2017年中央一号文件提出"鼓励地方开展资源变资产、资金变股金、农民变股东等改革,增强集体经济发展活力和实力"。尽管国家没有明确鼓励各地的土地股份制改革,但实际上已经为这一政策开了口子。

客观而言,土地股份制确实有利于农民分享工业化和城市化所带来的土地增值收益。根据该项制度安排,土地实际上成为农民的财产,农民通过土地入股获得财产性收入。土地股份制强化了农民与土地非农使用所产生的增值收益(以及预期增值收益)之间的联系。[②] 在经济收益的刺激下,农民的地权意识(或者土地财产意识)显著增强。根据国家土地制度安排,农村土地属于集体所有。但是土地股份制却使土地从公有制变成带占有性质的财产权。[③] 农民通过土地占有特权获得地租增值收益。土地股份制将土地经营权收归村集体,但它不是弱化而是强化了个体财产意识。在此情况下,村庄实际上实现了市场经济条件下的再封建化。村庄成为获得既得利益的"土围子"。

(三) 村干部承受的压力

根据集体经济权力分配方式不同,珠三角地区的村庄可以分为两大类:一类是具有二级经济的村庄,即行政村和村民小组都各自掌握着集体经济权力,比如行政村和村民小组都是经济社(或经济联社),有法人代

[①] 蒋省三、刘守英:《土地资本化与农村工业化》,《管理世界》2003年第11期。
[②] 贺雪峰:《农村集体产权制度改革与乌坎事件的教训》,《行政论坛》2017年第3期。
[③] 桂华:《从经营制度向财产制度异化——集体农地制度改革的回顾、反思与展望》,《政治经济学评论》2016年第5期。

表权，拥有自己的物业；一类是只有一级经济的村庄，其集体经济权力要么被行政村掌控，要么被村民小组掌控（行政村没有集体经济，就只能靠从各村民小组抽取一部分资金维持运转。这类村庄一般由合村并组形成）。

在集体主义经济下，村庄实际上是一个福利组织。它不仅担负着村内基础设施建设的义务，而且承担着给村民提供社会保障的功能。[①] 与传统时期的宗族组织类似，村民与村集体之间也形成了一定的依附——庇护关系。珠三角的许多村庄（或村民小组）都给村民购买养老保险和医疗保险。除去村干部工资、日常运转支出、社保支出和提取发展资金（如果具备条件的话），村庄每年剩余的经费可以给村民分红。社保的享受和分红的高低取决于村庄集体经济实力。

由于村庄集体承担着村民的社会福利保障功能，村民对村干部工资的评价就主要取决于村干部能否提高村民社会福利水平。因此，村庄社会竞争压力更多地传导到村组集体。村民要求集体承担更多的社会保障功能，提升村民福利水平。有学者指出，土地股份制存在农民股权收益水平低、股份经济收入渠道单一等问题。[②] 实际上，尽管股权收益在一些农民总体收入中所占比重不高，但只要存在股份分红收益，那么农民就会产生收益增值的预期。在股权收益不平衡的情况下，农民也会产生攀比的心理。而且，近十多年来，伴随土地增值速度大幅度提高，农民的股权收益也快速上升。有的村庄每股分红水平已经高达十几万元。一些农民即使不劳动，仅靠分红也能过上体面的生活。尤其是当大量经济精英流出村庄，留守村庄的多为中下层村民时，他们对村集体的福利期望值更高（或者更依赖于村庄集体提供社会福利）。可见，对于农民而言，股权收益并非微不足道。村民福利高度依赖于村庄集体经济。

村干部背负着极大的发展集体经济的压力。他们必须确保村集体收入稳定增长，以增加村民的福利。社会福利具有很强的刚性。福利只能有不能无，只能高不能低。用村干部的话语来表达就是"宁可不吃饭，也要给

[①] 周其仁：《产权与制度变迁：中国改革的经验研究》，北京大学出版社2004年版，第102—103页；蒋省三、刘守英：《土地资本化与农村工业化》，《管理世界》2003年第11期。

[②] 刘愿：《农民从土地股份制得到什么——以南海农村股份经济为例》，《管理世界》2008年第1期。

村民买社保"①。而且，福利还会形成攀比效应。农民希望本村能够拥有比其他村庄更高的福利。如果村干部在任期间村民福利受损，那么村民将会对村干部不满。下一次村庄换届选举时，这些村干部很可能落选。

在笔者调研的某镇 H 村，村内 4 个村民小组的分红水平存在较大差距。各小组相互攀比，给小组干部施加很大压力。比如，下塘小组和花涌小组每年每股分红数额分别为 1000 元和 3300 元，村民认为小组分红低、支出大，且村务财务不公开，对小组干部意见很大。他们还认为村里之前的土地卖得便宜，因此数次上访要求将已经卖出的土地收回。这些小组的小组长竞选竞争也比较激烈，且组长更换比较频繁。2017 年换届选举时，下塘小组的组长共选举 3 次方才产生。且组长竞选候选人的胜负只有 2 票之差。"小组长更换的频率特别高，小组长好的最多两届，一般一届，经济搞得好，让你再搞一届。"②流冲和塘尾两个小组以前每股的分红数额分别为 5600 元和 4300 元。2016 年这两个小组再次提高分红水平，得到小组村民支持，组长威信高，小组长竞选竞争不激烈，且组长获得连任。

可见，能否满足村民的股权收益预期已经成为村组干部能否获得稳定任期的重要条件。这样的要求从两个方面形塑了村干部的行为模式：其一，村干部决策时谨小慎微，缺乏冒险精神。决定了村干部首先需要确保村集体收入稳定。他们一般不敢冒险投资新项目，特别是那些有较大风险的经营性项目。村庄主要将重点放在出租物业上面，因为这种收益方式相对比较稳定；其二，村干部需要努力保护村庄现有的土地资源，尽力避免土地被政府征用，即使被征用时也要求政府返还尽可能多的土地。同时，村庄也可以通过抗争等方式要求将之前已经卖出的土地收回，以扩大村庄所掌握的土地资源规模。比如在乌坎事件中，该村村民抗争的主要诉求之一就是收回已经卖出的土地。

对于那些经济条件相对较差的村庄或村民小组，村组干部背负的压力则更大。他们必须想方设法增加村组集体收入，确保增加村民福利，或者至少保持原有水平。例如，在我们调研的 Z 村山钱一组和山钱二组，目前这两个小组已经无法为村民购买医保（社保费用每年都在增长，小组无力

---

① 访谈笔记，2017-07-11，YJQ。
② 访谈笔记，2017-07-17，FMM。

承担)。该村的竹边塘村民小组共有村民约200人,每年小组集体收入为30万元。除去小组长等人的工资和日常运转支出,每年每位村民分得口粮钱为300元。该小组为了增加集体收入,甚至将组里的宗祠都出租给他人做厂房。在我们调研的H村,该村治保主任方某说:"最麻烦就是征地征到上面有物业的,影响到村集体和个人的经营。你村集体要给村民买社保、医保,社保、医保的费用一直都在上涨,如果村里的经济没有增长,以后就很难搞。"①

概言之,土地股份制的实施强化了农民的土地财产权意识,凸显了村庄的利益团体("土围子")性质。伴随土地价值的升高,农民具有越来越强的分享土地增值收益的冲动。这意味着政府需要在土地利益分配上面作出相应的调整和让步。

三 地利分配失衡与农民上访的兴起

珠三角村庄集体经济实质上是一种地租经济。"村集体以出租物业或土地的方式,获取土地增值收益,分享工业化和城市化的成果,是珠三角地区最具代表性的集体土地进入市场的形式。"② 村庄集体收入主要来源于物业出租(包括厂房、商铺、宗祠等)和土地出租(包括建设用地和鱼塘等)。村民的社会福利依赖于村庄的地租分配收益。一般而言,地租收入越高的村庄,村民享受的社会福利越优厚。反之则反是。

(一)地利分配的失衡

正由于村庄集体收入主要来源于地租,因此土地对于村庄而言显得格外重要。那些土地资源丰富、区位优势突出的村庄,集体收入往往更高。而土地资源匮乏、区位优势较差的村庄,集体经济往往较为困难。这导致地利分配的失衡。失衡不仅表现在村际之间,而且体现在村庄内部。

首先,村际之间的失衡。不同行政村集体经济实力存在较大差异。在

---

① 访谈笔记,2017-07-17,FMM。
② 刘宪法:《"南海模式"的形成、演变与结局》,载张曙光主编《中国制度变迁的案例研究》(土地卷)第八集,中国财政经济出版社2011年版。

某镇，集体经济条件较好的村庄主要有 L 村、N 村等。其中，L 村集体近年来的年收入达 9000 万元。该村曾经花费 1000 万元修建宗族祠堂。村里还建有豪华的办公楼、体育馆、休闲广场等公共设施。N 村集体的年收入达 5300 万元。除各村民小组分红外，村集体每年给村民分红 3600 元/股以上。而 Z 村、山龙村等村集体则较穷。Z 村自 20 世纪 80 年代以来陆陆续续被政府征用 3000 多亩土地。土地基本被征用完毕。村集体无物业和土地出租，主要依靠从各个村民小组抽取办公经费维持运转。村集体甚至连办公楼都无力建设。村干部都是在租用村民废弃的厂房改建而成的办公室里办公。村集体也没有大的会议室。村里较大规模的会议（如村民代表会议或村民大会）都是在露天搭建而成的雨棚下面举行。其余公共设施建设更是无从谈起。

据了解，某镇的经济发展水平在中山市位居中游，村集体经济实力无法跟 M 镇、G 镇等经济发达镇区的村庄相媲美。在 M 镇、G 镇等地，一些村集体经济实力更强，村庄公共品供给更为充分，农民获得股份分红收入也更高。镇域经济发展不平衡导致土地价值的高低不等，进而带来村庄集体经济实力的不平衡，最终导致地利分配的不平等。

其次，村庄内部的失衡。以某镇 Z 村为例，该村的集体经济权力由各村民小组掌控，行政村无集体经济。该村的山厚村民小组（原属于行政村）2016 年物业出租等各项收入合计 1900 万元，而其他 7 个村民小组每年集体收入只有 30 万至 180 万不等。山厚村民小组除了给村民购买养老保险和医疗保险之外，年终还给每位股东分红 3000 多元。其他村民小组则只具备给村民购买养老保险和医疗保险的能力。有的村民小组年终可以给村民分配少量的口粮钱，有的村民小组甚至无力给村民购买医疗保险。村内巨大的贫富差距不可避免地诱发村民的不满。

造成各村集体和村庄内部经济贫富差距巨大的原因，除了区位差异、发展机遇、村干部能力等因素外，一个至关重要的因素就是土地资源多寡。而这又跟 20 世纪八九十年代的征地问题有关。在 20 世纪八九十年代，地方政府为了发展经济、建设公共设施，从一些村庄先行征用土地（有的属于预征）。比如前述 Z 村、山龙村都属于征地较多的村庄。当时外资尚未大规模涌入，经济发展水平较低，土地价值尚未凸显，再加上还需要缴纳农业税费，因此农民普遍对土地并不重视。他们也未意识到土地会变得如此珍贵。而且，那时的征地程序和要求远不如现在严苛。在此情况下，地方政府相对较为轻易地从一些村庄征用了大量土地。待日后经济快速发展、土地迅速增值时，这些村庄的村民只能后悔当初"贱卖"了土地。他们村庄也丧失了利用土地发展集体经济的基础和机遇。村集体变得越来越穷。

相反，那些尚未被大规模征地的村庄或者村集体拥有较多提留地的村庄，则拥有"后发优势"。这些村庄乘机大力发展集体经济。村集体变得日益富裕。

而且，村庄贫富差距还容易形成"马太效应"。那些经济条件较好的村集体拥有更强的融资和投资能力，可以发展更多的优质物业，从而积聚起更多的财富。而那些原本就经济条件较差的村集体，则越发丧失发展机会，日益跌入贫困的深渊。

（二）农民集体抗争的兴起

伴随地利分配失衡的加剧，原先被征地较多的村庄的村民渐渐产生不满。尤其是随着地价大幅度上涨，利益高度密集，村民的权利和抗争意识进一步强化。他们开始埋怨村干部早期"贱卖"土地，要求收回原先被"低价"征用的土地。

自20世纪90年代末始，珠三角地区因为征地历史遗留问题而导致的农民抗争事件大幅度增加，并呈持续高发态势。这从1994—2014年广东省国土资源厅受理的涉土信访数据统计情况便可窥见一斑（见图4-1和图4-2）。[1]

从统计数据可以推测，1995年是广东省国土资源厅受理信访数量发生重大变化的分水岭。根据1995年《广东地政地产年鉴》记载，1985—1995年间，广东省国土资源厅累计接受群众来信7560件，接待来访1763批，信访总量为9323件（批），年均信访量为932.3件（批）。1995年，信访量呈现明显增高趋势。当年广东省国土厅共接受群众来信879件，来访329批，来信、来访分别比1994年增长40%和133%。自1995年之后，

---

[1] 虽然广东省与珠三角的地域范围并不重合，但考虑到珠三角地区是广东省经济发展的重心所在，且从统计数据来看，珠三角地区的广州、佛山、中山、东莞等地的涉土信访量在广东全省位居前列，因此，广东省的涉土信访走势与珠三角地区基本吻合。

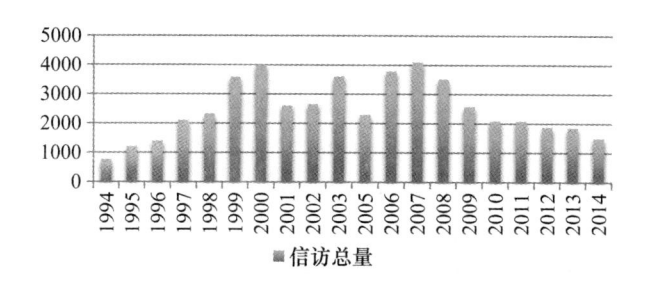

图 4-1 广东省国土资源厅历年信访总量变动趋势

注：此图根据 1995—2014 年《广东国土资源年鉴》中的统计数据绘制而成。其中，2004 年数据缺失。

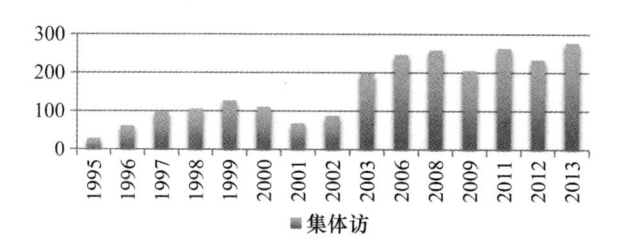

图 4-2 广东省国土资源厅历年集体访变动趋势

注：此图根据 1995—2014 年《广东国土资源年鉴》中的统计数据绘制而成。其中，2004 年、2005 年、2007 年、2010 年和 2014 年数据缺失，但并不影响我们对集体访总体走势的判断。

信访总量一路走高，2000 年时达到一个峰值。此后的近 10 年间，尽管信访总量呈现波动，但始终维持在高位运行态势。迄至 2010 年，信访总量才开始明显下降，但仍然多年徘徊在 2000 件（批）左右。

尤其值得注意的是，进入 21 世纪以来，广东省涉土集体上访的数量大幅度增长且一直维持在高位态势至今。而且，在近年来信访总量呈下降趋势的情况下，集体上访的数量却不降反升（见图 4-2）。这从一个侧面说明珠三角地区因土地利益分配而引发的农民集体抗争形势仍然较为严峻。

2011 年底发生于广东汕尾市的乌坎事件，其主要诱因即在于土地增值的分配问题。在 20 世纪 80 年代，乌坎村所在地土地价值不高，大部分村民对土地也不在意。后来,随着经济发展加快和土地迅速增值,村民渐渐意识到土地的重要性。再加上村庄福利水平长期较为滞后,引发村民极度不满(还有部分外出村民眼见其他地方村庄分红较高,心理落差巨大)。最终,一些积极分子借用家族争斗之机发起集体抗争,强烈要求收回被村两委出让和出租的土地。乌坎村民的集体抗争获得了一定程度的胜利。广东省政府工作组随后陆续给乌坎村民收回被征出让土地数千亩。[①]

乌坎事件发生之后的一两年内,珠三角地区因为征地历史遗留问题诱发的大规模农民集体抗争事件呈现集中高发态势。其中,仅B市就发生了至少3起具有较大社会影响、引起媒体广泛关注的征地历史遗留问题抗议事件。代表性的例如G镇州海村民集体抗议事件、T镇一永村村民集体上访事件和E镇隆义村村民集体冲击工业园事件等。其中,T镇一永村的征地集体上访事件还被中央电视台《东方时空》和《24小时》栏目报道。

珠三角地区农民集体抗争事件频发,可能跟乌坎事件的示范效应有关。农民受到乌坎村民集体抗争取得成功的触动。但更基础性的原因在于土地增值迅速,农民要求村集体提高福利水平,重新分配地利,与政府争夺土地发展权。

值得一提的是,不仅穷村的村民起而抗争,而且富裕村庄的村民也不断抗争要求分享更多的土地增值收益。甚至大量的农民集体抗争都发生在那些经济条件较好的村庄。这些村庄具有较好的区位和稳固的工业基础等优势,土地增值迅速,很容易诱发人们围绕土地收益分配而展开的抗争行动。某镇党委书记WWG曾说:"吵起来的都是富人,不是穷人。他们(指闹事者)是这么想的:原来这么便宜卖土地,现在是几百万元一亩,心里当然不平衡。真正的穷的农民是没有吵的,有钱来吵的是富人,穷的吵你是没有用的。有的去北京的、省里的,是有钱的,穷的根本还没去。"[②] WWG书记的话语并不一定完全符合现实,但从一个侧面彰显出因征地历史遗留问题而诱发的农民集体抗争的复杂性。那些富裕村庄的村民眼见土地价值如此高昂,更容易产生土地权利与(预期)土地增值收益之间的联想,从而更有动力参与集体抗争夺取土地发展权。

---

① http://www.guancha.cn/FaZhi/2016_09_12_374190.shtml.
② 访谈笔记,2017-07-20,WWG。

综上所述，珠三角地区因征地而诱发的农民集体抗争有其独特的"结构—制度"背景。在土地股份制条件下，由于历史、区位等因素导致农村地利分配失衡，农民贫富差距加大，激起农民抗争要求重新分配地利。伴随城市化、工业化的快速推进，土地价值越大幅度攀升，农民要求重新分配地利的冲动便越强烈。

四 农民上访的路径与策略

为了更好的争夺土地发展权，分享更高的土地增值收益，珠三角地区的农民在集体抗争中采取了各种斗争策略。

（一）抗争的动员：以宗族为基础

珠三角地区村庄普遍拥有较为深厚的宗族传统。一个行政村或者村民小组往往就是一个宗族或者房支（也可能夹杂着少量的杂姓）。因此，农民的集体抗争常常与宗族组织耦合在一起。

一方面，宗族为农民集体抗争提供了强有力的组织依托。[1] 虽然遭受长期的现代化、市场化侵蚀之后，宗族的传统及其行动力已经大为弱化。但相对而言，珠三角地区的宗族传统仍然保留得较为完好。而且，伴随工业化、城市化的加速，迅速增值的土地收益进一步激活了宗族的行动能力，强化了宗族作为一个利益集团的特性。在集体抗争时，农民可以利用宗族内的血缘关系开展动员，并能够有效地克服"搭便车"问题。特别是在那些单一宗族主导的村庄，村庄的集体行动能力更强。

另一方面，村庄内的宗族之间围绕权力而展开的竞争（有的村庄由多个不同姓氏宗族构成，有的是同一宗族内部不同房支之间竞争）常常诉诸征地历史遗留问题。当村组集体福利受损（或相对受损）时，村干部的权威将遭到村民质疑。村民将会抗议村干部。村民的普遍不满将为村庄内部有利益冲突的宗族、派性提供可乘之机。一些有志于登上村政舞台的村民

---

[1] 田先红、杨华：《家族政治与农民集体行动的逻辑》，载周晓虹主编《中国研究》2013年秋季卷，社会科学文献出版社2014年版。

恰好利用村民要求收回土地、增加福利的契机，向在任村干部发起挑战，揭发他们在征地、财务等方面存在的各种问题。[①] 这使得村庄内部各宗族、派性之间的斗争日趋激烈。各派围绕村政领导权展开角逐。我们从许多农民集体抗争事件中都可以窥见宗族和派性斗争的影子。这在那些多宗族村庄或者宗族内部分裂为多个房支的村庄表现得尤为明显。

（二）抗争的目标：重新分配地利

农民集体抗争要求重新分配地利，从而与地方政府争夺土地发展权。他们一般是要求政府归还以前低价征用的土地，或者给村庄提供更多的提留地和用地指标。如果无法收回土地，那么村民就会要求政府为村民福利兜底，以弥补失去土地发展权给他们带来的损失。例如，某镇Z村山钱二组之前曾经给某华侨赠送10亩地建宾馆，但后来被政府卖掉。该小组的村民去政府上访。他们以这个事情为由要求政府每年给村民小组提供资金救助，以填补购买社保所造成的资金缺口。在村民看来，小组集体经济之所以困难，就是因为土地被政府征用。如今，政府必须为他们的福利埋单。

农民争夺土地发展权的抗争将会形成示范效应，刺激其他村庄的农民同样起而抗争夺取土地发展权。"一次坐地要价成功，下次必定提高价码，一个地方要价成功，其他地方就必然会效仿。"[②] 这样，农民集体抗争势必不断蔓延。

当然，村民一般不会以之前征地价格太低作为抗争的理由。因为征地价格是变动的，不同时期有不同的征地补偿标准。试图以当初征地价格太低而要求收回土地，显然难以立住脚。村民抗争时常常以征地程序不合法、征地用途变更、补偿资金不到位、乡村干部贪污腐败、村庄财务不公开等为理由，并附带要求查处村两委换届选举中的违规行为。因此，农民集体抗争表面上是指向征地程序和村庄管理问题，甚至要求政府保障其民主权利，但实际目的是要重新分配地利。征地程序和村庄管理等问题只是农民借以证成其抗争行为合法性的话语和手段。

---

① 经验研究表明，派系竞争在沿海发达地区村庄治理中具有重要影响。参见吴思红、李韬《村"两委"选举中派系贿选现象研究》，《政治学研究》2015年第1期。
② 贺雪峰：《农村集体产权制度改革与乌坎事件的教训》，《行政论坛》2017年第3期。

（三）代理人抑或当家人：村干部的角色和策略

在农民集体抗争的过程中，村干部的作用举足轻重。村干部在农民集体抗争中的角色和策略要视具体情境而定。一般而言，村干部扮演村庄的"代理人"与"当家人"双重角色。[①] 一方面，村干部作为体制内精英，受到政府人事控制影响，必须贯彻执行国家政策意志；另一方面，村干部作为村民选举产生的村庄事务管理者，必须顾及村民的利益诉求。特别是在宗族型村庄，村干部的"当家人"特征更为明显。

具体到农民集体抗争事件中，影响村干部角色和策略的机制则更为复杂。如果农民集体抗争针对的是村干部，那么村干部显然不会支持农民抗争，甚至会协同地方政府应对和压制农民抗争。这在那些存在多个宗族、各宗族之间竞争较为激烈的村庄表现得尤其明显。相反，如果农民集体抗争仅仅针对地方政府，那么村干部更愿意充当村庄的保护者角色。在我们调研的B市某镇L村，2003年，B市政府从该村征地，村干部为本村争取更大的土地利益，要求市政府返还250亩提留地。起初市政府未答应。于是，村干部采取了给市政府施压的策略。他们组织召开村民代表会议，政府与村民代表一起座谈征地事项。村干部以村民代表不同意之前的征地方案为由，给政府施压。最后，市政府被迫同意给该村提供230亩提留地。

此外，村干部的角色还受到地租水平的影响。地租水平越高，村庄获益越大，那么村干部从村庄中的获益要远高于其从政府体制获取的收益（如工资待遇、关系资源等）。在这种情况下，村干部具有更强烈的充当村庄保护人的冲动。

五 农民上访与地利分配政策的调整

不断高发的征地历史遗留问题抗争案件引起广东省地方政府的担忧。在2009年、2012年等数年的工作总结中，广东省国土资源厅均提及或强调要妥善调处征地历史遗留问题引发的信访案件。在1997年的《广东地

---

① 徐勇：《村干部的双重角色：代理人与当家人》，（香港）《二十一世纪》1997年8月号。

政地产年鉴》中,国土资源厅还特别提到"村镇间土地纠纷引发的信访呈上升趋势"。1998年,广东省国土资源厅还会同其他部门共同就征地历史遗留问题展开重点专题调研,形成《关于我省征地遗留问题的调查报告》,并获得省政府领导批示。2005年,广东省国土资源厅在《关于进一步纠正征地中侵害农民利益问题的通知》(粤国土资发〔2005〕78号)强调,要"继续加大力度,妥善解决征地历史遗留问题……特别要重视群众上访反映历史遗留征地补偿问题的处理"。鉴于征地历史遗留问题引发农民集体抗争案件呈高发态势,地方政府对地利分配政策不断作出调整。其核心是向村集体和农民让利,不断提高征地补偿标准。

(一) 完善历史用地手续

广东省委、省政府和国土资源厅曾经屡次在有关土地工作文件中要求各地政府高度重视征地历史遗留问题。2004年1月,广东省国土资源厅颁发《关于在治理整顿土地市场秩序中完善历史用地手续问题的通知》(粤国土资字〔2004〕9号),就各地涉及历史遗留的统征土地、各类不规范用地完善用地手续等问题做了详细规定。该通知相当于默认了由于历史原因(征地法规不健全、程序要求不严格)而形成的土地征用违规行为。国土部门为这些违规行为补办手续,也在很大程度上堵住了农民集体抗争所指向的征地漏洞问题。

(二) 照顾村集体利益

面对此起彼伏的农民集体抗争浪潮,地方政府必须介入调查。调查内容主要涉及征地程序、征地补偿款发放是否到位、签名是否属实等问题。调查处理之后,地方政府需要向村民进行解释,做思想工作。对于在征地过程中确实存在贪污挪用等问题的乡村干部,地方政府还对其采取处罚措施。

对于那些抗争烈度较高的村庄,地方政府还不得不对农民进行安抚。例如,地方政府给村庄增加返还部分留用地,由村集体经营开发,所得收益归村集体所有。早在1993年6月,广东省人民政府颁发的《征地管理办法》(粤府〔1993〕94号)就规定:"市、县国土部门征地时一般可按不超过实际征地面积10%的比例给被征地单位提供留用地。"不过,当时规定并不严厉,且强调留用地比例不得超过10%。此后,留用地政策执行要求越来越严,比例也不断提高。2007年3月,广东省国土资源厅《关于深化征地制度改革意见的通知》(粤府办〔2007〕29号)规定:"要严格执行按不少于征地面积10%的标准安排留用地的政策,规范留用地的管理。"当年6月,广东省人民政府在《关于切实做好土地调控工作的通知》(粤府〔2007〕60号)中进一步强调:"要继续完善留用地安置政策,征地单位应按实际征地面积的10%至15%留出或划出土地给被征地集体,作为被征地农民的生产发展用地,并负责留用地转为建设用地所需的一切费用。"从之前的"不超过"到尔后的"不少于",政府文件用语的变化充分表明留用地政策空间的扩大,也彰显出地方政府向村庄和农民让利的诚意。

在实践过程中,不少基层政府给村集体提供的留用地比例已经超过省政府规定的上限。比如,F市全市留用地比例为17.91%。在B市,留用地的比例普遍已经达到18%,个别地方承诺留用地比例甚至超过50%。[1]也有的根据村庄与地方政府协商和博弈的情况确定具体留用地数额。特别是在"维稳"政治不断强化、地方政府承受的"维稳"压力日益增大的背景下,一些地方政府为了降低征地工作难度,避免农民抗争,争相提高留用地比例。这将不可避免地引发攀比之风。

此外,地方政府还可以给开发商做工作,要求开发商为村里免费建设一些公共基础设施,以安抚抗争村民的愤怒情绪。

上述变化表明,伴随农民集体抗争的频发及地方政府承担"维稳"压力加大的情况下,地方政府正越来越多地向农民让渡土地收益。

(三)提高征地补偿标准

征地补偿标准低是多年来被社会各界诟病最多的问题之一。与动辄数百万甚至上千万元一亩的巨额土地出让金相比,给农民区区数万元的征地补偿确实显得过低。为了安抚被征地的农民,地方政府不断健全和完善征地方面的制度安排。其中最重要的是逐渐提高征地补偿标准。2011年,广

---

[1] 仇大海:《关于广东省留用地政策执行情况的分析与思考》,《广东土地科学》2014年第4期。

东省国土资源厅对全省征地补偿保护标准进行修正调整,全省征地补偿保护标准较 2006 年平均提高 28.8%。①

特别是近年来伴随征地拆迁难度的不断加大,补偿标准一路上扬。2017 年,B 市修建南外环绕城高速公路,给被征地农民的土地补偿标准已达到 20 万元/亩。土地补偿标准的提高是一个不可逆的过程。补偿标准只可能升高而不可能降低。如果降低,那么农民肯定不愿意。正如某镇国土局副局长刘某所说:"(征地拆迁)没办法走回头路,价格是不可能下降的。"②

同时,提高补偿标准也会对农民形成正向激励。农民可能认为政府是可以博弈的,补偿标准还有提升的空间。这越发激励他们跟政府抗争,迫使政府妥协。这会再次增大征地拆迁的难度,形成恶性循环。

(四) 干预股权分红收益

为了平衡村与村之间的贫富差距,一些地方政府对村庄分红上限做出了规定。例如,在州海村民集体抗争事件爆发之后,B 市 G 镇镇政府曾出台政策规定:各村每年每股分红数额最高不得超过 6000 元。这一规定有利于在一定程度上缩小村际贫富差距。但是,政府可以控制分红的上限,却无法在其他社会福利(如社保、医保等)和公共设施建设等上面作出限制。这样,村际之间贫富差距仍然是客观存在的。而且,在巨额的利益诱惑面前,政府的规定能否在村庄中得到真正落实尚存疑问。

总之,土地收益分配政策的变迁,是农民、村庄和地方政府之间博弈的结果。尤其是农民集体抗争(当然也包括村庄的组织动员作用)在其中发挥了重要作用。地利分配政策的变迁,实质上反映出在征地过程中地方政府与村庄和农民之间权力关系和利益分配机制的调整。这也表明,农民的上访、抗争行动具有促进公共政策调整和优化的功能,见图 4-3。③

---

① 广东省国土资源厅:《关于印发〈广东省征地补偿保护标准〉的通知》(粤国土资利用发〔2011〕21 号,2011 年 1 月 19 日。
② 访谈笔记,2017-07-14,LGL。
③ 王浦劬:《行政信访的公共政策功能分析》,《政治学研究》2012 年第 2 期。

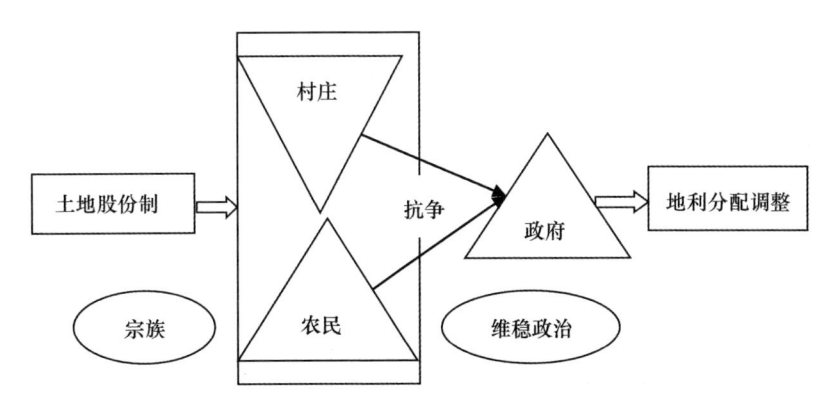

图 4-3 政府、村庄与农民地利分配博弈关系

六 结论与讨论

上文已经运用利益政治的分析框架,从政府、村庄和农民三个行动主体之间互动关系的角度探讨了珠三角地区因征地历史遗留问题而诱发的农民集体抗争逻辑。

(一)农民抗争的利益政治属性及其后果

本文认为,珠三角地区因征地历史遗留问题而导致的农民集体抗争,实际上是农民对地权增值的再分配主张。它是农民和村集体与地方政府之间围绕土地发展权而展开的竞争。在土地股份制条件下,土地成为农民财产性收入的来源之一。同时,村集体担负着保障农民福利的重任。由于地利分配的失衡,再加上土地的迅速增值,激起农民提升福利水平的渴望。农民的经济福利诉求传导到村集体,村集体再向地方政府提出重新分配地利的诉求。农民和村集体与地方政府之间的矛盾原本属于利益竞争的问题,但是农民通过抗争方式将利益争夺问题转化为民生问题和权利话语。村庄政治通过信访渠道进入国家政治领域。经济福利问题转化为政治问题。这跟珠三角地区村庄集体经济、村庄的福利组织性质有着密切关联。它主要不是民主政治问题,也不纯粹是村干部贪污腐败问题(尽管其中或多或少夹杂着这些因素)。

珠三角地区的村集体经济为村两委组织统筹分配资源提供了支撑，也为村庄供给公共品奠定了物质基础，并在客观上为村民提供了较为稳固的福利保障。同时，村集体经济也形塑出村民个人与集体的依附——庇护关系。在某种意义上，村民与村集体之间的依附——庇护关系是传统社会宗族成员与宗族组织之间庇护——依附关系在当代的翻版。村民享受的福利实际上是一种特殊利益，是一种资源争夺。村庄的福利组织性质使其成为固化的利益结构（或曰稳固的利益主体）。村庄具有浓厚的"土围子"特性。农民成为土地食利者。在那些地租极为丰厚的地区，其食利特性更为明显。一些农民不必劳动，仅靠地租就能维持生计甚至能够过上比较体面的生活。

再加上近年来稳定政治的高压态势，地方政府具有维稳的强烈需求。社会福利和地利分配问题更容易政治化。而且，伴随互联网和新媒体的迅速发展，农民集体抗争的相关讯息能够得到快速传播，从而给地方政府带来巨大的舆论压力。面对农民的集体抗争，寻求维稳绩效的地方政府不能不妥协退让。这使得土地利益不断下沉到村庄和农民。地方政府试图依靠资源和利益输入来缓解（回避）社会矛盾。但村民对村集体的福利期望值会伴随经济发展和消费水平的提高而不断攀升。在某种意义上，社会福利的改善是无止尽的。满足了这一阶段的需求，政府将面临下一阶段的新挑战。这无异于"饮鸩止渴"，导致福利的进一步固化。可以预见的是，在今后很长一段时期内，珠三角地区的农民、村庄与地方政府围绕土地利益分配和土地发展权的争夺将会持续上演。这将对珠三角地区的产业转型升级和地方政府的宏观经济掌控能力带来深远影响。如若处理不好，那么珠三角地区的经济社会发展可能面临瓶颈。

在这个意义上，尽管政府可能暂时平息了农民集体抗争事件，但伴随土地的增值和农民福利期望值的提高，它随时可能重新爆发，倒逼政府继续对村庄和农民作出让步。我们并不是说地利由农民享受不妥，而是要寻求地利在农民与政府之间共享的平衡机制。这样，既能有效保障农民的利益，又有利于国家发展大局。离开具体语境而抽象谈论农民权利是远远不够的。如果地利分配完全倾向于村庄和农民，必然生产出更多的"土围子"，形成更为严重的地方保护主义。每一个人、每一个村庄、每一级政府都自然倾向于将最大利益留给自己。最终，政府必须向村庄让渡所有地利，给村民足够高的征地拆迁补偿。恰如深圳市那样，政府不再寄望于通过征地拆迁获利。问题是，深圳市能够这样做，是因为其财政实力雄厚。而举目整个中国，有几个地方能够具备深圳市的经济实力？

利益下沉正在使地方政府背负越来越重的包袱。比如，地方政府的财政压力越来越大。此外，地方政府迫于压力向村集体和农民承诺提供更高的留用地比例，但却又因为客观原因无法兑现承诺，导致政府公信力下降。村集体也可以借此机会进行违法违规土地开发（如占用受保护耕地建设物业）。这些行为又不断再生产出新的历史遗留问题，并诱发更多的征地冲突和农民抗争。①"对于南海人来说，以前'南海模式'曾是快速启动工业化和城市化的资本，到现在，'南海模式'已经成为产业升级和城市功能提升的包袱。"②

（二）"强社会"与"弱国家"的形成

珠三角的地利分配政治为我们理解国家能力、国家与社会的互动机制提供了非常有益的经验案例。土地股份制强化了农民的土地财产权利意识，为农民集体抗争重新分配地利提供了基础性条件。同时，珠三角地区具有深厚的宗族传统。这为农民集体抗争提供了非常有利的结构条件。在抗争过程中，农民很容易通过血缘、地缘纽带进行组织和动员。此外，近年来维稳政治的强化使得地方政府面临巨大的维稳压力。面对农民集体抗争，地方政府倾向于息事宁人。这样，宗族、土地股份制和维稳的政治环境等各种因素叠合在一起，强化了社会对政府（国家）的反制，形塑出地方政府的"弱政府"特性。按照米格代尔的界定，"国家能力包括渗入社会的能力、调节社会关系、提取资源，以及以特定方式配置或运用资源四大能力"③。如果从政府（国家）能力的角度来理解，那么珠三角地方政府的资源汲取能力确实被削弱了。在地利分配过程中，政府与社会的博弈

---

① 据统计，广东省留用地历史欠账已达6650.22 km²，占承诺留用地总量近60%。在2010—2013年间，因留用地历史遗留问题而导致的信访在全省涉土信访总量中占比高达37%。参见仇大海《关于广东省留用地政策执行情况的分析与思考》，《广东土地科学》2014年第4期。

② 刘宪法：《"南海模式"的形成、演变与结局》，张曙光主编《中国制度变迁的案例研究》（土地卷）第八集，中国财政经济出版社2011年版，第110页。

③ ［美］乔尔·米格代尔：《强社会与弱国家》，张长东等译，江苏人民出版社2009年版，第5页。

能力较低,不得不步步退让,形成"强社会"与"弱政府(国家)"。

珠三角地区的村集体经济实际上是一种与国家争夺利益的结构性力量。从珠三角地区土地利益分配的过程,我们可以观察到国家与社会互相赋权和互相改变的机制。国家试图通过土地股份制改革来保护农民的土地权益,加强对地方政府土地征用过程的监控。国家的土地制度改革强化了农民的土地财产权利意识,并强化了村集体的团结程度,使得村集体成为一个与地方政府争夺土地利益的"土围子"。农民的收益、村集体福利和土地捆绑在一起。同时,农民集体抗争要求重新分配土地收益,迫使地方政府不断做出让步,调整土地收益分配的相关政策安排。而且,由于地利分配的不平衡以及村庄福利不断增长的刚性需求,使得农民对地利分配的诉求不断扩张,对地方政府形成持续性的再分配压力。正如米格代尔等人所言:"国家是社会的组成部分。国家可能有助于塑造它们所嵌入的社会,但它们也持续被社会所塑造。"[1] "国家的能力(或者缺乏能力),尤其是实行其社会政策、动员公众的能力,和社会结构十分相关。"[2]

在征地过程中,政府与村庄实际上是在竞争地利分配规则的主导权。政府与农民的冲突不仅仅是争夺土地收益,而"是一个更为根本的冲突——社会中的哪个组织,国家还是其他组织,应该制定规则——的体现"[3]。长期以来,政府掌握了地利分配规则的制定权。但随着土地股份制的实施和村庄的利益集团化,农民通过集体抗争方式向政府的地利规则制定权发起了冲击和挑战。政府的地利规则主导权正在逐步流失。

从表面上看,地方政府的"利益下沉""向农民让利"行为与国家宏观意识形态比如"和谐社会""藏富于民"相吻合。不少政府官员也认同和支持政府向村庄和农民让利的政策倾向。地方政府在表面上向村庄、农民让利,但实质上是地方政府无力主导地利分配格局的表现。地方政府自主性丧失,不得不向村庄和农民让利。因此,地方政府行为表面上的正当性无法掩盖其"弱政府"的事实。当然,需要强调的是,这里所谓"弱政

---

[1] 乔尔·米格代尔、阿图尔·柯里、维维恩·苏:《国家权力与社会势力:第三世界的统治与变革》,郭为桂等译,江苏人民出版社2017年版,第2页。

[2] [美]乔尔·米格代尔:《强社会与弱国家》,张长东等译,江苏人民出版社2009年版,第35页。

[3] [美]乔尔·米格代尔:《强社会与弱国家》,张长东等译,江苏人民出版社2009年版,第32页。

府"是相对而言的。"弱政府"是在特定的"结构—制度"条件下形成的。

珠三角地区的地利分配政治再次彰显了国家渗透社会的曲折和艰难。"国家获取强势地位的愿望能否占上风,国家与其他组织的相互妥协,以及每个需要达成的妥协中尽量达成最有利的交易的办法,都是第三世界社会中的真实政治"①。如果任由"强社会"的局面持续下去,那么国家对基层社会的渗透能力将会持续下降。农民可以从村集体中获得各种社会福利供给,而不需要求助于国家,或者会降低其对国家的依赖。因为"只要强人们还能继续为其村庄、族群、城市邻里等提供有效的生存策略,国家就只能汇集有限的公共支持;公众缺乏足够的动机来提供他们的支持"②。

(三) 土地股份制再审视

在政策层面,本项研究还有利于我们重新检视土地股份制这一制度安排。之所以农民和村集体与地方政府之间会围绕工业化、城市化带来的土地增值收益展开博弈,根源在于土地产权制度安排。土地股份制在农民与土地非农使用增值收益之间建立起直接的联系。它强化了农民的地权意识,使农民更容易将自身土地权利与土地(预期)增值收益勾连起来。土地制度的财产性质增强。以南海模式为代表的土地股份制曾经得到一些学者的盛赞。它被称为是农民参与工业化和城市化所带来的土地增值收益的样板。但历经多年之后,土地股份制却渐渐暴露出弊端。而且,这些弊端在很大程度上是不可逆的。

近年来,国家鼓励各地探索土地股份制改革。但本章的分析表明,土地股份制在有利于保护农民地权收益的同时,也可能蕴含着村庄集体土地利益固化、地方政府丧失对土地收益进行动员和再分配能力的风险。在今后的土地制度改革中,如何弥合公共原则与私人原则仍将是我国农地制度改革的难点(桂华,2017)。在这个意义上,本章虽然只是一项基于珠三角地区的个案研究,但却无疑具有一定的普遍意义。

---

① [美]乔尔·米格代尔:《强社会与弱国家》,张长东等译,江苏人民出版社2009年版,第33页。
② [美]乔尔·米格代尔:《强社会与弱国家》,张长东等译,江苏人民出版社2009年版,第220页。

最后，有读者也许会说，农民之所以抗争，是因为之前国家制定的征地补偿标准太低。现在政府向农民让利，也是应当的。笔者也承认，之前征地补偿标准确实可能偏低，向农民让利有其合理性。但在既定的征地补偿政策下，政府并没有侵犯农民的土地权益，因此并不适宜从抗争政治的角度来理解农民的抗争行为。而且，征地补偿标准的高低涉及公共利益的界定和划分问题。其中也有历史和国情因素。由于主题和篇幅所限，本章无法展开讨论。但是，从纵向来看，政府在制订地利分配规则方面的权力确实被弱化了。当然，本章提出利益政治分析框架，并不否认在农村社会仍然存在着诸多由于农民权益受到侵害而导致的抗争行为。

第五章　国家、村庄与农民

本章将主要从村庄政治及其与国家之间关联的角度来理解农民上访问题。从某种意义上讲，前面各章所论述的派系政治、阶层政治、家族政治等都发生于村庄之中，都属于广义上的"村庄政治"。但是，在本章中，笔者将侧重讨论发生在村民与村干部之间的村庄政治故事。换言之，本章将通过叙述发生于村民与村干部之间的矛盾冲突和上访故事来揭示国家塑造农民抗争的逻辑。尽管派系政治、阶层政治、家族政治等所诱发的农民上访也可能夹杂着农民与村干部之间的冲突，但这些上访的主要根源却在于家族、派系和阶层分化等因素。此外，与前面几章的农民上访故事发生于中、东部地区的农村不同，此处讨论的上访故事发生于中国西南地区的一个农业型村庄。

笔者将以四川省 D 市 Y 县 K 村的田野调研经验材料为基础展开对村庄政治与农民上访的分析。本章分析表明，在由村庄政治诱发的农民上访案件中，农民可以运用信访的方式来寻求国家的援助。村庄政治通过信访体制被吸纳进入国家政治领域。国家对农民行为的规训能力并不如我们想象的那么强大。农民的国家观念具有双重性，国家既是农民的求助者，又是农民抗争的对象。

一　案例概况

K 村隶属于四川省成都市 Y 县。该村于 2005 年由虎跳村和广福村合并而成。全村下辖 23 个村民小组，现有人口 2770 人，836 户。该村拥有耕地面积 2611 亩，林地面积 5886 亩。虽然该村临近集镇，但其产业仍以传统农业为主。十余年来，由于修建高速公路、垃圾填埋场等基础设施，该村有一部分村民已经搬迁到靠近集镇的双福堰社区居住，但搬迁到社区居住的不少村民仍然保留着种植粮食、蔬菜的习惯。

初到 K 村调研的某天，我们在村里行走时，偶遇一位五六十岁的男子。他跟我们打了招呼，询问我们此行的目的。我们如实相告，他随即抱怨说村里的问题大得很。我们问他到底有什么问题。他说三言两语说不清楚。随后他临时有事欲离开。临走时，我们互相留了电话。在随后的几天调研中，我们渐渐了解到那人就是 K 村上访精英 ZLB 的哥哥——ZLG。

依照常识，对方主动希望跟我们倾诉，必定有重大隐情（或冤情）。所以，我觉得很有必要联系对方进行访谈。过了两天，我们电话联系了 ZLG，准备向他了解具体问题。见面之后，发现来者并非我们之前偶遇的 ZLG，而是他弟弟 ZLB。

ZLB，生于 1967 年，高中文化程度。家中 4 口人，包括夫妻俩、一个儿子以及老母亲。儿子目前在上大学。20 世纪 80 年代，ZLB 曾经在县旅游局工作 2 年，随后在县公安局巡逻队和县经济企业总公司各工作一年，最终回乡务农。目前，ZLB 是一名出租车司机。其长兄 ZLG，1954 年出生，家有 5 口人，包括夫妻俩、儿子儿媳妇和一个孙子。ZLG 于 2015 年之前长期在外县做建筑工，之后因考虑年龄因素回到家乡，平时主要在本地打零工。

二 上访的缘起和事由

郑氏兄弟俩最早于 2009 年踏上上访之路。当时他们主要是因为垃圾填埋场的搬迁安置问题而上访。当年政府建设垃圾填埋场时，只为核心区的村民提供了搬迁安置补偿。居于垃圾填埋场边缘地带的村民则未享受搬迁安置服务。于是一部分村民开始到政府上访要求搬迁。郑氏兄弟也参与其中。ZLB 长期在当地开出租车，时间比较自由，所以，他比 ZLG 更加积极上访。

自 2009 年踏上上访之路后，一直至今，郑氏兄弟从未停歇上访。其诉求的事由也从最初的要求搬迁不断往外扩展。概括而言，他们的诉求主要包括两大方面：一方面是反映村干部尤其是前任村支部书记的经济问题；另一方面是要求政府提高给他家的安置补偿待遇。前一方面的问题主要有：（1）反映前任村支部书记YQG的经济问题，以及私分救济物资等；（2）反映村财务不公开问题。后一方面主要是要求政府增加安置补偿费用，以及给他们母亲分配一块宅基地。

多年来，他们上访最多的地方是M镇政府，其次是Y县。他们还组织若干人去过成都市信访局和市纪委等部门。他们从未去过北京上访，主要原因是四川距离北京太遥远。而且，他们到县、市和省的上访经历也使他们意识到，最终解决问题还是要依靠乡镇政府。所以，笔者在访谈郑氏兄弟俩时，他们都不约而同做出了这样一个判断：到上面上访没用。

三 上访的事件—过程

前文已述，郑氏兄弟俩上访的主要诉求内容涉及村干部经济问题和安置补偿待遇问题这两方面，因此，对他们上访过程的叙述可以从这两方面分别论述：

（一）状告村干部经济问题

郑氏兄弟上访的主要目标直指前任村支部书记YQG。据了解，他们之所以一直揪住YQG不放，可能跟他们与YQG之间发生的矛盾有关。早在合村之前，YQG的姨妈曾经担任过虎跳村的支部书记。当时ZLG有生二胎的意愿，想请YQG的姨妈通融一下，但是未获得批准。ZLG遂生不满。2012年第二批搬迁时，郑氏兄弟曾经试图给时任村支部书记YQG送礼，希望能够分得更好的宅基地，但是YQG没有收礼。最后，村里分配的宅基地并不让ZLB满意。所以，这进一步加深了郑氏兄弟对YQG一家的不满。同时，他们也掌握了（也可能是有意识地搜集）有关YQG的一些违纪违法的信息和材料。

从2013年开始，郑氏兄弟等共7人先后到成都市信访局、市纪委等部门投递材料，反映YQG的相关问题。他们搜集到YQG的相关"罪证"主要有：

(1) 贪污挪用扶贫资金。2012年，成都市环保局给K村拨付147万元扶贫资金。其中75万元用于修建生活废水厌氧池。该工程由YQG的干亲家FYZ承包。随后，参与该工程的第4村民小组组长HSX发现该工程项目并没有按照规范程序进行招投标。而且，整个工程只花费161384元。工程结束后，FYZ没有给HSX分利。HSX不满，遂要挟上告YQG和FYZ。HSX同时将此事告知ZLB等人，并写了联名举报信。FYZ诬陷HSX收了钱，并制作了一张假收条。HSX最后找来黑社会人员跟FYZ对质，FYZ承认该收条系伪造，并把原件撕毁。最后，FYZ付了4万元给HSX。HSX被封口，并将ZLB等参与集体上访者全部供出。YQG和FYZ获悉ZLB参与此事之后，对ZLB的不满进一步加深。

(2) 部分村级公共服务项目资金去向不明。从2009年至2015年，K村共获得235万元村公项目资金，村里公布的账目为95万元左右，剩余140万元不知去向。在公布的95万元项目中，部分项目可能存在弄虚作假现象。例如，据ZLG说，2010年村里公布的村公资金项目中，有一项为第15村民小组的道路维修项目，道路全长231米，但实际上并未维修。此外，据ZLG透露，YQG等人还存在虚报聘请工作人员数量、套取村公项目资金的问题。例如，2013年村里上报聘请保洁员的数量为6个，工资待遇为每人每月600元，但实际上只有5人在岗。在这6人中，有一人患上偏瘫，丧失劳动能力，不可能完成村庄保洁工作任务。

(3) 工程项目发包不规范。ZLB说，2013年，K村获得国土部门拨付的土地综合整治项目资金900万元。村里将这一项目发包给YQG的老干亲家FYZ。FYZ将土地平整后，没有按规定修建机耕道、水渠等配套设施。工程完工后，村里也没有公布账目。

(4) 截留退耕还林肥料补贴。据说，2008年之后，K村村民就没有获得上级下发补贴的肥料。2017年1月开始重新获得退耕还林的肥料补贴。ZLB据此怀疑之前几年的肥料补贴都被YQG截留贪污。另外，村里还有80亩集体土地的多年退耕还林补贴款下落不明。ZLB也怀疑此款项被YQG贪污。

(5) 注册K村林业合作社情况未在全村公示。YQG于2008年注册成立K村林业合作社，注册资金620万元。村里未就此事的相关情况向全村村民公示。且YQG挪用50万元扶贫资金款用于填补林业合作社注册资金的缺口。

（6）贪污征地拆迁补偿款。近年来，K村获得多个征地搬迁项目，但是据他打探的消息，K村村民获得的补偿比相邻地区民众获得的补偿更低。ZLB等人据此怀疑YQG贪污征地拆迁补偿款。例如，康崇线电力拆迁项目中，第19组村民梁启发家获得的补偿标准是400元/平方米，但是相邻的谢家坝村一户人家面积基本一样，获得补偿30多万元。同处第19组的YQG家宅基地获得补偿40多万元。

（7）私分并销毁救灾物资。"5·12"汶川大地震之后，当地作为地震重灾区，获得大量的救灾物资。据ZLB兄弟俩说，YQG在分配救灾物资时有倾向性地照顾自己的亲戚朋友。有的村民受灾严重，但因为跟YQG关系不好，获得救灾物资较少。有的村民受灾较轻，但因为跟YQG关系密切，获得大量救灾物资。据说，YQG的亲戚还推着三轮车去销售救灾物资。

（8）通过倒卖公墓获取暴利。据说，K村建设公墓时，村里从村民手中征地10亩，每亩价格为2000元。公墓建成后，以每个公墓3000—5000元的价格卖给村民。ZLG估算，YQG等人通过此项工程至少获利100万—200万元。

（9）在村里小区违规获得多套住房。在垃圾场第一批搬迁时，搬迁户实际得到的宅基地面积少于搬迁协议规定的标准。村民们认为政府和村干部侵吞了他们的宅基地面积。ZLB兄弟俩说，在K村小区建设过程中，YQG共获得11套住房。其中有部分住房已经出售，有的住房产权登记为亲属所有。

（10）入党程序的规范性。据ZLG说，YQG在3个月之内完成了入党手续，成为一名正式党员。他由此质疑YQG入党程序中可能存在做假问题。

以上是ZLB兄弟俩反映YQG的主要问题。需要说明的是，ZLB兄弟俩反映的许多问题只是他们的推测和怀疑，并无真凭实据。其提供的不少理由、证据都只是道听途说，并未全部获得证实。

2013年，ZLB兄弟俩开始上访反映YQG的问题。起初，他们曾经组织6人到成都市信访局、市纪委等部门递交上访材料。上访者除了ZLB兄弟俩，还有唐中伟等4人，分别来自第16、18和20村民小组。随后，市里将信访案件情况转交由县和乡镇办理。乡镇纪委掌握情况后，曾经将ZLB等上访人召集到镇政府询问情况。为此，ZLB等人非常气愤。因为根据保护当事人的规定，纪检部门应该保护上访举报者，但ZLB等人的信息很快就暴露，并被举报对象所知晓。乡镇纪委介入调查之后，该案件一直进展较为缓慢。因此，ZLB等人继续到县和乡镇相关部门上访，并注意搜集更多的有关YQG违纪违法问题的证据材料。

恰逢当年省巡视组进驻Y县。ZLB等人获知这一消息后，立即赶往巡视组所在地，并将反映材料递交给巡视组。

2015年，在Y县纪委的督办下，YQG案件的侦破工作取得实质性进展。纪委部门查实：YQG挪用扶贫资金50万元，用于K村林业合作社。就在当年，YQG被调往M镇另一个行政村担任支部书记。此后不久，YQG就被免职。2016年，YQG的案件被移交司法机关审理。最终，YQG因挪用资金罪的罪名获刑2年、监外执行。

在YQG被调查的同时，村两委班子的另两名成员也被双规。其中，村委会主任黄赤洪接受了37天的调查。当年已经65岁的前任村委会主任周云也接受了20天的调查。纪委调查的最终结果是：两人所涉问题较轻，所以没有移送检察机关立案。老村主任周云被查之后，因为心理负担过重，没过多久就自杀身亡。据村民们说，老村主任周云为人比较耿直本分。原本他已经从村主任位置上退下来，后被村里返聘。村民们未曾想到他会落得如此下场。周云的悲惨结局得到村民们的普遍同情和惋惜。

YQG被判刑之后，ZLB兄弟俩未再去上访反映他的问题。我们对ZLB兄弟俩进行访谈时，他们认为纪检部门和司法机关在包庇YQG，对YQG的惩处太轻。他们举报的很多问题都未能得到落实。在他们看来，YQG只获刑两年，而且还是监外执行，相当于没有得到处罚，"跟以前一样逍遥自在"。

（二）要求提高安置补偿待遇

2009年6月，Y县政府决定在K村选址建造垃圾填埋场。起初，这一工程遭到K村村民们的强烈反对。他们组织起来到现场阻挠施工。随后，地方政府派出公安干警赶赴现场，并将4个挑头的村民拘留。如此，垃圾填埋场方才得以建成。

第五章 国家、村庄与农民

垃圾填埋场的安置工作分为两批,第一批启动于 2009 年,是核心区村民搬迁。当时的补偿标准为:正住房 450 元/平方米,非正住房为 150 元—180 元/平方米,构筑物包干每户 500 元,过渡安置费每户 2000 元。

第二批启动于 2012 年,主要是垃圾场边缘区村民搬迁,政府在新规划的村庄小区内按照人均 40 平方米的标准给搬迁村民分配宅基地,由村民自费建房。据村民们反映,这一批搬迁村民房屋宅基地实际面积并没有达到人均 40 平方米的标准。他们自认为被政府欺骗了。因此,许多村民并没有按照原先规划设计的标准来建房,违建现象非常普遍。当地城管部门曾数次试图拆违,但最终因村民们的强烈抗拒而以失败告终。

为节约过渡费,地方政府采取先安置后拆迁的策略。这一看似经济的安置方式,却为日后工作埋下了更多的隐患。在搬迁之前,政府已经支付了所有补偿款,但是还有大量的房屋没有拆迁。不少搬迁户仍然居住在老房屋中。在接下来的几年里,当地陆续获得一些新的重大项目。一些搬迁户眼见新的项目补偿标准更高,于是要求政府追加补偿,否则拒绝拆毁房屋。

郑氏兄弟两家并不在垃圾填埋场核心区搬迁范围之内。但是,由于他们反复上访,最终政府给他们俩特殊处理。2010 年,当地获得"5·12"大地震土地综合整治项目,镇政府为郑氏兄弟两家提供了搬迁安置机会,支付了相应的补偿款,并给他们两家各分配了一块宅基地。

后来,在土地整治复垦过程中,他们发现垃圾填埋场搬迁的补偿标准比"5·12"大地震土地综合整治的补偿标准更高,所以他们又阻止政府复垦,并要求政府追加补偿。最终,政府跟 ZLB 重新签订了搬迁补偿协议,给 ZLB 追加补偿了 4 万多元。与之同时,ZLG 也要求政府按照《垃圾填埋场遗留问题解决方案》规定的标准重新进行补偿,并跟政府重新签订了搬迁补偿协议。

按照协议,搬迁安置房实行统规自建。由村里召集村民代表会议讨论确定施工方。建房费用由村民支付,其中一部分可用政府补偿款抵销,不足部分自筹。房屋建成后,ZLB 认为他的房屋所在位置不太理想,房屋旁边的道路比较狭窄。而且,房屋质量也存在问题。所以,尽管房屋建成,但他并没有入住。他去镇政府上访,要求政府给他重新安排一块宅基地建房。

随后，因安邮路风貌整治的原因，居住在公路两边的部分 K 村村民需要进行搬迁。ZLB 趁此机会在第三期搬迁小区中选择宅基地，但是最终没有选择到令他满意的地方。他继续住在山上的老房子里面。①

2014 年，K 村获得土地整治搬迁项目。这是第四期搬迁项目。ZLB 再次找到镇政府要求安排宅基地。最终，他选择了一个 3 人户型的宅基地，面积 160 平方米，可建两层。

在修建垃圾填埋场时，ZLB 母亲的土地被占用完毕，成为失地农民。按照政策，失地农民享受货币安置补偿。ZLB 的房屋并非属于核心区域，补偿标准为 5400 元/人。但是，ZLB 反复到政府上访，要求按照核心区域的标准给他母亲进行补偿。最终，政府不得不答应其要求，给他母亲补偿了 15000 元。

近年来，ZLB 又不断到镇政府上访，要求给他母亲分配一块宅基地建房。他的理由是：他母亲跟他们家分属两个户口，按道理他母亲的土地被征用完毕，那么政府应该给他母亲分配一块宅基地建房，而不是让她母亲跟他们住一套房屋。而且，他认为 M 镇不少干部和 K 村前任书记都在小区里面有房子。

> 贪腐分子修了多少套房子，为什么就不给我母亲分一套房呢？……我们是一家两户，我母亲是一户人，不是一个人，有户口簿的……土地失去了，房子失去了，这是啥的政策？货币安置人员得到宅基地的人多得很。②

对此，镇政府干部认为按照政策，失地农民只能享受货币安置补偿。他母亲既然已经货币安置了，就不得再要求分配宅基地。如果答应了 ZLB 的要求，那么全村还有 20 多户跟他家的情况类似，政府根本无法提供足

---

① 地方政府为了节约过渡安置费，同意搬迁户在新房建好后再将老房屋拆除。所以，尽管当时已经安置补偿到位，但是村民的老房屋并没有拆除，如果愿意仍然可以居住。这为后来的拆迁工作埋下了隐患。当新的项目下来时，部分村民眼见新的项目补偿标准更高，又以之前补偿不到位为由拒绝拆除老房屋。ZLB 就是其中之一。

② 访谈笔记，2017 - 05 - 06，ZLB。

够宅基地来进行安置。所以，镇政府一直没有给 ZLB"开口子"。

2017 年，成都新修"第三绕城高速"（以下简称"三绕"）。该高速路恰好要经过 K 村。ZLB 的房屋处于高速路线上。所以，此次 ZLB 的房屋必须拆除。ZLB 很清楚镇政府的软肋。镇政府必须确保如期完成征地拆迁的任务，承受了来自上级的巨大压力。这正好给 ZLB 提供了"要价"的机会。ZLB 采取了"以静制动"的策略。镇政府干部 LC 等人一直在给 ZLB 做思想工作。LC 三番五次地给 ZLB 电话联系，请求见面谈判。但是 ZLB 始终以没时间为由拒绝见面。ZLB 清楚镇干部的焦急心理，故意躲避不见。2017 年 5 月 4 日，LC 亲自到 ZLB 家里谈判。在访谈 ZLB 时，他也提到 LC 到他家找他谈"三绕"拆迁的事情，他说他跟 LC 是这样答复的："前提条件是要给住房，不给住房，我不跟你谈，你可以走了。"①

在"三绕"征地拆迁过程中，ZLG 也乘机要求政府增加补偿。当 ZLG 的老房屋被拆毁一半时，他再次提出要求政府按照 Y 县人民政府于 2012 年颁发的《关于印发 Y 县征收集体土地补偿安置实施办法的通知》（大邑府发〔2012〕100 号）规定的补偿标准追加补偿。否则，就拒绝拆迁。

2017 年 4 月底，ZLB 兄弟俩通过他们在政府内部的"线人"获得消息，得知政府可能于近期对他们兄弟俩的老房屋采取强制拆迁措施。为此，兄弟俩在山上守候一整天，始终未见前来强拆的政府工作人员。"前天，政府准备安排社会上的人士来拆我们的房子，我们在山上守了一天，没有人来。是其他人透露给我的消息。保护我的尊严和主权是我的事。"②

在此次搬迁工作中，M 镇政府采用了基层治理中惯用的策略，即各个击破。为此，镇政府先跟同村的另一搬迁户 KLY 谈判并于 5 月 4 日达成协议。协议的核心内容为镇政府给 KLY 追加 1 万多元补偿。

在 ZLB 兄弟俩的问题上，M 镇政府负责"三绕"征地项目的干部 LC 认为 ZLG 比 ZLB"更讲道理一点"。所以，LC 采取先突破 ZLG 的策略。他跟 ZLG 谈判了好几次。就在 ZLB 采取"以静制动"的策略时，他的兄长 ZLG 于 5 月 5 日与镇政府达成了协议。根据双方约定，镇政府按照 Y 县 2012 年的第 100 号文件给 ZLG 追加补偿 21360 元。当天，M 镇政府向 ZLG

---

① 访谈笔记，2017-05-06，ZLB。
② 访谈笔记，2017-04-29，ZLB。

支付了追加补偿款项。调研时，ZLG 向我们出示了这份收条，具体内容为：

收条

今领到 M 镇财政所支付 ZLG 房屋拆迁及附着物清场补助款共计 21360 元，大写：贰万壹仟叁佰陆拾元正。

此据

领款人：ZLG

身份证号：

2017 年 5 月 5 日

同时，ZLG 还要求镇政府重新签订了《搬迁补偿补充协议》。补充协议主要内容如下：

搬迁补偿补充协议

甲方：Y 县 M 镇人民政府　　代表：任文超

乙方：M 镇 K 村十七组　　户主：ZLG

甲乙双方于 2010 年 11 月 16 日签订了《土地综合整治搬迁补助协议》（以下简称"原协议"），乙方安置于双福堰小区，因乙方原有房屋位于垃圾填埋场解决遗留问题搬迁范围，且垃圾填埋场解决遗留问题搬迁补偿标准和原土地综合整治搬迁补助标准不同，乙方对原协议补助产生异议，经甲、乙双方协商，达成如下协议：

一、安置方式：以原协议为准。

二、搬迁补偿

（一）乙方原有房屋、土地构筑物（附着物）和货币化安置补偿标准、金额按《M 镇垃圾填埋场解决遗留问题搬迁实施方案》的标准计算，具体补偿见下表：

类别	规格	单位	标准	数量	金额	备注
正住房屋	楼房	m²	600 元/m²	0	0	
	小青瓦房	m²	450/m²	228.21	102694.5	

续表

类别	规格	单位	标准	数量	金额	备注
附属房屋	墙体砖砌临时棚房	m²	150元/m²	0	0	
	砖木搭建临时棚房	m²	80元/m²	0	0	
构筑物	院坝	m²	10元/m²	159.13	1591.3	
	坟墓	座	300元/座	0	0	
附属设施	沼气、水井、卫视天线等	包干补偿	500元/户	1	500	
货币安置费		人	5600元/人	0	0	
合计金额	小写：104785.8		大写：壹拾万肆仟柒佰捌拾伍元捌角正			

（二）按照原协议，甲方应支付乙方补助金额共计人民币**107990元**（大写：壹拾万柒仟玖佰玖拾圆正），不含每户2000元的过渡安置费。按照垃圾填埋场解决遗留问题搬迁补偿标准甲方应支付乙方补偿金额合计人民币**104785.8元**（大写：壹拾万肆仟柒佰捌拾伍元捌角正），原协议补助金额**107990元**甲方已经支付完毕，经双方协商，乙方不再向甲方退补差额。

三、其他

1. 乙方原址宅基地的旧房材料和地上附着物归乙方所有自行处理，但超出规定清场时间的由甲方处理。

2. 乙方在自信清除原址宅基地的房屋、林木等所发生的一切安全事故责任均由乙方自行负责，与甲方无关。

3. 乙方原址宅基地必须交由政府统一复垦为耕地，并根据《Y县M镇生活垃圾无害化填埋场遗留问题搬迁实施方案》进行权属调整。

4. 安置小区内区间道路、官网、绿化等，由甲方配套解决。

5. 房屋产权证由甲方统一办理，工本费由乙方自行承担。

6. 此协议一式三份，甲方执二份，乙方执一份，经甲、乙双方签字盖章后生效，并具有同等法律效力。

该协议约定，镇政府按照《垃圾填埋场遗留问题解决实施方案》规定的标准给ZLG追加构筑物补偿费用。ZLB兄弟俩是因为土地综合整治项目而搬迁，并非垃圾填埋场遗留问题搬迁，所以，他不应该享受垃圾填埋场遗留问题的补偿待遇。

更不可思议的是，Y县人民政府于2012年颁发第100号文件，该文件出台的时间较ZLG房屋搬迁时间晚了3年。ZLG要求政府按照2012年文件规定标准追加补偿，明显不合理。这实质上是政府退让妥协的结果。5月6日，当我们跟M镇干部LC谈到ZLG的问题时，他说："昨天，ZLG跟政府签了协议，基本上也是他说好多钱就好多钱。"①

眼见KLY和ZLG都已经跟政府达成了协议，ZLB开始显得稍为有点着急。5月8日上午，ZLB来到K村第一书记苏炳根办公室，希望苏书记能够出面帮他多争取补偿，尤其是解决他母亲的宅基地问题。

ZLB兄弟俩明知老房屋最终肯定会被拆除。因为修建高速公路涉及公共利益。他们之所以拖延不拆，主要是希望能够跟政府进行谈判以获得更多的补偿。截至我们结束在K村的调研工作时，ZLB尚未与政府达成协议。

四 上访的后果

自2009年开始上访至今，ZLB兄弟俩的上访已经耗时近10年之久。我们访谈ZLB时，他曾总结说："我们告了4届政府、3个书记。"

那么，K村村民们怎样看待ZLB兄弟俩的上访行为呢？我们了解到，大部分村民是认可ZLB兄弟俩的上访行为的。他们认为，郑氏兄弟上访反映村干部的问题有道理。而且YQG最后被判刑也证实了这一点。

第17组村民郑某说："ZLB两兄弟都是有文化的，讲政策，不乱说的。他们反映的问题肯定有道理。"②

这些村民之所以认同郑氏兄弟的上访行为，可能跟他们对村干部的行为作风、村财务不透明等问题不满有很大关系。查处贪官污吏，是民心所向。郑氏兄弟带头上访状告村干部，表达出了村民们的心声。尽管郑氏兄

---

① 访谈笔记，2017-05-06，LC。
② 访谈笔记，2017-05-05，ZM。

弟通过上访得到了一些利益（如增加补偿款），但这并不是村民们最在意的。村民们认为即使郑氏兄弟通过上访获得了利益，那也是他们应得的，而且获取的是政府的利益，并没有直接损害村庄和村民的利益。所以，郑氏兄弟的具备一定维权和道义成分的上访行为得到了大部分村民的认同。

在政府干部的眼中，郑氏兄弟上访行为带有更强的谋利性色彩。在他们看来，郑氏兄弟就是希望通过反复上访不断捞取利益的"钉子户"。M镇政府干部LC甚至直斥ZLB是一个"奇葩"。因为项目工作的原因，LC与ZLB兄弟俩交往非常密切。早在2012年，他从另一个乡镇调来M镇，担任副镇长，分管农业、城乡统筹等工作。2017年，由于身体健康原因，他退居二线，担任镇调研员，协助副镇长开展农业和城乡统筹工作。尽管LC已退居二线，但镇里一些重大项目和攻坚工作仍然需要他出面参与。目前他正在参与2017年的"三绕"征地拆迁项目。LC说，自调到M镇的五年来，他一直在与ZLB兄弟俩打交道。据他大概估算，迄今为止他跟ZLB兄弟俩至少谈判50次以上。他手机里存有ZLB兄弟俩的电话号码。据他自述，他有一次跟ZLB兄弟俩开玩笑说，"我们已经成为朋友了"，ZLB却说，"不是朋友，是对头"。

LC认为，ZLB兄弟俩上访反映的村干部问题有合理的成分，但是就他个人的征地拆迁补偿问题而言，是不合理的。"他们兄弟俩好聪明，搞到好处肯定是沉默的，不会去宣传。"① 他还讲到，ZLB兄弟俩当时反悔拒绝拆迁给政府造成的损失是60万—70万元，现在的价格是100万元。

郑氏兄弟的上访行为得罪了YQG家族。为此，他们曾遭到YQG的报复。据ZLB自述，他的儿子在大学期间申请入党时，需要村里出具一份政治审查材料，但是YQG拒绝提供。此外，他还讲道："YQG写我的车子的招牌，车牌号给别人，把我的信息透露给他们一伙的人，至于具体怎么样弄的，我还不清楚。"② ZLB的言下之意是说YQG可能通过买通他人故意损害他的车辆或者制造车祸害他。当然，这只是他的一面之词，并未得到证实。

---

① 访谈笔记，2017-05-06，LC。
② 访谈笔记，2017-04-29，ZLB。

此外，ZLG 也曾讲到，自从他们上访反映 YQG 的问题之后，YQG 曾动员村里的一些亲戚朋友疏远他们一家。"YQG 指使队上的几个年轻人，有道上背景的，跟我们作对，所以，17 队有一部分人不跟我们两兄弟来往。"①

2017 年 1 月，在第 17 村民小组组长换届选举时，候选人 ZLB 得票数仅次于最高得票者郑明学。因郑明学自愿放弃当组长的机会，按理可以根据得票数排名由 ZLB 替补，而且，ZLB 也有当组长的意愿。但是，YQG 的亲戚朋友站出来反对 ZLB 当组长，村里也不愿意选择一个总喜欢挑刺、跟村干部对着干的村民当组长。所以，第 17 组的组长位置一直空缺。

另外，ZLG 的上访行为也影响了他儿子的事业发展。ZLG 的儿子是一名货运司机。有一次，当客户得知他父亲是 ZLG 时，便拒绝跟他进行生意往来。

ZLB 兄弟俩长期上访使得镇政府非常被动。为了瓦解 ZLB 兄弟俩上访的意志，基层干部采取在村庄中制造矛盾和对立的做法。据 ZLB 说，镇村干部在群众当中造谣，诬陷 ZLB 兄弟俩从政府获得 50 万元和一套房子。这使得一部分村民认为郑氏兄弟通过上访得到了巨额好处。提起这事，ZLB 就愤愤不平："（我们）被政府坑惨了，政府跟其他人说我们得了 50 万元加一套房子，群众对我们意见很大。"② 政府试图通过造谣来使得郑氏兄弟俩的上访行为被污名化，让群众"看清"他们上访的真实意图。这样，郑氏兄弟就会被村民们孤立，在村庄中被边缘化。

据说，ZLB 的不少同学都已经是身居要职的地方政府官员或者是大企业家，而 ZLB 自己的人生之路却一波三折，到目前仍然只是一个出租车司机。他内心难免有些失落。这种失落感强化了他对社会特别是对政府的不满。

长期上访过程中所遭遇的各种磕磕绊绊以及政府干部的一些缺乏正当性的做法，越发强化了 ZLB 兄弟俩的"受伤感"。这使得他们内心积聚起一股强烈的"气"，并更加坚定了他们上访的决心。谈到拆老房子的问题时，ZLG 说："三绕征地，政府要推掉我的老房子，我顶起，不让推，你

---

① 访谈笔记，2017 – 05 – 05，ZLG。
② 访谈笔记，2017 – 04 – 29，ZLB。

要强行推，十八大以来国家的政策是怎么样的？严禁政府强制拆迁。政府的人说我是'搞卵枪'（当地方言，意为捣蛋）。你跟他们讲政策不起作用。"① ZLB 说："我本来是顺民，但是形势逼迫我成为刁民。"② ZLG 说："现在我们弟兄俩跟他们就像敌人一样，不知道给我们补偿多少精神损失费才够！"③

为了在上访过程中更好地跟政府周旋，ZLB 兄弟俩平时做好了充分准备。据说，ZLB 将他跟政府官员的每次谈话内容都做了笔记。ZLG 在上访时常常携带录音笔。我们在访谈 ZLG 时，注意到他有两本笔记本专门记录跟上访相关的问题。其中一本记录需要反映的问题，另一本用于摘抄相关政策文件内容。此外，他还购买了一本《法律知识全知道》，闲时就在家钻研法律条文。

ZLB 兄弟俩还经常观看新闻联播，阅读报纸，所以，他们对国家政策非常熟悉。镇政府干部习主任说："ZLB 两兄弟真是'人才'，每次来政府，说今天中央又讲什么什么。"④

五 国家、基层干部与农民上访

纵观 ZLB 兄弟俩的上访历程，他们的上访诉求主要有二：一是状告村干部的违纪违法问题；二是要求增加征地拆迁补偿款问题。就前一诉求而言，他们的上访是具备合理性和正当性的。尽管这其中可能夹杂着个人历史恩怨。就后一诉求而言，其中既有合理成分又有不合理成分。在这个意义上，他们的上访既非纯粹的维权型上访，又非典型的谋利型上访，而是属于"混合型抗争"⑤。

在垃圾填埋场搬迁等重大项目工作中，基层干部的一些做法确实欠妥。ZLB 兄弟俩通过上访要求政府给个合理的说法，他们的行为具备一定

---

① 访谈笔记，2017－05－05，ZLG。
② 访谈笔记，2017－04－29，ZLB。
③ 访谈笔记，2017－05－05，ZLG。
④ 访谈笔记，2017－05－05，XZR。
⑤ 陈涛、谢家彪：《混合型抗争：当前农民环境抗争的一个解释框架》，《社会学研究》2016年第3期。

的维权成分。

例如，在建设垃圾填埋场时，K村村民极力反对。在双方对峙的情况下，政府采取强制措施推进征地工作，但同时激化了农民与政府之间的矛盾。在垃圾填埋场核心区的村民搬迁之后，边缘区的村民迟迟未能得到搬迁安置。垃圾填埋场的环境污染给他们的生产生活带来极大影响。ZLB弟兄俩带头上访要求政府搬迁安置，这是合乎情理的。

此外，在"三绕"征地工作中，K村公示的Y县2012年第100号文件复印件中竟然缺少公章。只要稍为具备常识的村民都明白，如果是正式的政策文件，必定有相关政府部门的公章。即使排除基层干部作假的嫌疑，那么政府的这一做法也欠周详。而且，这也被上访群众抓住了把柄。它进一步强化了群众的被欺骗感，加剧了群众对政府的不信任。"人民政府的形象是代表人民的，你政府的啥子形象？"①

当然，ZLB兄弟俩也存在通过上访为自身谋利的行为。例如，按照补偿政策规定，他们本来并不属于垃圾填埋场核心搬迁区，但他们通过屡次上访，最终使得政府妥协退让，给他们按照核心区的标准进行补偿。此外，ZLB通过反复上访迫使政府给他提供多次选择宅基地的机会。在2017年的"三绕"征地过程中，ZLG通过上访迫使政府按照2012年的标准给他追加补偿。ZLB则试图通过上访给其母亲争取一块宅基地。

在访谈ZLG时，我们曾指出在他与镇政府签订的《搬迁补偿补充协议》草稿中，原先注明的院坝面积为1503.79m^2，但在正式签订的补充协议中却降低为159.13 m^2。对此，ZLG解释说："我得到一点实惠，是政策以内的，是多少就多少，少一分不干，多一分不要。"② 但后来我们访谈镇干部LC时，他透露说实际上ZLG聪明得很，垃圾填埋场的补偿标准比现在"三绕"的征地补偿标准更低，他故意减少垃圾填埋场的补偿面积，到时候就可以有更多的面积按照"三绕"征地补偿标准进行补偿。"表面上不吃政府的钱，实际上是想通过'三绕'征地再多补点钱。政府已经超出红线补偿他了。"③

ZLB兄弟俩常常将"政策"作为上访的武器。政府的行为是否符合政

---

① 访谈笔记，2017 – 05 – 05，ZLG。
② 访谈笔记，2017 – 05 – 05，ZLG。
③ 访谈笔记，2017 – 05 – 06，LC。

策规定，是他们时常思考和讨论的问题。他们还在上访时利用政策为自己的诉求正名。如果仅从外在因素来看，ZLB 兄弟俩的上访行为属于"依法抗争"。但如果深入他们上访故事的内核，可以发现他们的上访行为实际上夹杂着一定的谋利成分。他们常常以国家政策作为抗争的话语。通过反复试探以后，他们发现政府是可以谈判的。形成这一政治心理之后，他们便乐此不疲地反复上访以谋求利益。

农民之所以对政府不满，还在于征地拆迁补偿标准的地区差异。在征地拆迁工作中，因为不同地区的补偿标准存在差异。例如，在"三绕"征地过程中，Y 县和邛崃县是相邻的两个行政区，但是两县的补偿标准却相差较大。在邛崃县，政府按照人均 35 平方米（房屋置换，不包括公摊）或者 2200 元/平方米（货币补偿）的标准进行安置。在 Y 县，政府按照人均 30 平方米（房屋置换，包括公摊）或者 2000 元/平方米（货币补偿）的标准进行安置。邛崃县规定在规定时间内完成搬迁的，按照 1 万元/人的标准进行奖励，而 Y 县的奖励标准只有 1000 元/人。另据村民说，邛崃县的一根毛竹的补偿标准为 2 元，而 Y 县的补偿标准为 0.5 元。总而言之，两个相邻县份的征地拆迁补偿标准相差较大。这些信息通过各种渠道很容易在农民之间得到传播。常言道：不患寡而患不均。不同地区的补偿标准差异巨大，同权（地）不同价的现实让农民难以接受。更何况两县相隔如此之近。农民内心产生强烈的不平衡感，使得他们对政府的征地行为更加不满。

此外，农民对政策的认知和理解与政策文本规定之间的偏差，也进一步强化了他们的被剥夺感。例如，ZLB 曾经反复强调说中央某文件规定：征地后农民生活水平不降低。既然要确保农民被征地后生活水平不降低，那么补偿标准必须随物价、工资收入水平变动而进行调整。如此，在 2017 年"三绕"征地工作中，Y 县仍然按照 2012 年第 100 号文件的标准给被征地农民进行补偿就难以服众。他们的疑问在于："你为什么拿 2012 年的文件来征我 2017 年的土地？"

话说回来，政府按照第 100 号文件规定标准给被征地农民给予补偿也有其合理之处。因为该文件规定的有效期为 5 年，恰好 2017 年 10 月到期。而"三绕"征地工作在此之前开展，新的政策文件尚未出台，所以地方政府只能按照第 100 号文件规定的标准执行。

中央在制定大政方针时只能提出政策的方向、原则，而不可能规定具体的细节。而且，地方政策制定也必须经过相应的程序。政策文本的存废有一定的周期。这使得地方政策文本与中央的精神之间难免存在一定的滞后期。这进一步强化了农民对基层干部的不信任感，使得农民认为地方政策歪曲了中央的意志，地方政府没有认真贯彻落实中央的精神。

政府治理上访"钉子户"的策略反过来加大了基层工作难度。在应对"钉子户"时，政府采取各个击破的策略，有利于推进工作。但是，它同时带来了新的问题。例如，在"三绕"征地工作中，政府跟 KLY 达成的协议约定政府给 KLY 追加 1 万多元的补偿款。但是，这一数字经过在村民当中传播扩散之后变成了 6 万元。我们后来再次访谈 ZLB 时，他也谈到，据说政府这次给 KLY 追加了 6 万元的补偿。

"KLY 的房子前天晚上被拆掉了，接下来就是我们的房子。他们（政府干部）肯定感到有阻力了。KLY 肯定是跟政府沟通好了，听说是 6 万。我们在政府里面也有人的，有'线人'的。他们怎么说的，我们也清楚……不是说 KLY 不该享受，而是说他享受了，其他人也应该享受。国家提倡法律面前人人平等，政策面前都不人人平等。"①

各个击破的权宜式治理方式看似暂时摆平了上访者，却进一步强化了农民的不公平感，激发农民采取相似的策略跟政府博弈。最终，它必然滋生出越来越多的上访"钉子户"。原本是"顺民"的群众也慢慢转变为"刁民"。M 镇干部 LC 也谈到近年来国家政策导向的变化，他说："在利益面前，政策的导向在偏向老百姓，老百姓知道你政府不敢拿他怎么样……村干部不敢得罪老百姓，全部当好官，你得罪他，他给你整死你。"②

由于地方政府主要领导面临极大的维稳压力，怕出事，所以对于这些上访"钉子户"采取一味迁就的策略。"5·12 拆房复垦的时候，ZLB 他们拦着不让拆。本来是应该合理合规的，但是当初（政府）有顾虑，一开始领导对情况不熟悉，房子还在那，现在'三绕'又遇到阻力。"③ "越上访，越闹越得利，越是钉子户越得利……过去的政府很有魄力，现在网络

---

① 访谈笔记，2017 - 05 - 06，ZLB。
② 访谈笔记，2017 - 05 - 06，LC。
③ 访谈笔记，2017 - 05 - 05，XZR。

发达、信息时代发达了，开始变了。现在的惠农政策，越给得多，工作越难做……镇领导压力大，责任大，很难的工作尽量能推就推。"① 处于一线的基层干部既不能"捅娄子"，又必须将工作完成。所以，一线行政人员同样承受着极大的压力。这样的局面使得一线行政人员灰心丧气。镇干部LC说："我担心，下周一把钱打给他（ZLG）之后，他又不拆，我也没办法了……（ZLG的房屋）现在还没拆，如果现在（政府）还这样软弱，我也不给你做工作了。我是给镇里领导建议了的。"② 长此以往，基层治理可能陷入恶性循环。

六　小结

上文已经对由于农民与村干部之间的矛盾纠纷而诱发的上访事件进行了剖析。从该上访事件可以看到，由村庄政治诱发的农民上访跟家族政治、派系政治等引发的农民上访同样具有高度复杂性。一方面，这类上访案件可能确实跟基层干部的不作为、贪污腐败甚至侵权行为有关；另一方面，它们也可能源于农民与基层干部之间的历史恩怨、私人矛盾。农民可以运用信访的方式来寻求国家的援助。村庄政治通过信访体制被吸纳进入国家政治领域。

郑氏兄弟俩的上访故事与其他许多类型的农民上访故事具有相似性，也有诸多不同之处。比如，与许多上访者倾向于越级上访包括进京上访不同，郑氏兄弟俩的上访经历使他们意识到"到上面上访没用"。"飞上天的石头终究要落地"。因此，虽然他们曾经去过省里、市里等各级政府部门上访，但到上级的上访经历使他们很快意识到，"上面并不能解决问题"。他们递交到上级的信访材料仍然要层层转交到最基层。所以，他们随后渐渐调整了上访策略，主要以到镇政府上访为主，跟镇干部反复纠缠。表面上看，他们意识到国家并不解决访民的具体问题，似乎是对中央、对抽象的国家的失望。这貌似意味着国家合法性的流失。但另一方面，他们在上

---

① 访谈笔记，2017-05-06，LC。
② 访谈笔记，2017-05-06，LC。

访时却又常常援引国家的政策、话语来为自身的上访行为增强合法性。这体现出他们对抽象的国家进行工具性地运用。可见,农民观念中的国家是一个非常复杂的混合体。他们之所以时而表现出对国家的失望,是因为他们对国家寄托了深重的希望,他们对抽象的国家仍然抱持信任。中央在农民心目中仍然是高大上的,是英明的。在关键时刻,国家是能够为民做主的。

此外,农民将中央政策文件精神与地方政策措施进行对立解读也表明,农民对中央、对国家是抱持信任的。国家要求地方政府确保征地后农民的生活水平不降低,这是一条原则性的规定。地方政府在落实征地补偿相关政策措施时则要复杂得多。且由于科层体制内各种繁冗驳杂的程序规则,地方政府不可能过于频繁地修订相关政策和制度,而必须抱持某些政策的相对稳定性。这样,某些政策落实落后于经济社会发展水平就在所难免。中央的政策文件精神多为宏观的、指导性的,但上访农民却将其与具体的地方政策联系起来。一旦农民认为地方政府的政策规定与中央政策文件精神不符,他们就倾向于责怪地方政府。

在上访过程中,上访者的诉求不断获得再生产。ZLB兄弟俩眼见邻居KLY通过上访获得政府的额外补偿,更坚定了他们要求政府增加补偿的决心。他们秉持一种朴素的公平正义观,要求"法律面前人人平等""不患寡而患不均"。上访者利用这些道义话语,来为自己的诉求获取正当性。ZLB兄弟俩认为他们多年来上访付出了大量的时间和心血。在长年累月的上访中,在与政府的交涉过程中,他们还感受到了各种各样伤害。政府必须对他们的遭遇负责。因此,他们强烈要求政府必须满足其个人诉求。ZLG甚至认为政府应该补偿其上访造成的精神损失费。

这样,政府既是农民上访求助的对象,又成为他们抗争的对象。这为我们呈现了农民国家观念的双重性。

此外,国家对民众行为的规训能力是国家能力的重要组成部分。[①] 本文的案例分析表明,国家对农民行为的规训能力不甚理想。国家无法有效规训那些反复缠访、闹访者。尤其是在当前信访体制被强化的情况下,地

---

① [美]乔尔·米格代尔:《强社会与弱国家》,张长东等译,江苏人民出版社2009年版,第5页。

方政府面临巨大的维稳政治压力。面对上访者的反复缠闹，基层政府不得不妥协退让，甚至丧失原则底线。

同时，由于基层干部的一些不作为、乱作为行为，致使民众对基层干部的信任度降低。大多数村民都更看重上访者告倒村干部的英雄壮举，而很少关注甚至完全忽略了上访者的某些谋利之举。且即使他们明知上访者具有谋利的举动，他们也认为这是"正当的""应得的"。上访者的谋利之举在村民当中获得了合法性。这又进一步刺激更多的民众通过上访谋利，形成恶性循环效应。

第六章 国家、生活与农民

学界已有关于农民抗争的研究多集中于讨论因为政府（公权力）侵权而导致的抗争事件。但在中国农村，农民日常生活中常常因为利益纷争等因素而诱发社会冲突，进而引起农民抗争行为。尤其是在剧烈转型过程中的当下农村社会，价值观日益多元化，利益冲突更加剧烈，从而更容易诱发农民抗争。这些矛盾纠纷往往是发生于农民日常生活之中，而非农民与政府的对抗之中。也就是说，是农民日常生活中的矛盾纠纷而非政府侵权行为导致了大量的农民抗争。因此，探寻农民的日常生活政治，是理解农民抗争的有益视角。本章拟从农民生活政治的视角探讨国家与农民抗争政治之间的关联机制。

一 生活政治研究的转向

自近代以来，西方社会科学界在革命、集体行动和社会运动等方面已经取得了非常丰富的研究成果，形成了各具特色的理论流派。其中，既有社会中心论，也有国家中心范式；既有关注抗争行为的心理根源者，也有探讨抗争行为与政治的关联者；既有将抗争民众视为非理性的"乌合之众"者，也有运用理性选择理论对抗争行为展开分析者……

晚近以来，针对有关抗争研究理论驳杂、莫衷一是的现状，一些研究者开始探讨一种综合性的研究路径。其中，最有代表性的当属查尔斯·蒂利等人的抗争政治理论框架。在他们那里，所谓抗争政治，"包含着这样一些互动：在其中，行动者提出一些影响他人利益或导向为了共同利益或共同计划而做出协同努力之要求；政府则在这些互动中作为所提要求的对

第六章　国家、生活与农民

象、要求之提出者或第三方而介入其中。抗争政治由此而将人们所熟悉的社会生活的三个特征：抗争、集体行动以及政治，聚合到了一起"①。抗争政治的理论框架侧重于对抗争政治的机制和过程展开分析。它将革命、集体行动和社会运动等各类抗争形式都统合于一个共同的分析框架之中。

然而，抗争政治的理论框架也存在不足。

首先，它主要聚焦于具有一定规模的集体抗争行动，尤其是社会运动，而基本不关注个体类的抗争行动。虽然查尔斯·蒂利和西德尼·塔罗在有关"抗争"的概念界定中曾经阐明，"抗争中的双方常常是个人，但其中一方或另一方也可能是一个群体甚或是一个机构"②，但他们在具体的分析中基本上都以集体抗争行动为研究对象。

其次，它将分析的重点放在抗争的事件、片段和过程上面，而对抗争事件产生的社会结构根源较少关注。虽然西方抗争政治研究者也探讨社会运动的基础问题，但他们所谓社会运动基础是指"由一些运动组织、网络、参与者以及累积起来的文化人造品、记忆与传统组成，这些因素均有助于社会运动活动的开展"③。他们所重点关注的是这些社会基础在社会运动动员过程中的作用，而并非从社会基础结构的角度来理解抗争政治和社会运动的形成机制。

最后，它主要探讨由政府（公权力）的失责或侵权行为而引发的抗争行为，而较少关注发生在其他非政府行动者之间的抗争行为。虽然他们也曾指出，"在日常生活中，抗争的范围变化囊括了从诸如今晚我们应看哪个电视节目之类的小事，到你的姐姐（或妹妹）休（Sue）是否应该嫁给正在和她约会的那位男士之类较大的问题"④，"将抗争政治限制在某种程度上提出关涉政府的要求，绝不意味着政府一定扮演着抗争要求之提出者

---

① 查尔斯·蒂利、西德尼·塔罗：《抗争政治》，李义中译，译林出版社 2010 年版，第 9 页。
② 查尔斯·蒂利、西德尼·塔罗：《抗争政治》，李义中译，译林出版社 2010 年版，第 9 页。
③ 查尔斯·蒂利、西德尼·塔罗：《抗争政治》，李义中译，译林出版社 2010 年版，第 140 页。
④ 查尔斯·蒂利、西德尼·塔罗：《抗争政治》，李义中译，译林出版社 2010 年版，第 9 页。

或接受者的角色"①，但他们关注的仍然主要是国家政治领域或者由政府侵权、失职而引发的抗争行为。这样的研究偏好使得民众日常生活中的抗争行为极少进入研究者的视野。

近十多年来，有关中国抗争政治的研究也取得了很大进展。相关研究涉及业主维权、工人运动和农民上访等。有关农民维权的研究也深受西方抗争政治理论框架的影响。研究者较多地运用了政治机会结构理论、资源动员理论等理论资源。研究者主要关注发生在政府与农民之间的抗争事件。而且，许多研究往往存在一个理论预设：农民之所以抗争，就是因为政府权力过大或者政府侵权、失职。政府侵权——农民反抗是这类研究的一般叙述模式。

必须承认，在当下中国农村，由政府侵权或失职而导致的农民抗争事件确实普遍存在。但实际上，也有不少社会冲突和抗争并不是因为政府侵权或失职而产生，而是由于村庄日常生活中的冲突所导致。比如，农民日常生活中围绕耕地、宅基地等利益分配而展开的纷争，以及一些日常琐事所导致的争吵，都会引发农民抗争。即使是西方社会科学家也认为："大多数的抗争也是在政治之外发生。我们只是在与政府的代理人发生互动时才进入到政治领域。"② 如果仅仅将目光停留在由政府侵权、失职而导致的农民抗争事件上，那么无疑会遮蔽某些非常重要的事实，导致研究结论的片面化。尤其是中国农村有其独特的社会结构和生活逻辑，农民抗争行为的产生、机制和过程都与西方的抗争政治有着巨大差异。因此，为深化有关中国农民抗争问题的研究，我们需要一种"回归生活世界"的视角和路径。

二　国家与（社会）生活：一个分析框架

"生活"指社会人的日常活动，既包括各种权宜性生产的利益、权力

---

① 查尔斯·蒂利、西德尼·塔罗：《抗争政治》，李义中译，译林出版社2010年版，第11页。
② 查尔斯·蒂利、西德尼·塔罗：《抗争政治》，李义中译，译林出版社2010年版，第10页。

和权利诉求及生活策略和技术,又指涉相对例行化的民情和习惯法。① 在汉语中,"生活"与"日常"含义相近,二者常常连用,比如"日常生活"。生活政治研究范式的滥觞,源于西方学界对现代性的反思与批判。相关观点可见于哲学、政治学和社会学等学科。其中尤以哲学界为甚。针对西方近代以来理性主义泛滥的现状,现象学代表人物胡塞尔曾发出回归"生活世界"的呐喊。②

关于生活政治,不同学者给出了不同的定义。吉登斯指出,在晚期现代性时期,由于工具控制体系日益赤裸地运作且其负面后果也日益明显地显露。生活政治正是对现代性负面后果的一种反向作用。③ 在吉登斯那里,生活政治与解放政治相对。生活政治指的是激进地卷入进一步寻求完备和令人满意的生活可能性的过程中,而解放政治指激进地卷入从不平等和奴役状态下解放出来的过程。④ 生活政治主要关心生活决策和选择(life decisions)问题,而解放政治主要指生活机会(life chances)问题。⑤ 生活政治与解放政治之间有着复杂的关系。解放政治并不仅仅为生活政治提供铺垫,而且会直接影响到生活政治的问题,并以生活政治的转型为预设前提。同时,生活政治议程的浮现并不意味着解放政治的终结。从本质上讲,生活政治的所有问题均会引发一种解放的政治。⑥ 吉登斯还将生活政治放在全球化背景下去考量。他认为:"生活政治所关涉的是后传统场景中进行的自我实现过程所引发的政治问题,在这种场景中,全球化进程强烈地影响着自我的反思性投射,同时自我实现之过程也极大地影响着全球化策略。"⑦

米歇尔·福柯对监狱、惩罚等规训权力实践的分析将研究视角从传统

---

① 肖瑛:《从"国家与社会"到"制度与生活":中国社会变迁研究的视角转换》,《中国社会科学》2014年第9期。
② [德]胡塞尔:《欧洲科学的危机与超越论的现象学》,王炳文译,商务印书馆2001年版,第135页。
③ 吉登斯:《现代性与自我认同》,夏璐译,中国人民大学出版社2016年版,第8页。
④ 吉登斯:《现代性的后果》,田禾译,译林出版社2011年版,第137页。
⑤ 吉登斯:《第三条道路》,郑戈译,北京大学出版社2000年版,第47页;《现代性与自我认同》,夏璐译,中国人民大学出版社2016年版,第199页。
⑥ 吉登斯:《现代性与自我认同》,夏璐译,中国人民大学出版社2016年版,第211—214页。
⑦ 吉登斯:《现代性与自我认同》,夏璐译,中国人民大学出版社2016年版,第200页。

宏观政治权力转向微观日常政治权力。① 在福柯那里，"权力这个词本身只是指各种全部要加以分析的关系（领域），而这些有待分析的全部关系就是我所称的治理术"②。

另一思想家奇格蒙特·鲍曼则将生活政治与人们的消费方式、权威认同和生活感知等因素勾连起来。③ 鲍曼在对流动的现代性阐释中指出，"'液化'的力量已经从'制度'转移到了'社会'，从政治转移到了'生活政治'，或者说，已经从社会共处（social cohabitation）的宏观层次转移到了微观层次"④。

在西方，生活政治议题滥觞于传统社会向现代社会转型之大背景之下。基于对现代性、理性主义的反思，生活政治研究范式呈现出较强的后现代色彩。生活政治研究大多秉持一种微观政治研究进路。生活政治关注的重心由宏观的政治权力中心转向边缘地带的微观权力实践。它构成了对宏大叙事的反叛，主张将视角转向"微小实践""微观叙事"。"生活政治的根本着眼点在于边缘和底层，在于个体的生存感受和生存质量"⑤。

生活政治与微观政治既有联系又有区别。在本质上，生活政治隶属于微观政治。二者的研究对象具有重合之处。"微观政治关注日常生活实践，主张在生活风格、话语、躯体、性、交往等方面进行革命，以此为新社会提供先决条件，并将个人从社会压迫和统治下解放出来。"⑥ 但二者也有区别，微观与宏观相对，生活（日常、非正式）与官方（正式）相对。"微观政治学会更多地关注企业、社区等社会组织的权力控制问题，也包括以个体政治人（为对象的研究），如政治心理学、政治社会化研究、政治角

---

① [法] 米歇尔·福柯：《规训与惩罚》，刘北成、杨远婴译，生活·读书·新知三联书店2003年版；《疯癫与文明》，刘北成、杨远婴译，生活·读书·新知三联书店2003年版。
② [法] 米歇尔·福柯：《生命政治的诞生》，莫伟民、赵伟译，上海人民出版社2011年版，第165—166页。
③ [英] 奇格蒙特·鲍曼：《被围困的社会》，郇建立译，江苏人民出版社2005年版。
④ [英] 奇格蒙特·鲍曼：《流动的现代性》，欧阳景根译，上海三联书店2002年版，前言第11页。
⑤ 红苇：《生活政治是一种什么政治》，《读书》2002年第6期。
⑥ 道格拉斯·凯尔纳、斯蒂文·贝斯特：《后现代理论》，张志斌译，中央编译出版社1999年版，第30、150页。

色研究、政治人格研究，等等"①。

在有关农村农民生活政治的研究中，具有较大影响力的当属詹姆斯·斯科特有关东南亚农民日常抵抗的研究。斯科特通过对东南亚农民日常生活的细致观察，深入分析了当地农村阶级结构和农民生活的变迁，探讨了农民在日常生活中所采取的各种隐性抵抗方式，比如开小差、偷懒、毁坏机器等。②此后，其学生克弗列特延续了斯科特的研究传统。他通过对越南农村改革的调查研究写就了《日常政治的力量：越南农民如何改变国家政策》。

在国内，近年来也有研究者发出从"国家与社会"到"制度与生活"研究视角转换的呐喊，主张将日常实践同社会结构变迁勾连起来，探究社会结构变迁的微观动力机制。③有研究者运用日常（生活）政治的分析框架探讨县域政治运作逻辑。在这类研究中，日常政治与制度政治、文本政治相对应，具体指地方政治的日常形态，比如开会、关系运作等。④日常政治意味着对传统政治、官方正式政治进行祛魅化解读。

上述研究同样带有较强的后现代色彩。研究者强调权力的弥散性、相对性，强调对边缘、底层的关注。本书所谓生活政治与上述两种界定方式存有共性，即都强调政治的"实践性"。但是，本书中的生活政治与上述两种界定方式也有不同之处。本书的生活政治并不刻意强调农民的底层性，而主要指农民日常生活中的政治。其意在通过农民日常生活来发掘微观政治运行机制。在这个意义上，本书对生活政治的探究类似于实践社会学的研究进路。以孙立平为代表的实践社会学同样在很大程度上受到西方后现代理论的影响。他们主张运用过程—事件分析⑤或关系—事件分析⑥方法对当代中国农村日常生活展开研究，将关注重点从"大事件因果关系"

---

① 赵丽江等：《生活政治学的发端及关注的问题》，《华中科技大学学报》（社会科学版）2010年第6期。
② 斯科特：《弱者的武器》，郑广怀、张敏、何江穗译，译林出版社2011年版。
③ 肖瑛：《从"国家与社会"到"制度与生活"：中国社会变迁研究的视角转换》，《中国社会科学》2014年第9期。
④ 樊红敏：《县域政治》，中国社会科学出版社2008年版，第15页。
⑤ 孙立平：《"过程—事件分析"与当代中国农村国家农民关系的实践形态》，载谢立中主编《结构—制度分析还是过程—事件分析》，社会科学文献出版社2010年版，第132—154页。
⑥ 李猛：《迈向关系/事件的社会学分析：一个导论》，载谢立中主编《结构—制度分析还是过程—事件分析》，社会科学文献出版社2010年版，第62—76页。

转移到"小事件因果关系",以此透视当代中国农村中国家与农民关系的实践形态。当然,与过程—事件分析将事件作为主要的关注点不同,本书的生活政治研究进路将比较重视村庄社会结构的作用,通过事件发展过程将行动者与结构统合起来。恰如研究者所言:"只有进入具体的制度实践中,以事件为中心洞察行动者在互动中如何通过习惯法的再生产来诠释、拆解、分化以及连接、整合各种正式制度,或者推动正式制度变革,为自身创造各种合法性空间,才能分析国家形成、社会维继、民情生成与变迁的具体逻辑。"①

截至目前,学界已有个别关于农民生活与抗争政治的研究成果。比如,有学者对农民"气"的触发和升级机制与抗争行为之间的关联进行了分析②,还有学者阐释了农民生活中的"气""忍""报"等传统解纷止争机制及其瓦解给农民上访所带来的影响。③

上述研究给本书的研究进路提供了非常有益的启发,但已有关于农民日常生活政治的研究难免陷入碎片化解读的境地。这些研究往往倾向于夸大偶然性、随意性。但实际上,"必然"与"偶然"是一个辩证统一体。"必然"可能遭遇"偶然","偶然"中有"必然","偶然"体现"必然"。忽视"偶然"中的"必然",可能会导致虚无主义。一些研究者讲了许多非常复杂的故事,但却未能呈现和留下有价值的知识,在理论建构上少有建树。日常生活不仅仅只有事件和偶然性,而且可以透视社会结构。

此外,如同将微观与宏观对立一样,已有研究倾向于将生活政治与官方政治对立与割裂开来。这些研究或者强调官方政治的决定性作用,或者凸显生活政治的解构性影响。但无论是官方政治(权威政治),还是日常生活政治,都只是政治实践的方式之一。二者互相依存、相伴相生。同理,采用结构—制度分析方法探讨宏观国家政治并不比运用过程—事件分析方法研究微观生活政治的意义更小。如同有学者指出的那样,过程—事

---

① 肖瑛:《从"国家与社会"到"制度与生活":中国社会变迁研究的视角转换》,《中国社会科学》2014年第9期。
② 应星:《气与抗争政治》,社会科学文献出版社2011年版。
③ 赵晓峰:《生活政治与农民上访》,载田先红主编《华中村治研究2017年第1期——信访研究:国家治理的视角》,社会科学文献出版社2017年版。

件分析和结构—制度分析并不存在高低优劣之分,它们只是两种不同的话语建构方式而已。①

而且,已有关于日常生活政治的研究过于注重地方性,而忽视了国家在日常生活政治中的作用。在这些研究里,国家往往是缺席的。即使有的研究中偶尔触碰了国家,但国家也只被当作一个模糊的背影,而并没有成为一个重要的、独立的变量。但实际上,即使在农民日常生活中,国家也并没有缺席。归结起来,国家通过两条途径渗透和影响农民日常生活。一是有形的途径,二是无形的途径。前者指国家通过各类政策、制度(如计划生育政策)直接干预农民日常生活,后者指国家的意识形态会对农民日常生活产生潜移默化的影响,形塑农民的国家观念。可见,农村日常生活无法避开国家的渗透和干预。当然,农民日常生活政治也会对国家形成反作用,影响国家政策和制度的运行,进而影响国家对农村的治理绩效。

综上,本章主要基于生活政治的视角,讨论国家与农民抗争之间的关联。笔者试图通过观察农民日常生活的样态,发现农民抗争的动力机制及其与国家权力的连接机制。生活政治的研究视角意味着,本研究将视角聚焦于国家权力的边缘地带,即国家与社会相接触的地方。恰如米格代尔所主张的那样,将国家拆解开来进行研究,不是通过观察国家权力中心而是在国家权力与社会接触的边缘地带考察国家自主性和国家能力问题。②

本章将以笔者在华北某市 C 区西江办事处开展田野调研所获取的经验材料为基础展开分析。西江办事处地处 C 区城乡接合部,与 H 县相邻。该办事处下辖 3 个社区和 13 个行政村,41 个自然村,92 个村民小组,户籍人口总计 2.6 万。虽然办事处的部分地方已经划入城区,但大部分面积的辖区仍然属于传统农业型村庄。辖区绝大多数户籍人口仍为农业人口。在村庄日常生活中,"门子"③ 发挥了较为重要的作用。它是具有较强凝聚力和互助性的行动单位。"门子"实际上是一种碎片化了的宗族。它的规模

---

① 谢立中:《结构—制度分析,还是过程—事件分析?——从多元话语分析的视角看》,载谢立中主编《结构—制度分析,还是过程—事件分析?》,社会科学文献出版社 2010 年版,第 239—285 页。

② [美]乔尔·米格代尔、阿图尔·柯里、维维恩·苏主编:《国家权力与社会势力:第三世界的统治与变革》,郭为桂、曹武龙、林娜译,江苏人民出版社 2017 年版,第 3 页。

③ 所谓"门子"是当地农民对家族的称谓,以五服为单位。同一家族的人称为"同一门人"。

要比南方的宗族小许多。长期以来，在当地农村，"门子"与"门子"之间会发生一些围绕权力、资源而展开的纷争。村民在村庄中的地位跟其所在"门子"势力的大小有着密切关系。为了保持自身在村庄中的地位，村民必须想方设法多添男丁。因此，当地长久以来都有着强烈的男孩偏好。如果家中缺乏男丁，那么很容易遭受他人的欺负，在村庄中难以立足。这样的社会结构构成了我们理解诸多村庄政治社会现象的重要知识基础，也是解释当地农民行动的重要变量。

三 上访案例梗概简介

（一）刘艳兰其人

刘艳兰，1957年生，家在西江办事处Z村张寨组。Z村原隶属于H县大岭乡，2008年行政区划调整时划归C区西江办事处管辖。刘艳兰的信访事项也从淮阳县大岭乡转移至C区西江办事处。刘艳兰文化程度较低。她的上访信中错字、漏字等语病较多。刘艳兰曾经办理了一张《残疾人证》（办证时间为2010年8月20日）。证件上注明她的残疾类型为"精神"，残疾等级为"肆级"（最低级别）。

刘艳兰家所在的门宗规模较小。她的祖父是家中独子，她的父亲也只有两兄弟。刘艳兰只有三姐妹，没有兄弟。在一个"门子风"较为强烈的村庄，兄弟、堂兄弟数量少自然导致其势力较弱，在村庄社会生活中难免吃亏。

刘艳兰在三姐妹中排行最末。她的大姐嫁往淮阳县城，二姐嫁到邻乡。她自己招了一个上门女婿，名为沈云天。育有两个儿子，均姓沈。沈云天比较老实，话语较少，而刘艳兰则大大咧咧，性格要强。自然，家中之事无论大小，都主要由刘艳兰主导。沈云天除了种地之外，还时常到附近的一家砖厂做工，而刘艳兰则基本上不干活，天天骑着三轮车往返于村里和区里或者市里。我数次见到刘艳兰夫妇俩到西江办事处反映问题时，都是刘艳兰在和办事处干部说话，而沈云天则站立一旁，默不作声。偶尔他们的长子沈建设也会随同来西江办事处，由他出面跟办事处交涉。

由于刘艳兰长年累月上访，且上访时常伴有非正常的言语和行为，因此，西江办事处不少干部都认为她有点"精神不正常"。当然，其实大家都清楚，刘艳兰的脑子还是清醒的。

每当刘艳兰来办事处上访时，一些工作人员还主动上去跟她搭讪说笑。我注意到，大家对刘艳兰来办事处上访似乎已经习以为常。他们更多地将她的行为视为一种笑柄，所以才会上去跟她调侃。至于她的诉求所指，诉求能否实现，已经不是众人关注的目标。

C区信访局和西江办事处信访办保留有四本关于刘艳兰信访的档案资料，合计近三百页。跟刘艳兰慢慢熟悉之后，我曾试图对她进行访谈，但我发现她的思维跳跃性很大。每次跟她谈话时，过不了几分钟，她就转移到其他话题上面。

（二）刘艳兰上访史

刘艳兰反映的问题多如牛毛。概括而言，她上访的问题主要涉及四个方面：一是历史遗留问题，包括她的祖父被批斗、撤职和后来的其他种种遭遇，以及他父亲出走新疆之事，这些历史旧账都统统归结到政府头上；二是在她家与邻居发生矛盾纠纷时，向政府求援，并顺带状告基层政府和村干部在矛盾纠纷调解过程中不作为或者乱作为；三是状告村组干部、党员和其他邻居违法乱纪，典型如违反计划生育政策问题；四是要求政府解决生活困难问题，给她家提供低保、救助。

1. 历史遗留问题

刘艳兰反映的历史遗留问题涉及她的祖父和父亲。据了解，刘艳兰的祖父曾经被划为右派，遭到批斗，后被免去队长职务，并派往外地修建铁路。这成为刘艳兰上访的一个理由。

此外，刘艳兰在上访时，还控告政府在60年前将其父亲划为地主，并流放至新疆。但据村干部和村民所言，事实与刘艳兰反映的情况不符。刘艳兰的父亲曾经跟村里的一名女性（据说该女性还跟刘艳兰一家有一定的亲属关系）发生婚外情。此事被人发现，在村中流传甚广。在巨大的舆论压力下，刘父觉得无颜继续在村中生活，遂于1958年出走新疆，此后一直未再返回家乡。这是刘父出走的真正原因。而刘艳兰将这笔账算在了政府头上。她在后来上访时，指责政府逼走了其父亲，要求政府承担责任。

刘艳兰在上访时也特意凸显自己的地主家庭出身。比如，2012年9月10日，她在赴京上访的材料上写道："刘艳兰，女，现年55年（岁），汉族，出生（身）地主家庭……"她将她家庭的没落和目前窘迫的经济条件全部归咎于政府。在她看来，她家原本条件尚可，但因为国家在特殊时期的一些政策（如斗地主、反右等），导致她家道中落。因此，她似乎对地方政府充满了怨恨。

2. 邻里纠纷

刘艳兰上访反映了数起她与邻居家的各种矛盾纠纷。其中一件事情涉及30多年前她与村里看青队员之间的纠纷。1981年冬天，由于猪羊啃青苗现象比较严重，Z村支书郭顶俊安排副支书孟民祥组织各队的民兵到田地里驱赶猪羊。孟民祥一行十多人转到村庄西边田地里，眼见有几只羊在啃青苗。羊的主人正是刘艳兰。孟民祥安排民兵前去赶羊。此时，刘艳兰出来阻拦。在抢羊的过程中，刘艳兰与民兵张如意（该人后来死亡）发生撕扯。随后，刘艳兰口头保证不再放羊啃青苗，民兵遂将羊返还给她。

过了一段时间，刘艳兰身体不适，怀孕9个月的胎儿流产。刘艳兰认为是民兵的撕扯行为致其流产。后来，她的第二个儿子因先天性脑积水而夭折。刘艳兰认为是上一次流产致其身体受损所致。这一事件成为刘艳兰多次上访的重要依据。关于第二个儿子夭折的事件，刘艳兰还曾请张寨组的几位村民和当时跟她住同一病房的病友出示了证明。

实际上，该证明是否具有效力还需进一步考证。这一事件涉及责任划定问题，即刘艳兰流产事件是否跟之前她和民兵之间的撕扯行为相关。究竟是双方撕扯行为致使刘艳兰流产，抑或是因为其他原因而致使其流产？由于时隔久远，且另一方当事人张如意已经去世，这一问题成为一个永远无法揭开的谜。况且，如果刘艳兰认为村干部应该为自己流产担负责任，为何在事发之初她没有提出这一要求，却在时过境迁之后旧事重提？这是否在上访成为刘艳兰的惯习之后，她顺手拿来说事的话柄？当然，这只是我们的一个疑问而已。即使第一件事故责任能够得到认定，那么第二胎先天性脑积水是否跟前一次流产事件有关，这又是一个非常复杂的医学问题。

刘艳兰反映的另一事项涉及她家的承包地调整问题。1997年，刘艳兰家在其承包地里种植了一亩葡萄树，并建有两间小瓦房用于看管葡萄。

第六章 国家、生活与农民

1998 年,村里调整土地,刘艳兰家种植葡萄的土地被调整给其伯父张民尚。根据当时的政策,地上的农作物和树木两家自行协商,房屋可拆除也可作价处理给新的承包户。由于张民尚不愿意种植葡萄,也不愿给刘艳兰补偿,双方未能达成协议。最后,刘艳兰无奈自行砍掉地里的葡萄树,并坚决不愿意拆除那两间小瓦房。双方僵持不下。村组干部组织两家进行调解,同意刘艳兰家不拆除两间小瓦房,并另调相等面积的土地补偿张民尚。

由于刘艳兰在耕地上建房,该房屋属违章建筑,当时大岭乡农房所对刘艳兰处以 600 元罚款。刘艳兰误以为交纳罚款之后这两间小瓦房所占地块就属于自己的宅基地,遂多次到当时的大岭乡农房所要求办理宅基地权证。2001 年冬,河南省某副省长到大岭乡视察,适逢刘艳兰再次到乡里上访索要宅基地权证。为避免惹出事端,大岭乡派出所民警将刘艳兰强行带离现场。

Z 村划归西江办事处管辖之后,刘艳兰仍然多次要求西江办事处为这两间小瓦房补办宅基证。刘艳兰还状告大岭乡派出所民警对其进行殴打,西江办事处在信访事项处理意见书上写明他们曾联系当时的当事民警,但时隔多年,且该当事民警已经退休,调查工作无法开展。

2009 年 9 月,刘艳兰上访反映其在葡萄地里的 2 间小瓦房的宅基证被市委门口保安强行扣留,试图以此为由要求西江办事处为其补办宅基证。西江办事处通过市委机关保安大队核实,认定并无此事。一个可能的解释是,刘艳兰试图编造宅基证丢失的事实,以此要求西江办事处补办宅基证。

最终,刘艳兰试图为她原来葡萄地里的两间小瓦房办理宅基证的努力未能成功,而将这两间小瓦房转让给她伯父张民尚。经过多次调解之后,刘艳兰与张民尚于 2012 年 2 月 29 日就她家葡萄地里的房屋、土地和树木问题达成协议。张民尚一次性支付给刘艳兰房屋、土地和树苗款共计 1150 元。刘艳兰的房屋、土地和树苗永久归张民尚所有。

自刘艳兰家与其伯父张民尚家发生此次纠纷之后,两家便长期不再来往。2012 年 3 月 1 日,刘艳兰夫妇到西江办事处上访,反映张民尚家在耕地(当地称为"大田地")上建房未受到处罚。办事处要求其提供书面证据材料和村组证明材料,再商议处理方案。次日,刘艳兰又到办事处反映同一问题。

3月5日，刘艳兰又到办事处反映：（1）上次跟张民尚家交易的房屋、土地作价太低，现在不愿执行当时签订的协议；（2）反映宅基地15.5×14米不够，占用了后边的路，要求政府对自己进行赔偿。办事处党委书记王林宝安排工作人员择日重新丈量刘艳兰的宅基地。

3月8日，刘艳兰再到办事处反映张民尚超生4胎、在耕地上建房及抢占她家的杨树等问题。办事处的答复是：（1）超生问题反映多次，区计生委早已有结论；（2）张民尚家在耕地上建房问题，事实上是由于张民尚之子结婚所需，且是利用废地与他人调换之后，在自家废地上建房，且这些废地毗邻村庄；（3）抢占杨树问题，是刘艳兰的杨树长在张民尚的地上。经过上次丈量，张民尚已支付刘艳兰150元补偿款，杨树归张民尚，且双方签订了协议书，故不存在抢占的问题。

此外，刘艳兰还与邻居张继涛家发生纠纷。2010年夏天，张继涛夫妇驾驶的四轮车碾压到刘艳兰家晾晒在地上的黄豆。刘艳兰与张继涛12岁的女儿张放放发生口角，相互谩骂后继而发展成厮打。随后，双方都向派出所报案，民警接警后多次组织双方进行调解，但终未能达成协议。派出所便不再介入。该案转移到西江办事处。办事处对案件进行调查，并设法通知在外务工的张继涛夫妇返乡接受调解。

其间，刘艳兰多次到市、区和西江办事处上访，反映自己被张继涛一家殴打，派出所民警不作为。此外，刘艳兰还反映张继涛一家侵占其责任田。同时，她还状告张继涛夫妇计划外生育一胎，未得到相应处罚。

2011年5月24日，西江办事处组织召开了由人大代表、村支书、组长、驻村干部、司法所全体人员、信访干事以及双方当事人参加的信访案件协调化解会。会上，双方当事人达成了调解协议。协议要求：甲方（刘艳兰）获得500元补偿后，永远不得再提乙方人身侵害纠纷，不得再到信访部门上访；刘艳兰也承诺不再状告张继涛夫妇违反计划生育一事。

值得一提的是，为了平息这一纠纷，西江办事处还为刘艳兰提供了500元生活补贴，并代其支付了600元法医鉴定费。2011年6月20日，西江办事处还成立由信访、巡防、驻村干部、会计主任和组长组成的工作组，入村对刘艳兰的责任田进行了实地丈量。村里保留的分地账本上显示刘艳兰一家的责任田东西长度应为14.1米，经丈量刘艳兰责任田地南边长度为14.3米，地北边长度为14.1米，表明刘艳兰的责任田并未被他人侵占。工作组还就丈量情况出具一份书面说明。自此，刘艳兰一家与张继涛一家的纠纷告一段落。不过，尽管双方已达成协议，但刘艳兰在日后的上访过程中仍然继续将这一纠纷拿来说事。

多年来，刘艳兰反映最频繁的事项当属她家与邻居郭某家之间的宅基地纠纷。刘艳兰与郭某系邻居，两家的宅基地原为Z村的废地。2001年，Z村委会将村里的废地集中收回规划为宅基地。当时，张寨组需要规划宅基地的村民有刘艳兰、郭某等18家。村里在分配宅基地时采取抓阄的方式。抓阄后，刘艳兰与郭某两家的宅基地相邻。2003年，郭某家建房时，由于宅基地不规则（连翘），在建房的领班张学习的调解下，郭某与刘艳兰两家通过充分协商，刘艳兰宅基地后边调给郭某1.5尺，郭某宅基地前边调给刘艳兰1.5尺。之后，郭某家的房屋建成。

刘艳兰与邻居郭某家的宅基地纠纷已历时多年。据笔者从刘艳兰处获得的信访材料显示，至少在2007年之前，两家就已经因为宅基地边界问题而发生争执。2007年11月28日，大岭乡曾经组织刘艳兰与郭某两家进行调解，双方达成协议约定：两家宅基地依照原来规划面积建房，谁家的东西违规，一切限10日内拆除，以后两家谁不找谁的事，否则一切责任由找事方负责。

Z村划归C区西江办事处管辖之后，刘艳兰继续上访反映邻居郭某家的院墙侵占公共道路，东山墙侵占她家宅基地。

2010年1月5日上午，西江办事处和C区城管局城北中队成立联合工作组，入村展开调查，发现郭某家的门楼、院墙及刘艳兰家的院墙确实存在侵占公共道路的现象，且刘艳兰家还在公共道路上种植了四棵杨树。工作组当即口头要求两家限期拆除违章建筑，腾出占用的公共道路部分，并要求两家在处理情况说明书上签字，刘艳兰签了字，但赵右侠、郭某拒签。

随后，工作组多次给两家做工作，要求他们尽快拆除违章建筑。其间，刘艳兰多次到办事处、区信访局、市信访局和国家信访局上访，反映两家宅基地纠纷问题。

2010年7月1日，工作组再次来到纠纷现场，通知两家在15日内自行拆除各自违章建筑，否则将依法拆除。此后，刘艳兰家自行拆除了院墙，但郭某家未采取任何实际行动。刘艳兰又多次到 C 区和西江办事处上访，强烈要求政府强行拆除郭某家的违章建筑。2010 年 7 月 31 日，C 区城管局和西江办事处对郭某家占道的门楼和院墙进行依法拆除，同时铲除了刘艳兰家的四棵杨树。

2010 年 10 月，刘艳兰到办事处上访，反映郭某家不执行之前达成的口头协议。关于郭某家东山墙侵占刘艳兰家宅基地一事，据刘艳兰自述，当年刘艳兰和郭某两家的宅基地都不够规整，建房时经包工头张宜岗撮合，两家达成口头协议：刘艳兰家在北边让给郭某家 0.5 米，郭某家在南边让给刘艳兰家 2 米。最后建房时，郭某家得到北边刘艳兰家让出的 0.5 米，而郭某家却未能在南边让出 2 米给刘艳兰。

2010 年 11 月 5 日，刘艳兰又到办事处上访反映同样问题，王林宝书记接待了她。当天下午 3：00，王林宝书记一行到刘艳兰家实地调查调解。郭某之子赵右侠说："当时建房时因为宅基地连翘，我夫妇两人到刘艳兰家商量，最后商量的意见是我在前边把我的宅基地调给刘艳兰一尺半，刘艳兰在后边把她的宅基地调给我一尺半。如果说我们两家没商量好，依刘艳兰的脾气，不可能让我家打地基建房子，刘艳兰家北边给我们 50 公分，南边要我们 2 米，听起来也不合常理。"

工作组通过走访村组干部和当事人，掌握了基本事实，要求刘艳兰联系当时主持两家协商的包工头张学习前来询问对质，但包工头张学习不愿出面作证。随后，工作组以刘艳兰诉求"证据不足，事实不清，有违常理"为由不予支持。刘艳兰自然不满意这一处理结果，继续到市、区和西江办上访。西江办事处只得继续组织两家调解。2011 年 1 月 20 日，双方就该纠纷达成协议，要求：（1）甲方（郭某）最迟在十五年内翻修房屋，在翻修时应该往西边后退 50 公分留出滴水，下雨天时尽量不让雨水流入乙方院内。目前维持房屋现状。（2）乙方（刘艳兰）在签订协议后，不得以任何理由、任何借口就双方宅基地纠纷向上级信访部门反映甲方侵占乙方宅基地。

为了确保刘艳兰不再因该纠纷上访，西江办事处以特困救助的名义补偿刘艳兰 2000 元，并于当天与刘艳兰签订了另一份协议，协议主要内容为：

协议书

甲方：C区西江办事处

乙方：张寨组刘艳兰、沈云天夫妇

几年来，乙方刘艳兰借口与邻居赵右侠宅基地纠纷一事，多次赴市、省、京越级上访，诉赵右侠院墙侵占公用道路、主房占用乙方宅基地。甲方经过深入调查取证之后，现已将赵右侠占用公用道路的院墙依法拆除。至于主房占用乙方宅基地一事，经过多次走访调查，乙方诉求证据不足，事实不清，不予支持。但考虑到乙方的实际困难，就乙方诉邻居赵右侠侵占宅基地一事，甲方给乙方提供经济补偿贰仟元整。乙方接到该补偿后，要做到停访息诉，不得以任何形式就此信访件向甲方或上级信访部门进行纠缠。

此协议一式两份，自签订之日起生效。

2011 年 1 月 20 日

话说回来，这一份份白纸黑字的协议书并未能阻挡刘艳兰继续上访的步伐。刘艳兰家在公共道路上种植的杨树被铲除之后，她又在原地种上蒜苗，而郭某家也在原地用砖头重新垒起一堵临时的墙。刘艳兰继续上访。

2011 年 12 月 16 日，西江办副主任龙光岩会同村组干部再次组织刘艳兰和郭某两家进行调解。调解决定，郭某家将占用公共道路的围墙推倒，刘艳兰家将公共道路上的蒜苗铲除。两家还分别写下了保证书。

此事过后不久，刘艳兰又在公共道路上种植芝麻等作物，而郭某家也重新垒起了院墙。如之前一样，刘艳兰继续上访。2012 年 8 月 2 日，西江办事处龙光岩副主任等人到刘艳兰家，将她种植在公共道路上的芝麻铲除。2012 年 9 月 3 日，刘艳兰、郭某两家同时到办事处上访，要求办事处调处宅基地纠纷。郭功勋主任承诺改天和副主任龙光岩一同到现场调处。当天下午 2：00，刘艳兰又来到办事处，要求办事处处理宅基地纠纷，要求把赵右侠家宅基地西边的点从西往东照过去，两家照齐之后，撇下的宅基地都归公。

2012 年 9 月 10 日，刘艳兰赴北京上访，反映她家与郭某家的宅基地纠纷，以及诉说西江办事处不作为。2012 年 9 月 24 日上午 9：30，刘艳兰又到市委门口非正常上访，龙光岩打电话将她劝返。当天下午2:30，刘艳兰来到办事处，要求"宅基地后面空出的地方归公，宅基地往前赶，占到南边路"。如不行，要求郭某家补偿1万元给她家。龙光岩劝她维持宅基地现状，因为"向阳房屋是拧着盖的，从房后量宅基地势必会形成棺材形状，棺材宅子会伤到人丁兴旺，会破财"。龙光岩还劝其联系在新疆承包土地的李坤万去新疆摘棉花。此后，刘艳兰又多次上访要求政府强行拆除郭某家的房屋、对郭家超生进行处罚以及给其长子沈设建办理二胎准生证。西江办事处又多次出面调解。

2012年12月12日上午，刘艳兰到区信访局，要求见区委书记王光林，反映她家跟郭某家宅基地纠纷一事。西江办事处副主任龙光岩、信访干事刘战胜以及Z村支书赵先锋前往信访局将刘艳兰劝返，并承诺重新丈量宅基地。

郭某家眼见刘艳兰通过上访不断获得利益，她们也踏上了上访之路，为自己在纠纷调解中赢得有利地位。2010年8月15日，即两家的违章建筑被依法强行拆除不久，郭某之子赵右侠到市信访局上访反映他家跟刘艳兰宅基地纠纷达成协议但刘艳兰反悔不执行，给他家生活造成影响，要求制止刘艳兰的违法行为，督促其履行相关协议。随后，郭某数次到西江办事处上访反映两家宅基地纠纷问题。

2012年5月7日，郭某又到西江办事处上访，反映刘艳兰一家未将占用的菜地铲除，没有执行之前签订的协议。就在同一天，刘艳兰也到办事处上访，辩称自家的菜地并没有侵占公共道路。

2012年9月24日上午8:00，郭某到办事处询问9月21日下午龙光岩一行四人为何到张寨组查看刘艳兰的宅基地，是否支持刘艳兰的无理要求。办事处接访领导龙光岩跟郭某做了解释："信访部门就是为群众解决问题的，群众来访，我们受理。到现场察看是我们的职责，否则就是失职。你没必要这么敏感。我们去察看没通知你，是因为目前不关你的事，你应该好好听招呼，配合政府，积极把你两人的信访件案结事了，停访息诉，好好过日子。"2012年11月4日，郭某到西江办事处上访，声称如果乡政府（西江办事处以前称为郊北乡）不制止刘艳兰家占路，她就到市委反映乡政府不作为。

两家的宅基地纠纷持续了多年。2013年1月8日，办事处又将刘艳兰、郭某两人召来进行调解，最终无果。2013年1月底，龙光岩调任耀华城办事处纪检副书记之后，西江办事处党委副书记陈列洪接手了刘艳兰的信访案件。2013年2月1日，陈列洪等人再次来到刘艳兰家进行实地查看，并要求刘艳兰通知当年两家建房时的中间调解人张学习之后确定时间再行协商。

刘艳兰多次反悔，也引发郭某一家效仿，对一些协议拒不执行。最终，双方签订协议不计其数，但都丧失效力。

3. 要求政府救助和赔偿

除了反映与邻居的各种矛盾纠纷之外，刘艳兰还屡屡上访要求政府给其提供低保、救助，解决生活困难。

2008年7月26日，刘艳兰到区信访局上访，反映她儿子沈设建退伍后开店经营，要求享受退伍兵优惠政策。由于当年沈设建是按农村兵入伍的，而截至2008年各级政府都未出台有关农村退伍士兵的优惠政策，所以西江办事处无法为刘艳兰之子沈设建提供优惠服务。但为了缓和刘艳兰的情绪，办事处承诺为她家里三口人办理农村低保（包括她本人、丈夫和她母亲）。此外，办事处还给她儿子资助了5000元学费。2008年8月8日，刘艳兰在信访事项处理意见书上签字"对处理意见满意"。

2012年3月14日，刘艳兰到办事处上访要求更改她丈夫沈云天的年龄，并让她丈夫从当年开始享受新农保政策。办事处的答复是：更改年龄属于公安机关管辖事务范畴，由刘艳兰提供必要手续依法去公安机关办理。

2012年3月26日，刘艳兰夫妇到西江办事处上访，要求政府给予精神残疾补偿。党委书记王林宝和主任郭功勋再次接待了刘艳兰。2012年4月20日，刘艳兰再到办事处，要求给她办理信访救助，王林宝书记要求刘艳兰签订停访息诉承诺书后按程序办理。刘艳兰提出要求：精神赔偿一刀切，政府给我多少都中，保证我最低生活保障；沈云天两个儿子，60岁以后应享受双女户计生补贴。

2012年5月4日，刘艳兰到K市委门口非正常上访，要求政府更改她丈夫沈云天的年龄，以便提前领取新农保资金。办事处立即派人将刘艳兰接回，并商量更改沈云天的年龄事宜。5月8日，刘艳兰又找到办事处副主任李峰，要求为她长子沈设建办理二胎准生证。2012年10月1日，刘艳兰到西江办事处上访时除了反映宅基地问题外，又再次要求办事组为其子沈设建办理二胎生育证。但办事处认为"按现行计划生育政策，办理二胎准生证需要头孩四周岁以上，女方28周岁以上，头胎是女孩，沈设建明显不符合条件"。

刘艳兰还曾提出要求政府赔偿其多年来上访等各种问题给她带来的损失，具体如下（按照上访信原样摘录）：

> 2001年分自留地续地损失我们夫妻每人六年不正（挣）钱，看病占四年，杨树120棵损失，葡萄苗300棵，每棵4元，管理一年零三个月，高价又卖100元。（50×30）×（360×12）+药费=1500×4320+药费=6480000=药费，药费每天按20元，看四年（20×30）×（12×4）=600×48=28800元。一亩葡萄苗300棵每棵4元，管理一年零三个月高价100元，120棵杨树平均每棵100元，管理费每天10元，杨树120乘100加葡萄×300（120×100）+（4×300）=16900。三相（项）加成648000+28800+16900=6525700元。四年打管（官）司，从2006年9月28日开始到现在风雨来，冻里去，每天按20元，药费车费7次，每次150元（20×30）×35月+药+车费+150=22550元，总数6525700+22550=6548250元（陆佰伍拾肆萬捌仟贰佰伍拾圆整）。
>
> 刘艳兰为了孩子上学，沈云天没有学费，条件交乡处理，应该有乡政府负担，有土地犯罪，有孩子犯国策，《夫妻只要生一胎》毛泽东说的。
>
> 二〇〇九年四月十五日

2012年10月14日，刘艳兰再到西江办事处上访，声称如果信访救助金不到位，她将到北京长驻，并再次要求给其儿媳办理二胎指标。办事处副主任龙光岩承诺信访救助金在本月当场给其到位。至于办理二胎指标之事，由刘艳兰准备相关材料到计生办依程序申请。事实上，刘艳兰的信访救助金早在2012年6月就已经获得区里批准，刘艳兰也领取了几个月的信访救助金。但是，因为刘艳兰获得救助之后继续上访，西江办事处以此为由拒绝继续救助她。刘艳兰则以赴京上访作为武器相威胁。最终，办事处不得不妥协，继续给她支付救助金。

2012年4月，刘艳兰写下了停访息诉决心书：

决心书

我叫刘艳兰，住河南省K市C区西江办事处Z村张寨居民。现年56岁，汉，女，出生于1957年×月×日。联系电话×××。

条件到止（此）结束，一切事件赔偿费，要有一个完结。

一、说明要求，每月按6百元，存到卡上，到死亡为止。我艳兰保证不去北京上访，违犯了严历（厉）处分。

二、因为现在年青（轻），全身残病，上有老下有小，有几代人，身体不能劳动，有冠心病胃病，心胀（脏）血液（压）高，现在吃饭，碗就不能用，经长（常）不能断吃药，到了晚年，我艳兰怎样生活，怎样渡（度）晚年。

致止

2012年4月20日
草 刘艳兰

2012年6月6日，C区信访工作领导组讨论了关于刘艳兰信访救助事宜并予以通过。为了防止西江办事处"变卦"，刘艳兰还写了一份证明，并且在上面记录了每个月领取的信访救助基金的日期和数额，具体内容如下：

西江办事处Z村张寨组刘艳兰上访多年的条件，2012年5月6日（阴历4月16日）到时（此）结束。和谐社会，和谐处理法，于（与）西江办事处迁定（签订）协议，5年认一期，处理20000元款和沈云天身份证更正3年、人老保险每月60元，总合计是23000元，5年办理，以后在（再）定期现（限），刘艳兰宗（终）身死亡未（为）止。

4. 无法终结的上访

档案资料显示，自1990年以来，刘艳兰到北京上访共计17次，赴京非访3次。2008年，刘艳兰因赴京到天安门广场、新华门非正常上访，被派出所行政拘留10天。此外，她到西江办事处、区信访局、市信访局等地上访不计其数。笔者曾就刘艳兰的上访历史询问过Z村的村干部。他们说刘艳兰上访已经有很长的历史，但是以前上访远不如近几年频繁。其上访频率大幅度增加也就是最近六七年的事。有干部甚至夸张地说："一个星期工作日五天，刘艳兰至少四天来上访，有时候一天还不止来一次"，见表6-1。

表6-1　　　　　　　　　刘艳兰上访情况统计表

时间	部门（级别）	诉求	处理情况
2001	乡政府	要求办理宅基证。	适逢某副省长来视察，被派出所强行带离现场。
2008.5.26	西江办事处	反映其丈夫兄弟侵占她家树木，在她家宅基地上建房。	
2008.7.26	区信访局	要求给其儿子开店提供政策和经费支持。	办事处查无相关政策，但为其办理低保。
2009.4.15	西江办事处	要求赔偿上访精神损失；要求政府承担其子上学费用。	做思想稳定工作。
2009.6.4	北京天安门，非正常上访	—	劝返接回。
2009.6.24	北京天安门，非正常上访	—	
2009.9	市信访局	反映市委门口保安扣留其宅基证，要求西江办事处为其补办宅基证。	经调查并无此事。
2009.9.25	区委办公大楼	要求见区委书记	被保安拦下，西江办事处派人接回。
2010.6.8	区信访局	反映村组干部和其他邻居违反计划生育。	经调查相关人员早已接受了处理。
2010.6.12	国家信访局	反映与邻居郭某家宅基地纠纷问题。	

第六章 国家、生活与农民

续表

时间	部门（级别）	诉求	处理情况
2010.7.2	市信访局	反映与邻居郭某家宅基地纠纷问题。	
2010.8.19	国家信访局	反映与邻居郭某家宅基地纠纷问题。	
2010.9.15	市信访局	反映与邻居郭某家宅基地纠纷问题。	
2010.9.15	市信访局	反映与邻居郭某家宅基地纠纷问题。	
2010（具体时间未知）	多次到市信访局、区信访局、西江办事处	反映自己被张继涛一家殴打，派出所民警不作为；张继涛一家侵占其责任田；张继涛夫妇计划外生育一胎，未得到相应处罚。	西江办事处组织召开协调会议，双方达成协议；刘艳兰获得500元补偿后，永远不得再提乙方人身侵害纠纷，不得再上信访部门上访。刘艳兰也承诺不再状告张继涛夫妇违反计划生育一事。西江办事处还为刘艳兰提供了500元生活补贴，并代其支付了600元法医鉴定费。
2011.1.28	区信访局	反映张广超、孙冬梅超生未处理并打击报复。	区委副书记接待。
2011.2.9	区信访局	反映与邻居郭某家宅基地纠纷。	区信访局局长接待。
2011.7.28	区信访局	反映村组干部违反计划生育政策。	区长接待。
2011.8.4	区信访局	其邻居赵右侠违反计划生育问题。	区委常委、区委办公室主任接待。
2011.8.10	区信访局	原村支书郭顶俊违反计划生育、现任支书邵锋先违规办理低保问题。	区委书记接待。
2011.10.8	区信访局	反映邻居赵右侠违规建房被拆除后又重建，没处理。	副区长接待。
2011.11.3	北京天安门，非正常上访		由公安局对刘艳兰进行行政拘留。

续表

时间	部门（级别）	诉求	处理情况
2012.2.1	西江办事处	反映自家的宅基地面积不够。	答应择日前往其家中丈量宅基地面积。
2012.2.21	西江办事处	反映邻居张林尚砍其树，殴打她。	办事处答应下周赴村庄调查。
2012.3.1	西江办事处	反映其伯父张民尚在耕地上建房未受处罚。	办事处安排展开调查，刘艳兰于次日再次上访反映同一问题。
2012.3.2	西江办事处	反映其伯父张民尚在耕地上建房未受处罚。	给其做思想稳定工作，并进行解释。
2012.3.5	西江办事处	（1）上次跟她伯父张民尚家交易的房屋、土地作价太低，现在不愿执行当时签订的协议；（2）反映宅基地15.5×14米不够，占的有后边的路，要求政府对自己进行赔偿。	办事处党委书记王林宝安排工作人员择日重新丈量刘艳兰的宅基地。
2012.3.8	西江办事处	反映张民尚超生4胎、在耕地上建房及抢占她家的杨树等问题。	办事处一一驳斥了刘艳兰的诉求。
2012.3.14	西江办事处	要求更改丈夫年龄，以便提前领取养老金。	劝其提供材料到派出所办理。
2012.3.19	西江办事处	反映与邻居郭某家的宅基地纠纷。	交由包保责任人处理。
2012.3.26	西江办事处	要求政府给予精神残疾补偿。	办事处书记和主任亲自接待刘艳兰夫妇。
2012.4.20	西江办事处	反映与邻居郭某家的宅基地纠纷；要求政府赔偿上访造成的精神损失，提供最低生活保障，两个儿子60岁以后要享受双女户计生补贴。	答应给其提供救助，但需要签订停访息诉协议。
2012.5.4	市委门口非正常上访	要求更改丈夫年龄，以便提前领取养老金。	劝其提供材料到派出所办理。

第六章　国家、生活与农民

续表

时间	部门（级别）	诉求	处理情况
2012.5.7	西江办事处	反映与邻居郭某的宅基地纠纷。	
2012.5.8	西江办事处	要求为其大儿子办理二胎准生证。	不符合条件，未办理。
2012.7.16	区信访局	要求见正在接访的区政法委书记。	西江办事处工作人员将其接回。
2012.8.20	西江办事处	（1）反映与邻居郭某宅基地纠纷；（2）要求办事处给其买票去新疆拾棉花。	办事处给刘艳兰买了车票，但最后刘艳兰没去。
2012.9.3	西江办事处	反映与邻居郭某宅基地纠纷。	办事处主任承诺改天亲自到刘艳兰家中处理。
2012.9.24 上午	市委门口非正常上访		包保领导将其劝返。
2012.9.24 下午	西江办事处	反映与邻居郭某宅基地纠纷，要求郭某补偿她1万元。	接访领导劝其维持宅基地现状；劝其去新疆拾棉花。
2012.10.1	西江办事处	反映：（1）给其大儿子办理二胎准生证；（2）要求政府允许其宅基地南墙占用人行道。	办事处答复其子不符合二胎条件；由村两委召集刘艳兰和郭某两家协商。
2012.10.14	西江办事处	反映：（1）如果信访救助金不到位，就去北京常住；（2）给其大儿子办理二胎准生证。	办事处当场给其发放10月份的信访救助金；让其准备相关材料到计生办按程序申请。
2012.11.12	西江办事处	要求给他儿子开店提供优惠政策	办事处主任答应择日前往她家处理。
2012.11.19	西江办事处	要求：1.扒掉邻居郭某的房屋；2.对郭某超生进行处罚；3.给儿子儿媳办理二胎准生证。	
2012.12.3	西江办事处	要求重新丈量宅基地。	
2012.12.4	区信访局	要求重新丈量宅基地；办理低保。	同意为其办理低保。

续表

时间	部门（级别）	诉求	处理情况
2012.12.12	区信访局	要求见区委书记，重新丈量宅基地。	答应其天晴后再次重新丈量宅基地。
2013.1.8	西江办事处	反映与邻居郭某家宅基地纠纷问题。	办事处组织两家调解。
2013.2.1	西江办事处	反映与邻居郭某家宅基地纠纷问题。	办事处副书记牵头到村里调解。
……	……	……	……

注：因有些信访事项未曾记录在案、信访存档不规范等原因，本表并不是完整的统计数据。此外，部分信访事项内容在信访档案中缺失。

刘艳兰还利用到北京等地上访的机会去旅游。她去北京上访时，先自己玩几天，等时间差不多时再跟地方政府干部联系，要求地方干部将她接回。车票、食宿等费用都由地方政府支付。地方干部有时候跟她开玩笑说又去北京免费旅游了。有一次，刘艳兰还在区信访局向我们展示了她赴北京上访时旅游的照片。

对于刘艳兰而言，上访已经成为一种生活方式。与那些确实遭受巨大冤屈、激愤难已、一脸严肃的上访老户相比，刘艳兰似乎显得格外轻松，没有什么心理包袱。她在上访时常常跟基层干部有说有笑。基层干部似乎已经习惯了她的存在。如果刘艳兰隔一段时间没去上访，有的干部还觉得奇怪："刘艳兰咋没动静了呢？"

据了解，刘艳兰的儿子、儿媳妇都不愿意让刘艳兰带孙女，因为刘艳兰之前经常带着孙女去上访，儿子、儿媳担心这样对小孩成长不利。

从刘艳兰的残疾证来看，她的精神残疾等级为四级，属于轻微精神残疾。她似乎未患上明显的精神疾病，但从我们跟她的谈话以及她所写上访材料中又会发现其语言、思维逻辑的混乱和跳跃。

刘艳兰平时常常嬉皮笑脸，跟政府工作人员开玩笑、拉家常。但是，刘艳兰有时候会在大庭广众之下突然破口大骂，并伴随有过激行为。比如，她有时候强行闯入政府办公楼，要求见领导。用当地干部的话来说就叫"发神经"。当地干部总结的经验为"不能把她（刘艳兰）惹恼了"。

2009年9月25日，刘艳兰试图强行闯入C区区委办公大楼，被保安阻止。其间，刘艳兰跟保安争吵起来。随后，刘艳兰脱光上衣继续吵闹，保安见状赶忙阻止，双方发生推搡拉扯。据说，保安最后采取强制措施控制刘艳兰（有人说保安把刘艳兰打了一顿，至于是否属实不得而知）。

2012年7月16日，刘艳兰在C区信访局大吵大闹，要求跟正在接访的政法委书记赵鹤冬见面。西江办事处副主任龙光岩和其他几人赶来信访局将刘艳兰带走。当时，龙光岩还训斥了刘艳兰。经笔者长期观察发现，平时跟刘艳兰熟悉的人即使训斥她几句，她也不会生气，貌似无所谓。

刘艳兰长年累月的上访给C区和西江办事处都带来了很大的维稳压力。为此，当地政府曾试图通过正式制度渠道来终结刘艳兰的上访步伐。早在2011年8月26日，C区信访局就刘艳兰的信访事项举行过评议化解会。西江办事处和Z村作为甲方，刘艳兰一家作为乙方。刘艳兰之子也出席了评议会。最终，参加评议会的20名评议员投票表决，有19人赞同西江办事处和Z村对刘艳兰信访事项的处理办法，满意率为95%。随后，刘艳兰申请对她的信访事项进行复查，C区信访事项复查复核委员会维持了西江办事处的处理意见。2011年11月9日，C区信访局将刘艳兰的信访事项材料上报到K市信访事项复查复核委员会。该委员会维持了C区人民政府对刘艳兰信访事项的复查意见，并同时对刘艳兰的信访事项出具终结证明。此后，若刘艳兰仍然以同一信访事项继续上访，各级人民政府信访工作机构和其他行政机关不再受理。

与协议书一样，信访事项终结裁定书也无法阻挡刘艳兰的上访步伐。此后，刘艳兰如往常一样继续上访。政府部门也不可能"不再受理"。

四　生活共同体的衰微与国家介入

传统村庄是一个生活共同体。村庄通过乡规民约等地方性规范对社会进行整合。每个村民拥有村庄成员权。这是村庄赋予村民的权利，同时也对村民构成了约束。村民需要对村庄履行相应的义务。在传统时期，村内也时常会出现挑战村庄主流社会价值的越轨者，但村庄主流社会可以通过强大的地方性规范来压制越轨者、边缘人。比如，当有人出现生活作风问题时，会受到村庄舆论的惩罚。村民对越轨者的惩罚最终导致越轨者被从社区驱走。① 即使是在中华人民共和国的前三十年，传统村庄社会结构（如宗族）仍然没有被打碎，而是通过与国家基层组织的同构得以绵延甚至增强。②

改革开放之后，随着现代化、市场经济的渗透，村庄传统地方性规范的效力下降。传统的互助合作体系被市场化方式取代。特别是打工潮的兴起，使得村庄的流动性进一步增强。外部的现代性更进一步渗透农村。所有这些，都使得村庄边界变得日益开放，地方性规范走向瓦解。农民挣脱村庄束缚的意识不断增强。村庄不再是农民唯一的依附载体，也不是农民获得权利救济的主要渠道。

当然，村庄生活共同体的衰微也与现代国家政权建设的推进有着密切关联。国家推动的"送法下乡"③、义务教育普及等重大战略工程，在提升农民法制意识和文化水平的同时，也在给村庄输入一种新的代表国家的意识形态。"在这一社会改造的历程中，国家试图让农民接受一套新的社会关系的理念，以替代农民头脑当中的所谓'封建迷信'的迂腐思想。并通过不断的宣传，来强化一种国家一体的'想象社区'式的国家观念。"④尽管国家意识形态对村庄的渗透并非轻而易举、所向披靡，但它确实为农民昭示和开启了一种新的生活方式。它告诉农民，他们不仅有村庄，而且有国家。

农民的公民权逐渐形成。特别是当个体权利与村庄集体利益发生矛盾时，农民可以寻求国家的援助。个体权利渐渐凸显。国家为个体提供了权利救济渠道。这实际上是国家与村庄争夺对农民的"领导权"⑤。在农民所拥有的权利束中，村庄成员权渐渐弱化，而公民权不断强化。⑥ 传统村庄

---

① 朱晓阳：《罪过与惩罚：小村故事》，天津古籍出版社2002年版，第193—197页。

② 王朔柏、陈意新：《从血缘群到公民化：共和国时代安徽农村宗族变迁研究》，《中国社会科学》2004年第1期。

③ 苏力：《送法下乡：中国基层司法制度研究》，中国政法大学出版社2000年版。

④ 赵旭东：《权力与公正：乡土社会的纠纷解决与权威多元》，天津古籍出版社2003年版，第327页。

⑤ [意]安东尼奥·葛兰西：《狱中札记》，曹雷雨、姜丽、张跣译，中国社会科学出版社2000年版，第37页。

⑥ 当然，笔者在此只是阐明一种总体的发展趋势，在实践中，村庄成员权与公民权的冲突与博弈是高度复杂的。比如在珠三角等地围绕"外嫁女"的土地权益而展开的博弈，实际上就彰显了村庄成员权与公民权的复杂冲突。当然，这背后实际上是村庄与国家的冲突。

第六章　国家、生活与农民

发生从血缘群到公民化的转变①。农民不再生活在"祖荫下",而是渐渐"走出祖荫"②。这意味着村庄生活共同体走向衰微。

与全国其他地区农村一样,C区所在华北当地农村也遭受着现代性和国家政权建设的渗透和冲击。我们在当地农村调研发现,农民对国家(主要指抽象的中央)的认同比较强烈。尤其值得一提的是,与其他很多地方农民在堂屋中供奉祖先牌位不同,当地许多农民在堂屋里都贴上毛泽东等领袖的画像。有的甚至供奉着毛主席的铜像。在调研时,农民也常常援引一些有关国家的话语来阐明自己的主张,比如"这是社会主义国家,不公正是不行的""中央都是好经,就是被下面的歪嘴和尚念歪的"。谈及一些他们拥有不同意见的政策时,农民会说:"但这是国家政策,也不能反对啊","国家政策会有一个纠偏的过程。现在政策好了,村民都安居乐业了"③。

与农民对国家的强烈认同形成鲜明对比的是,村庄社区权威在当地日益弱化。虽然从外表来看,当地农民的"门子"观念仍然存在,"门子"是一个比较重要的认同单位,但"门子"在村庄日常生活中的功能已经渐渐弱化。据村民们介绍,早在20世纪八九十年代以前,村民一般有什么事都会寻求本"门子"的人帮忙。但现在,寻求本"门子"的人帮忙的已经越来越少。"掌门人""老族长"等村庄传统权威在公共事务中的作用也大大下降。村民对"掌门人"的认同度也急剧下滑。"过去掌门人就是掌门人,包括小的也得听。现在年轻人不听,包括自己的孩子自己都管不住,怎么去管别人。别人为什么要听你的。过去老人说话不管对错都得听,不听就得挨打。现在老人说的对才听。"④ 相应地,越来越多的村民在遇到问题和困难时倾向于向村组干部求助。"现在各组组长一般是老总⑤,老总安排好一点,也得罪人。以前各门中有事,找各门中,现在不找了,

---

① 王朔柏、陈意新:《从血缘群到公民化:共和国时代安徽农村宗族变迁研究》,《中国社会科学》2004年第1期。
② 郭亮:《走出祖荫》,山东人民出版社2008年版。
③ 华中科技大学中国乡村治理研究中心:《2011年K市C区西江办事处农村调查报告》(第一卷)。
④ 华中科技大学中国乡村治理研究中心:《2011年K市C区西江办事处农村调查报告》(第一卷)。
⑤ 所谓"老总",是指在红白喜事时负责统筹安排大家干活的人,相当于"总管""管事"。

找各组组长。'门头风'现在基本没有。以前讲帮派，讲派性。"① 村组干部等国家基层代理人逐渐取代"掌门人""老族长"等村落传统权威。

村庄社区权威的衰落在村民纠纷解决当中体现得尤其明显。在20世纪八九十年代以前，当村民之间发生纠纷时，一般会找本"门子"的"掌门人"来调解，但是如今"掌门人"已经几乎不再介入村民之间的纠纷。

> 过去因为分地，两个庄子打架，武斗，为争地边子，公社调解。打伤了人，但没打死人。打架不记仇。打完架跟亲兄弟一样，时间长了，互相帮忙。一辈子的邻居，祖祖辈辈的邻居，谁也走不了。不记仇。那时候经常打架，吵架，经常的事。因为宅基地，小孩打架，有人调解。庄里面有权威有威信的人过来调解。过去打完架还很和气，该说说，该笑笑。互相认识，一个庄的以后总要联系。讲义气，谁打谁，谁也不告。今天不中，明天约好再打。搁现在，你打他他告你，不找人调解，往死里告你，打他他就告，非告你不可。不敢打，现在打架少。有掌门人，掌门人不管事，不参与到这事中来。现在纠纷调解，掌门人、老族长基本不管事，基本上都喊组长、村干部调解。②

随着"掌门人"等传统社区权威的淡出，地方性规范在村民纠纷调解中的作用也日益弱化。如今当村民之间发生纠纷时，人们越来越多地求助于村组干部和地方政府，或者寻求法律的援助；现代法律、制度渐渐替代了传统的地方性规范。

同时，由于内生权威的弱化，村庄愈发丧失对边缘人的制约作用，"光棍"③ 等地痞恶霸在乡村治理中的作用日益明显。他们有的拳头硬，有的具有一定的后台背景。他们通过与乡村基层干部搞好关系，参与国家自上而下的项目资金分配。为了避免惹麻烦，基层干部也得对某些"光棍"礼让三分。

---

① 华中科技大学中国乡村治理研究中心：《2011年K市C区西江办事处农村调查报告》（第一卷）。

② 华中科技大学中国乡村治理研究中心：《2011年K市C区西江办事处农村调查报告》（第一卷）。

③ 此处的"光棍"并非指年龄大的未婚男性，而是当地村民对那些好吃懒做、专门搞歪门邪道的人的称谓。有些"光棍"甚至带有涉黑涉恶背景。

总之，在 C 区当地农村，村庄传统权威正逐步走向弱化，取而代之的是现代性和国家权力。农民对国家的认同较强，但村组干部的权威较弱。村庄的集体性已经渐渐丧失。村庄作为一个生活共同体趋于瓦解。"在此情况下，村落社会也很少有手段制裁那些违背村落或国家规范的户主或农户的行为。"[1] 这样的村庄社会变迁语境构成了我们理解刘艳兰上访故事的背景和结构性因素。

五 生活冲突与抗争

村庄生活共同体的解体至少带来了双重效应：一方面，由于村庄内部共同规范约束力的弱化，村民的行为缺乏统一的参照标准，导致频繁的利益冲突；另一方面，村庄越来越失去应对、惩罚越轨者和边缘人的能力。因此，对于刘艳兰的上访行为，我们不宜简单地将其视为胡搅蛮缠，也不宜武断地给她贴上一个"精神病人"的标签，而应该将其放置于村庄社会生活中去理解。

刘艳兰在村庄中属于边缘人物。刘艳兰家所在的门宗小，且她自己没有兄弟，又是招的上门女婿。按照当地传统，"小门小户"在村庄中缺乏话语权。尤其是招收上门女婿的家庭往往会受到村民歧视。

> 招女婿只是暂时的一个家，不算一个门，女婿算那边的。过去生产队只允许住一个上门女婿。搁过去不好混，一个外姓人，外姓人自己的门宗大点还好过点。上门女婿委屈着，生气也不敢动老婆。上门女婿言语处事，处处得小心，一不小心就造成矛盾。上门女婿都是老实、小心的人。[2]

刘艳兰家的实力决定了她家在村庄中居于边缘地位。我们从她的一些上访材料中也可以窥见她自我感觉在村庄中受到邻居的歧视和不公平对

---

[1] 朱晓阳：《罪过与惩罚：小村故事》，天津古籍出版社 2002 年版，第 229 页。
[2] 华中科技大学中国乡村治理研究中心：《2011 年 K 市 C 区西江办事处农村调查报告》（第一卷）。

待。比如，2009年7月，她在一份信访事项复查申请书中写道："难道就因为我家是倒插门，才这么吃亏吗？像建沼气、收麦秆，他们都找茬各种借口欺负我们。"2012年9月10日，她又在一份赴京上访的材料中写道："我男到女家落户，为什么不平等，引起我来进京，难道我不是中国人吗？能叫法律平等吗？"笔者注意到，刘艳兰曾反复在上访信中强调其"男到女家落户"的家庭情况。显然，她对自家属于上门女婿家庭的身份非常敏感。并且，她认为自己之所以在村庄中受他人欺负，跟上门女婿家庭身份有很大关系。在一个讲究男丁数量的村庄社会中，家里男人少，自然在村庄中难以立足，难免受到其他邻居的欺负。刘艳兰从小生长在这样的环境中，可能也没少受气。更何况刘艳兰的丈夫是上门女婿，且没什么过硬的能力，家庭经济条件较差。

　　长期身居村庄社会的刘艳兰当然对村庄生活的"隐秘"有着深刻的体验。她也洞察到在一个具有浓厚"门子风"传统的村庄社会，个人和家庭地位取决于"门子"势力的强弱，实质上就是取决于男丁数量的多少。作为一个男丁数量偏少或残缺的家庭，就具有先天性的不足。这样的家庭在村庄中就属于"弱者"。面对强大的村庄社会传统力量，刘艳兰只能自甘边缘、自我矮化。

　　但是，性格要强的刘艳兰不愿意面对这一现实。她希望能够改变现状和命运。在村庄生活中的边缘地位铸就了她敏感而又脆弱的心理。于是，她一旦跟邻居发生矛盾时，便认为是他人在欺侮自己。为抵御"外侮"，要强的她就必须跟邻居斗争到底。所以，我们看到，刘艳兰家常常与邻居发生矛盾。一旦觉得自己在争执中吃亏，便诉诸政府。正因如此，她上访反映的问题大多都跟邻里矛盾纠纷相关，或者说基本上都由她与邻居间的矛盾纠纷引起。这些矛盾纠纷几乎都是村庄日常生活中的矛盾。这些日常生活矛盾又可以分为两类：一是日常生活中的利益纷争，比如，她与她伯父张民尚家由于种树和房屋买卖问题而引起的矛盾、她与邻居郭某家的矛盾等；二是日常生活中的琐事，比如她与邻居张继涛家因为拖拉机碾压黄豆而引发的打架、她与村里护青队员因为羊只啃青苗而发生的纠纷等。

　　在与邻居抗争的过程中，刘艳兰采用的手段也比较具有独特性。笔者注意到，在与其他邻居斗争时，刘艳兰几乎都用到了一种"撒手锏"——状告对方违反计划生育政策。这与当地农村社会特性有着密切关联。在一个具有浓厚"门子风"的村庄，村民自然具有强烈的生育男孩的偏好。生育男孩不仅是为了传宗接代的需要，而且是为了扩大"门子"的势力、使自己能够在村庄中安身立命。因此，在当地农村，违反计划生育政策的行为比较普遍。刘艳兰家是招的上门女婿，家里男丁少，在村庄居于边缘地位。她自然对生育男孩、传宗接代问题特别敏感。眼见周围邻居纷纷通过超生而"人丁兴旺"，她自然看不顺眼。因此，在与村干部和邻居斗争时，揭发对方违反计划生育的行为，使对方遭受政府的惩罚，无疑是一种比较有效的斗争策略。刘艳兰相当于是借助国家权力来与邻居作斗争。

刘艳兰的斗争行动实际上是为了抚慰她那要强而又脆弱的心灵。在某种意义上，这是一个村庄边缘人跟村庄主流社会的抗争。有受访者说，刘艳兰"欺软怕硬"。这话可能有一定道理。一方面，刘艳兰性格要强，自然需要通过欺侮弱小来彰显自己的能力；另一方面，刘艳兰自身其实也是个弱者，是个社会边缘人，她难以挑战比自己更强大的对手。

刘艳兰与周边诸多邻居发生矛盾，状告邻居和村干部违反计划生育政策，自然得罪了他们。她被邻居们排挤，甚至遭致邻居的报复。再加上她长期上访，村干部也比较烦她。因此，她在村庄社会中被进一步边缘化便是自然而然之事。但是，她又希望在与邻居的斗争中挽回面子，凸显自己的存在感。

六　国家吸纳生活政治

在传统社会，村庄内部自有一套应对越轨者、调解村民日常生活矛盾纠纷的规范。换言之，村民日常生活矛盾一般可以在村庄内部获得消化或解决，而很少溢出村庄。越轨者和边缘人一般不敢挑战村庄主流社会。农民的日常生活很少与国家产生交集。[1]但是，当现代国家的触角不断伸向农村，农民的日常生活便不可避免地要受到国家的渗透。相应地，农民也

---

[1] 近年来，有研究者对"皇权不下县"观点提出质疑，指出自清代初期以降国家已开始在乡村进行政权建设。这一观点有其道理，但即便清初国家政权建设已在乡村展开，其对乡村社会的渗透力度和广度也无法跟现代国家建设相提并论。参见胡恒《皇权不下县？——清代县辖政区与基层社会治理》，北京师范大学出版社2015年版，第301—323页。

逐渐将自身生活与国家勾连起来，依据其生活语境来建构自身观念中的国家形象。尤其是伴随村庄生活共同体的解体和国家权力渗透的加深，农民越来越多地"迎法下乡"①，求助于国家权力。村民日常生活矛盾纠纷渐渐被吸纳进入行政体制。这意味着，生活政治进入国家政治，微观政治得以与宏观政治勾连。②

刘艳兰与邻居之间的矛盾纠纷，若是放在传统社会，可能不会构成"大事件"，至少不会成为一场旷日持久的纷争。因为家族、村规民约等地方社会力量能够强有力地对这些矛盾纠纷进行消化。然而，当村庄生活共同体衰微之后，村庄、家族内部已经无法解决刘艳兰的诉求。即使是村组干部也对刘艳兰无计可施。信访制度为刘艳兰与邻居斗争提供了武器。尤其是近年来随着信访体制的不断强化，各级政府面临着巨大的信访考核压力，基层必须高度重视刘艳兰的信访行为和诉求。这样，村庄社会矛盾纠纷与行政体制得以对接，国家将村庄社会未能解决的"剩余"问题吸纳进来，刘艳兰也乘机借助国家权力与邻居和地方政府周旋。

刘艳兰之所以上访，除了与邻居之间矛盾纠纷之外，还有一个原因就是她将自身家庭的落魄归结为国家政策所致。这涉及她所诉求的历史遗留问题。比如，她的祖父曾经被划成了"右派"，并被撤销了队长职务。她父亲也因为一些事件出走新疆。在她父亲出走时，刘艳兰尚属年幼。她并不清楚事情的原委，可能从家人那里获得一些并不完全的信息。她因此断定，她祖父和父亲的悲惨结局都是国家所致。对于她家当下的窘境，国家也脱不了干系。

此外，在长期的村庄生活中，刘艳兰也尝尽了自家缺少男丁之苦。她也认为，自家之所以"人丁不旺"，都是因为国家的计划生育政策所致。因此，她要求政府突破政策允许其儿子办理二胎准生证。

同时，刘艳兰还将自身处境与国家信访制度勾连起来。在长期的上访过程中，刘艳兰付出了大量的时间、精力，她也难免会遭受一些冷眼、碰壁，甚至被辱骂。她认为，正是国家导致了她的损失。因此，她还向国家索要因为上访而造成的精神损失。

---

① 董磊明等：《结构混乱与迎法下乡》，《中国社会科学》2008年第5期。
② 赵晓峰：《生活政治与农民上访》，载田先红主编《华中村治研究2017年第1期——信访研究：国家治理的视角》，社会科学文献出版社2017年版，第179页。

这样，刘艳兰得以把自身的处境跟国家勾连起来。一方面，她认为自己的不幸是国家所致，对国家不满；另一方面，她要求国家解决自己的问题，并对国家抱有很高的期待。在这样的观念中，国家既是求助对象，又是抗争对象。

对于刘艳兰的信访诉求，村民和基层干部自然是非常清楚的。但由于官僚体制内部各个层级信息不对称，上级所能掌握关于基层的真实信息较少，他们仅凭信访人所提供的信息来予以判断，并要求基层干部认真处理信访案件。尤其是刘艳兰曾数次赴京上访甚至到天安门非正常上访，上级自然会认为刘艳兰的信访诉求重大，并给基层施加更大的压力。如此，由于信访制度缺乏对农民上访诉求的有效识别机制，导致各种诉求无论合理与否都涌入信访渠道，带来信访系统拥堵。① 基层干部也常常不得不屡屡突破政策底线满足上访者的诉求。信访人的诉求也在反复不断地上访过程中得以再生产。村庄生活政治被国家牢牢地吸纳。无怪乎西江办事处党政办的王主任也曾感叹道："这还不是信访体制的问题！自从信访体制改革后，这种现象就见怪不怪了。"具有丰富基层工作经验的王主任自然明白刘艳兰这类信访人产生的体制原因。

七　进一步的讨论

上文已经基本厘清了刘艳兰上访案件与村庄社会生活之间的关联，并阐明了国家对村庄生活政治的吸纳过程。

据了解，刘艳兰年轻时比较正常，并没什么精神问题。但近二十多年来她一直不服输，与邻居抗争到底。她内心长期压抑的愤怒和漫长的上访之路，可能给她的精神带来较大负荷，以致她心理变得越来越扭曲和偏执。

刘艳兰长期上访，也让当地乡村干部烦不胜烦。笔者注意到，刘艳兰在她的《残疾人证》空白处写道："现在办事处认为我给他们出难题，我

---

① 田先红：《治理基层中国：桥镇信访博弈的叙事：1995—2009》，社会科学文献出版社2012年版。

还得受气被打。"有些干部说："这个人（刘艳兰）赖得很。"西江办事处必须安排一名班子成员负责刘艳兰的稳控工作。如今，负责稳控刘艳兰的包案领导已经更换过多次。办事处副主任龙光岩调离之后，党委副书记陈列洪和武装部长杨兴华曾先后接手刘艳兰的稳控工作。

一方面，对于刘艳兰反映的矛盾纠纷，乡村干部必须出面帮她处理；另一方面，乡村干部也明知刘艳兰上访就是要"搞点钱"。所以，只要刘艳兰在重要敏感时间（如每年两会、国庆节等）不去越级上访，那么乡村干部不会对她采取稳控措施。当然，在处理刘艳兰上访案件的过程中，地方政府也存在一些问题。比如，地方干部在调处纠纷时只顾眼前，一味强调停访息诉，而不顾后患，这容易诱发短期行为。地方政府采取的策略是：给刘艳兰提供救助进行安抚。只要刘艳兰不上访，就这样一直耗下去，直到刘艳兰再也无法折腾为止。同时，我们似乎也要发问：在既定的制度环境下，对于刘艳兰这样的上访者，地方政府除了尽量满足其诉求之外是否还有其他出路？

原本，作为村庄社会的边缘人，是无力甚至不可能跟村庄主流社会相对抗的，即使刘艳兰被邻居欺负，她也必须隐忍退让。但是，信访制度为村庄边缘人抗争主流社会提供了制度依托，特别是近十多年来，随着信访体制的强化，刘艳兰赢得了"崛起"的机会，她可以将上访作为斗争的武器，来状告邻居和乡村干部。面对信访维稳的高压线，基层干部必须重视刘艳兰的诉求。在处理矛盾纠纷时，他们甚至常常不得不偏袒刘艳兰。此外，基层政府还为刘艳兰提供了多次信访救助。

在这个意义上，信访制度为村庄边缘人提供了崛起的机会。或者说给他们的抗争行动创造了某种"政治机会结构"[1]。信访体制的强化为弱势群体提供了利益诉求的渠道，同时也为某些乘机谋利者创造了舞台。它不断将新的社会事务吸纳进入行政体制，不断再生产出新的上访群体。

问题在于，村庄社会中的不少行为和现象都是内生的，是可以依靠村庄社会内部自我调节得以解决的。有的问题可能本来就是村庄社会存在和运转的附属品，而不需要刻意去解决。比如，家族势力小的家庭在村庄社

---

[1] ［美］查尔斯·蒂利、西德尼·塔罗：《抗争政治》，李义中译，译林出版社2010年版，第16页。

会中地位较低、上门女婿在村庄社会中受歧视等。这些问题都跟延续数千年的地方社会传统和文化紧密相关，它们也构成了乡村社会正常运转的必要组成部分。正因为这些问题的存在，村庄才成其为自洽的村庄。

但信访体制强化之后，这些社会事务被传导和吸纳进入行政体制。我们试图依靠国家力量来应对这些问题，去解决这些小事，但实际上国家并非万能，它同样有其力所不及之处。最终导致的结果是，官僚体制变得越来越紧张，运转越来越低效，国家资源又被大量浪费，而小事仍然继续存在。恰如刘艳兰那样，自身诉求没法解决，却使得自己走上了一条上访的不归路；她自己也从一个正常人变得越来越扭曲和偏执。

由此，我们得以进一步理解国家塑造农民抗争行为的微观机制。从本文的案例中，我们可以总结出国家塑造农民抗争行为的三种机制：激发（诱导？）机制、吸纳机制和再生产机制。

所谓激发机制，即国家权力渗透农村社会，改造或稀释村庄传统地方性规范，重新塑造农民的意识形态，让农民感受到国家权力的在场。农民渐渐意识到，国家是一个可以求助的对象。

所谓吸纳机制，即国家通过创立相关制度安排（如信访制度）将农民诉求导引到行政体制中来，农民不再依赖于村庄社会，而是依附于国家。

所谓再生产机制，即农民一旦被吸纳进入行政体制，其诉求会不断地被放大和延续。同时，国家也缺乏相应的筛选和识别机制，不能有效地解决访民的诉求。国家还呈现出一种可以谈判、讨价还价的形象。这导致访民的诉求不断被制造出来，并再生产出越来越多新的信访案件。

我们可以将国家塑造农民抗争的机制—过程用下图来呈现：

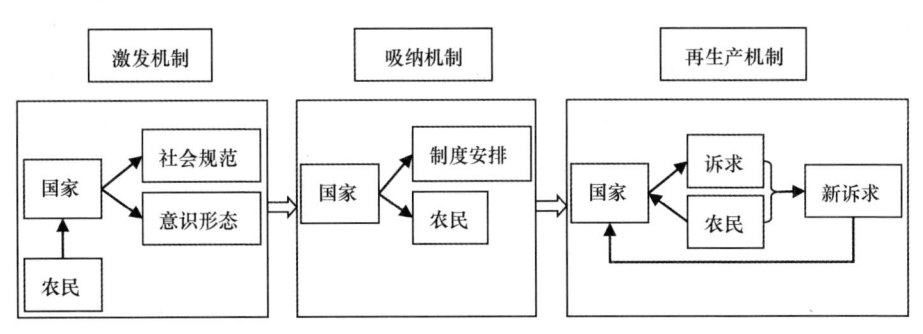

八　结语

　　由国家与村庄生活政治的关联尤其是国家塑造农民抗争的微观机制，我们得以进一步反观国家。在以往有关中国国家特性的研究中，国家往往被想像成一种无所不在、无所不能的"利维坦"。与之相反，另一些研究则强调国家权力的虚弱和无为。本项研究并不试图对国家权力的强弱（强国家或弱国家）进行判断，而只是呈现国家与地方社会生活（以及抗争农民）之间的互动机制。正如米格代尔所言，在任何一个国家中，国家权力并非无所不能，但也并不是一无是处。① 因此，与其耗费大量时间精力争论国家权力的强弱而无果，倒不如去发掘国家与社会的具体互动机制。

（一）吸纳能力与政治社会稳定

　　在已有关于国家（治理）能力的研究中，吸纳能力被认为是其重要构成要素之一。② "政权吸纳"或者所谓"国家弹性"也被认为是中国保持政治社会稳定的基本原因。③ 但是，本研究发现，国家把上访者吸纳进入体制之后，并不会自动带来稳定，反而诱发和再生产出新的不稳定因素。国家信访制度为农民提供了利益表达渠道，但是利益表达并不自动带来社会稳定，而是造成过度表达的悖论局面。这提醒我们，政治稳定与政权吸纳之间并不构成一种线性关系，而有着更为复杂的关系机制。其中，国家将社会势力吸纳进入体制之后，是否具备消化、整合社会势力的能力可能更为关键。因此，政治社会稳定不仅仅是一个吸纳能力问题，而且还跟国家的消化能力有密切关联。而消化能力又跟负责具体事务治理的官僚体制尤其是基层一线官僚行政能力相关（当然包括各官僚机构之间的协同能力）。

---

① ［美］米格代尔：《社会中的国家》，李杨、郭一聪译，江苏人民出版社2013年版。
② 杨光斌：《关于国家治理能力的一般理论——探索世界政治（比较政治）研究的新范式》，《教学与研究》2017年第1期。
③ 阎小骏：《中国何以稳定》，中国社会科学出版社2017年版，第7—12页。

(二) 官僚体制与国家自主性

本研究也表明，官僚体制的行政能力深刻影响着国家治理能力和国家的自主性。在刘艳兰的信访案件中，基层政府之所以束手无策，案件之所以久拖不决，不仅仅跟信访考核体制有关，而且跟官僚体制自身能力虚弱有关。已有研究指出，"国家官僚组织实际上是由一系列复杂的部门组成的，不同部门之间存在着政策偏好的分歧，因而整个官僚组织内部是否能够形成政策偏好的一致性，避免相互掣肘推诿，就成为国家自主的前提"[①]。但实际上，官僚体制能力强弱不仅仅是不同部门偏好差异的问题，而且跟官僚组织不同部门之间的沟通、协调机制有关。在信息不对称、沟通协调机制不畅的情况下，往往导致权威的碎片化，使得官僚体制难以达到对信访案件的有效治理目标。官僚体制能力的虚弱，必然影响到国家的能力和自主性。

国家将村庄生活政治吸纳进入正式行政体制。国家为民众提供了求助的渠道，激发起民众抗争的动力，但是同时又没法有效解决信访问题。国家在渗透社会、塑造农民抗争行为的同时，也被社会和抗争民众所俘获。对民众行为的规训能力是国家能力的重要衡量指标，而规训能力又跟意识形态有着密切关系。迈克尔·曼指出，意识形态权力对于国家能力具有重要意义。[②] 它为有利于增强国家的合法性，获得民众支持和认同。在本文中，刘艳兰与邻居和村组干部抗争时常常求助于国家，但同时她又认为国家是造成自己家庭窘境的主要因素之一。她似乎对国家具有一定的认同，但同时又将国家作为抗争对象。国家将其吸纳进入行政体制，却又无法对其实施有效规训。在这里，国家不是绝对自主，也不是嵌入自主，而是相对自主。[③] 在这个意义上，国家嵌入了社会，社会也埋没了国家。

[①] 曹海军：《"国家学派"评析：基于国家自主与国家能力维度的分析》，《政治学研究》2013年第1期。

[②] [英] 迈克尔·曼：《社会权力的来源》（第二卷·上），陈海宏等译，上海人民出版社2007年版，第39页。

[③] [希] 尼科斯·波朗查斯：《政治权力与社会阶级》，叶林译，中国社会科学出版社1982年版。

(三) 社会势力与国家能力

在已有关于国家政权建设和国家能力的研究中,对社会势力比如村落、家族、士绅等"强社会"往往构成建立"强国家"的障碍。因此,要建立"强国家",就必须制约或铲除社会势力。① 但是,本研究表明,随着国家政权建设的推进,村落、家族等地方社会势力被削弱,但由此并不必然带来国家能力的增强,或者"强国家"的建立。国家把个体从家族、村落中解放出来,村落、家族无法对获得解放的个体进行制约。同时,国家也难以有效规训被解放的个体的行为。这提醒我们,国家与社会势力之间的关系比我们想象得更为复杂,建立"强国家"并非简单地消灭、制约"强社会"就能达到。

(四) 国家与"弱者"的抗争

西方有关抗争政治研究往往聚焦于抗争精英群体及其资源动员能力。学界有关中国农民抗争研究成果也多凸显抗议带头人与上访骨干的角色和作用。② 本研究则揭示了另一种"弱者"的面向。我们常常可以看到,在中国农村,对于有体制地位的抗争精英,政府在应对时往往得心应手、游刃有余,而那些无体制地位、无关系资源的"弱者"反而显得更加难缠。

政府在应对体制内的抗争者时,可以动用抗争者所在单位、奖惩制度、亲属关系等政策和政治手段。体制内的抗争者迫于被辞退工作等各方面压力,往往会放弃抗争行动。体制关系可以对抗争行动进行切割。相反,政府的这些治理工具在面对无体制地位、无关系资源的"弱者"时往往收效甚微,甚至完全派不上用场。政府难以应对体制外的抗争者,或者说,政府无力应对居于守法与违法之间边缘(中间)地带的不守规则者。对于这部分人,政府如果打击,则恐有违民意,如果不打击,则又无可奈何。保护弱者成为被整个社会接受的意识形态话语,也是一种政治正确,国家被社会、被权利话语所束缚。

当然,"弱者"身份只是为"弱者"抗争成功提供了一个重要条件,

---

① [美] 乔尔·米格代尔:《强社会与弱国家》,张长东等译,江苏人民出版社 2009 年版。
② Lianjiang Li & O'Brien Kevin. "Protest Leadership in Rural China". *The China Quarterly*, No. 193, 2008 (March), pp. 1–23.

但它并不一定意味着抗争能够成功。如果弱者要抗争成功,那么还必须具备其他条件,比如投入大量的时间精力、不计成本、掌握一定的抗争技巧等。恰如本研究中的信访人刘艳兰那样,拥有充足的时间跟政府周旋,只有这样,才能将自身的诉求"问题化",引起政府重视。当然,诸如此类抗争者数量并不多。这也表明,官僚体制具备一定的过滤能力,它为上访设置了一定的门槛和成本。

国家应对体制内和体制外抗争者能力的差异再一次表明,我们应该分层次、分领域来讨论国家自主性,在某些层次和领域,国家展现出很强的自主性,而在另外一些层次和领域,国家自主性则较弱。

总之,与抗争政治的研究进路不同,本章提供了一种从生活政治理解农民抗争的研究视角。笔者希望这一研究视角能够有助于深化和拓展学界对"国家如何塑造农民抗争"这一问题的理解。

结　　语

在前面数章中，笔者已经对"国家如何塑造农民上访"这一主题展开了系统论述。本书不局限于从既有的有关中国国家的概念、框架和模式来解释农民上访，而是在国家与农民上访互动过程中来重新认识和剖析国家。本书得出以下基本结论。

首先，国家权力与地方社会规范的张力催生了农民上访行为。国家通过制度创建、政策制定等方式来改造传统地方社会结构和制度，将农民整合进入现代国家体系之内。一方面，这可能带来现代国家制度与地方社会传统的张力或冲突；另一方面，现代国家理念和制度为地方社会冲突主体提供了权利救济渠道和依托，典型表现为农民通过信访制度向国家权力求助，借助国家权力来打击冲突的另一方。

其次，国家塑造农民上访的机制因村庄社会整合程度的不同而呈现差异。在中国农村社会，血缘地缘关系、社会阶层分化状况呈现较大的区域差异。大体而言，在东部沿海发达地区，农民经济社会分层较为明显，血缘地缘关系在农民日常生活中较少发挥作用，村庄社区整合程度较低。在中西部地区，农村社会分化相对较小，血缘地缘因素仍然能够发挥一定作用。在华南地区（包括江西、湘南、福建、广东、广西等），宗族力量保持相对完好，村庄社区整合程度相对较高。在华北地区，家族碎片化较为明显，以家族为依托的房支、派系斗争频繁发生，并引发农民集体上访行为。在江汉平原等原子化地区，农民组织集体上访的难度较大。

再次，国家与农民相互影响、相互赋权。国家对农村社会的渗透和改造并不是一种单兵突进的过程，而是充满曲折。在此过程中，国家与农村社会互相影响。国家的渗透可以改变农民的观念和行为方式。这种改变不仅表现在农民的日常行为和话语方面，而且体现在农民对国家的想象和期待上面。同时，国家也可能遭遇农民的抵制，使得国家重新塑造农民的意图及效果被弱化。此外，农民可以借助国家权力来为自身赋权。尤其是近年来维稳政治的强化，这为农民在冲突、博弈中与另一方展开周旋提供了更好的武器。

最后，当代中国的复合型国家形态。本书对国家与农民上访问题的讨论，最终要落脚于提炼和概括出中国的国家特性。换言之，本书试图基于中国经验来回答"国家为何物"的问题。本书认为，当代中国是一个传统与现代并存的复合型国家。一方面，国家越来越注重引入和创建现代治理规则；另一方面，传统规则仍然在国家治理中发挥着重要作用。更重要的是，传统规则与现代规则往往交叉缠绕在一起，共同影响和塑造着国家治理的形态。它在形塑国家建设的"中国道路"的同时，也为中国迈向现代国家之路增添了诸多不确定因素。

在下文中，笔者将对以上基本结论作出进一步的阐述。

一　国家自主性与农民上访

在传统农村社会，尽管存在国家权力的影响，但农民日常生活更多地遵循各种地方性知识。进入近代以后，受内忧外患的影响，传统国家被迫走上了现代化之路。现代国家建设就是国家权力的触角不断伸向农村地方社会的过程。国家不仅通过成文的制度、政策直接作用于农村社会，而且将现代法制意识、公民权利观念等输入农村。国家对地方社会的渗透既为其增强对农民的控制权、提升权力合法性创造了条件，而且使农民逐渐从地方社会传统中挣脱出来。

如同本书第一章所论述的那样，龚家和雷家这两大家族之间围绕土地山林权利问题产生了纷争，这些纷争与国家对土地制度的重新调整有着直接关系。同时，国家的信访制度安排为农民提供了救济渠道和抗争武器，家族政治得以进入国家政治领域。但在维稳政治的环境下，背负沉重维稳压力的地方政府不得不采取息事宁人的治理策略。国家在加强其对地方社会渗透的同时，却让自身陷入新的包袱之中。农民并不是被动接受国家权力的渗透和安排，而是以其自身的智慧来求助国家权力，甚至与国家展开

●● 国家性、地方性与基层治理

周旋。

本书叙述的农民上访故事充分揭示出国家与上访者之间的复杂互动关系。国家与上访农民之间相互影响，互相赋权。近十余年来，国家在治理上访时的妥协、退让等权宜式治理方式已为诸多研究所揭示。① 这些研究似乎呈现出这样一种治理样态：国家面对众多上访者的缠访、闹访时显得无能为力，只能采取"花钱买平安""会哭的孩子有奶吃"等方式来获得暂时的稳定与安宁。一些上访者则步步为营，不断紧逼，使得国家非常被动。甚至出现一些访民和犯罪分子通过"闹大"来要挟政府谋利的现象。这样一来，国家在上访者面前似乎完全丧失了自主性。在国家与社会关系上，似乎呈现出社会对国家的侵蚀状态，是一种社会私权对国家公权明显销蚀的结果。② 这种非良性互动的国家与社会关系并不利于中国现代国家建构。

然而，事实并非如此。我们注意到，近两年来，国家在应对缠访、闹访以及非正常上访行为时显得比较强硬。2016年，某地职业闹访团伙被法院定罪判刑。此外，全国多地先后报道发生多起因为非正常上访而被判刑的案例。③ 各地政府还通过媒体渠道对这些案件予以曝光，其意图在于对其他访民发挥警示作用。这表明，在应对缠访、闹访和非正常上访问题时，国家是在场的。只是，国家应对这些缠访、闹访和非正常上访行为的方式发生了变化。以前，国家更多地采用行政强制手段来应对缠访、闹访和非正常上访者。但近年来，国家越来越注重通过法律的渠道而不是行政的渠道来打击缠访、闹访和非正常上访。比如，将缠访、闹访和非正常上访者当中涉嫌违法犯罪者移交司法机关予以审判。如此，可以对其他上访民众起到警示作用，有利于规范信访秩序。国家的政策导向将会重塑访民的行为。但与之同时，这也可能导致地方政府借法律手段打

---

① 申端锋：《将人民内部矛盾带回分析的中心》，《开放时代》2012年第7期；陈柏峰：《群体性涉法闹访及其法治》，《法制与社会发展》2013年第4期；林辉煌：《"引诱效应"：信访的制度结构与法律甄别》，《中国行政管理》2017年第6期；田先红：《基层信访治理中的包保责任制：实践逻辑与现实困境》，《社会》2012年第4期。

② 任剑涛：《在"国家—社会"理论视野中的中国现代国家建构》，《天津社会科学》2012年第4期。

③ http://www.cctv13.tv/fazhizaixian/1040.html；http://news.ifeng.com/a/20150921/44700668_0.shtml.

击正常上访的访民，导致访民的正常权益遭到侵害。当然，这属于另外一个问题，即司法公平公正、法律正当性和司法监督的问题，而不是信访系统的问题。国家在应对缠访闹访、规范信访秩序时也必须注重保护访民的正当权益。

当然，民众上访也迫使国家政策或行为作出调整和改变。比如，以前国家可以动用行政手段（如收容遣送、劳教制度等）来应对缠访、闹访和非正常上访者，但后来随着孙志刚案件、唐慧上访案件的发生，劳教制度、收容遣送制度均被废除。其中，上访民众所发挥的作用是不可忽视的。上访者的行动，再加上社会舆论、知识精英等力量的介入，使得国家在政策制度上作出相应调整。国家不再像以前那样倚重行政手段，而是更多地依靠法律手段。尽管法律手段和行政制裁都是国家的专断权力，但相比于行政手段较大的随意性而言，法律手段无疑彰显出更强的严肃性。再如，为了更好地解决"三跨三分离"等信访疑难案件，使信访案件当事人能够得到一定的补偿，国家出台了信访疑难案件救助制度。

总之，国家对社会的渗透并不是单向度的，而是容易遭遇社会的反作用力。在信访问题上，国家面临一种两难处境：一方面，要保护访民的正当权益，监督地方代理人；另一方面，国家又要确保信访秩序，需要对缠访、闹访等行为进行适当的规约。国家、地方政府与访民之间如何取得平衡[1]，是信访治理中的一大难题。当前，国家对缠访、闹访和非正常上访行为的态度较之以前更为强硬，说明国家已经意识到这些行为给信访秩序乃至国家治理所带来的消极影响。国家意在通过加强对缠访、闹访和非正常上访行为的规制来矫正信访系统中的失衡现象，在一定程度上缓解地方政府承担的维稳压力。在这个意义上，与其说国家失去了自主性，毋宁说是国家更加注重应对民众抗争时的策略性。为了更好地应对民众上访，国家主动调整了治理上访的方式。信访治理的法治化导向，凸显出党和国家积极面对当前信访困境、加强信访法治建设的决心。

---

[1] 贺雪峰：《国家与农民关系的三层分析——以农民上访为问题意识之来源》，《天津社会科学》2011年第4期。

二　国家与农民上访的区域差异

中国农村规模巨大，且不同地区差异非常明显。比如，东部沿海发达地区农村与中部、西部地区农村差异较大，华南农村与华北农村并不一样，等等。徐勇教授根据"分"与"合"的维度及自然—社会—历史条件将中国农村分成七大区域类型，即"有分化更有整合"的华南宗族村庄、"有分化缺整合"的长江家户村庄、"弱分化强整合"的黄河村户村庄、"小分化大整合"的西北部落村庄、"低分化自整合"的西南村寨村庄、"高分化高整合"的东南农工村庄和"强分化弱整合"的东北大农庄。[①] 贺雪峰教授将中国农村划分为团结型村庄、分裂型村庄和分散型村庄。团结型村庄主要位于华南地区（或南方农村），这些地区的宗族结构保持相对较为完好，村庄内生规范强大。分裂型村庄主要分布在华北地区，这些地方多为功能性家族组织，村庄规范较强。分散型村庄主要位于长江流域（或中部地区），这些地方的农民原子化程度较高，村庄内生规范较弱。[②]

已有关于农村区域差异的研究极大地丰富和推进了有关中国农村社会的理解和认识，也为本书提供了重要启发。不过，已有研究主要是基于村庄社会结构或者经济发展程度的视角来理解农村区域差异，而对国家权力的介入程度尤其是国家权力与村庄社会关系因素缺乏考察。虽有个别学者涉猎不同地区的国家权力运行逻辑差异问题，但缺乏体系化的提炼和概括。[③] 本书则试图对国家权力与农村社会关系的区域差异进行初步提炼。笔者将全国农村分为四个大的区域，每一区域的国家权力与农村社会关系模式概括如下：

1. 东部沿海发达地区：强国家（政府）、强社会。在东部沿海发达地区，经济社会分化较大，村庄内部分层较为明显。富人掌控着村治权力，

[①] 徐勇：《"分"与"合"：质性研究视角下农村区域性村庄分类》，《山东社会科学》2016年第7期。

[②] 贺雪峰等：《南北中国》，社会科学文献出版社2017年版，第14—32页。

[③] 贺雪峰等：《南北中国》，社会科学文献出版社2017年版，第32—41页；王询：《中国南北方汉族聚居区宗族聚居差异的原因》，《财经问题研究》2007年第11期。

主导着村庄资源分配秩序。在这些地方，农民上访呈现出较强的底层性，即身居底层的农民通过上访来反抗由上层富人主导的分利秩序。同时，富人群体也围绕村庄利益展开争夺，形成不同的派系。如同本书第三章所论述的那样，富人主导的派系政治竞争导致农民上访，并将底层上访者吸纳进入派系竞争轨道。而且，由于富人拥有较为丰富的资源，他们动员、整合上访者的能力比较强，可以借助普通民众的力量来抵制政府。因此，在东部沿海发达地区，政府拥有较强的治理能力和充沛的治理资源，同时社会的动员能力也比较强，形成强国家、强社会的局面。

2. 宗族型地区：弱国家（政府）、强社会。在华南等地农村，宗族传统比较深厚。宗族可以比较容易地通过血缘纽带展开动员。宗族成员的私事往往容易上升为整个宗族的"公事"。因此，在这些地方，较为容易地发生宗族与宗族之间的冲突以及宗族与地方政府之间的冲突。而且，这些冲突往往都会迫使地方政府妥协退让。尤其是在当前维稳政治强化的背景下，地方政府为了维稳，往往需要向强宗大族妥协。正如本书第一章所分析的那样，地方政法为了息事宁人，忌惮于雷姓宗族的强大势力，不得不另外拿出4块地皮来补偿长期上访的龚家。所以，在华南宗族型地区农村，比较容易形成弱国家、强社会的局面。

3. 家族碎片化地区：弱国家（政府）、弱社会。这一情形主要见于华北地区。在这些地方，不同小亲族、户族、门子等社会力量，常常互相拆台，上访状告对方的违规违纪违法行为。村庄政治权力结构极不稳定。而且，村庄内部分裂严重，导致村庄社会难以形成一致性的力量。同时，这些地方的政府治理资源和治理能力相对较弱，缺乏有效的应对农民上访的手段。因此，在华北家族碎片化地区，国家与社会关系呈现双弱的局面。

4. 原子化地区：强国家（政府）、弱社会。典型地区为江汉平原、东北等地。在这些地方，传统家族力量早已消亡殆尽，地方性规范也较少在农民生活和村庄治理中发挥作用。农民也缺乏村庄历史记忆。农民人际关系呈现原子化状态。[①] 原子化的社会关系结构使得农民难以达成集体行动，集体上访也就不容易出现。由于社会的反抗力量较弱，这为国家介入提供了较好的机会。因此，在这些地方，较为容易形成强国家、弱社会的

---

① 贺雪峰等：《南北中国》，社会科学文献出版社2018年版。

局面。

我们可以用一个模型图（或者区域类型地图）来呈现国家与农民抗争区域差异之间关系：

国家与农村社会关系的区域差异

关系类型	区域	省份	村庄结构	农民抗争特点
强国家、强社会	华东地区	浙江、上海、江苏	分化较大	底层抗争
弱国家、强社会	华南地区	广东、福建、江西等	宗族发达	集体抗争
弱国家、弱社会	华北地区	河南、河北、安徽等	家族碎片化	派性上访
强国家、弱社会	长江流域、东北地区	湖北、四川、重庆等	原子化	个体上访

当然，上述关于国家与农民抗争关系区域差异的概括只是一个理想类型。在实际中，可能存在不同的表现特征。而且，即使是同样被标识为"弱社会"的地方，社会的强弱程度也可能存在差异，比如家族碎片化地区的社会比原子化地区的社会力量就要更强一些。所以，我们需要谨慎对待本书有关国家与农民抗争关系的理想类型。当然，本书的理想类型意在提醒我们不宜简单地将国家基础权力、国家能力界定为强大或弱小，而应该深入分析当代中国国家与农村社会之间互动关系，以及国家与社会关系状况跟不同地区社会结构之间的关联。

三 社会中心、国家中心与社会中的国家

长期以来，学界对有关中国农民上访问题的研究多遵循社会中心范式。相关研究多关注农民上访的方式、策略、组织机制、带头人特征等问题。这些研究对于我们理解农民上访行为具有重要参考价值。然而，在大量的研究中，作为农民上访事件中的重要变量的国家却有意无意地被遮蔽。[1] 这对于我们进一步探讨农民上访问题无疑是一大缺憾。

直到最近数年，才有一些学者将目光聚焦于国家在农民上访政治中的

---

[1] 详细梳理请参见田先红《治理基层中国：桥镇信访博弈的叙事：1995—2009》，社会科学文献出版社2012年版。

角色和作用问题。国家中心范式逐渐被引入农民抗争政治研究中。这一范式有利于使研究者摆脱单纯关注农民上访策略和方式的束缚，拓展农民上访研究的理论视野。

当然，国家中心范式也有其弊端。择其要者在于，研究者往往容易从既有的关于国家权力强弱的预设来解释农民上访行为。这些分析带有很强的静态的、结构化特征。为此，本书主张采用米格代尔"社会中的国家"研究路径。笔者强调从动态的、过程的方法来探讨国家与农民上访之间的关系。这一路径不仅涉及国家与社会关系，而是将国家置于社会关系结构之中，并以此来反观国家。恰如普兰查斯所言："国家是一种社会关系。"①国家建设应该被视为国家与社会相互作用的过程。②

具体而言，本书从两个方面展开"社会中的国家"这一研究进路。首先，本书探讨了国家如何塑造农民上访这一问题。国家的制度安排、政策供给和意识形态输入等对农村地方社会进行渗透与改造。国家是农民上访行动发生、改变的直接塑造者。

其次，本书还讨论了农民上访如何塑造国家的问题。农民并不是被动接受国家的渗透与改造，而是根据自身利益诉求和具体情境来有针对性地援引国家权力。同时，农民还与国家（地方政府）展开博弈，迫使国家（地方政府）作出让步和改变。恰如有学者指出的那样："社会运动转而影响了领导人进行国家重建的尝试……社会运动也引发了新政策制定……在一些情况下，社会运动代表着对政权的一些威胁，但在另外的情况下，它们为领导人进一步推动改革进程提供了新的契机。通过启动新的政策创制，社会运动实际上增强了领导人重建国家的努力。"③

正是在国家与上访农民之间的互动关系中，国家才得以成为一种真实的存在。"国家建构不仅包括国家的创制和社会团体的反作用，也包括社会动员，即国家统治者设立的国家目标及其触发的反应"，"国家建构并不因国家机构的出现就结束，而是持续的……冲突的过程。这个过程规限了

---

① ［英］鲍勃·杰索普：《重构国家、重新引导国家权力》，何子英译，《求是》2007年第4期。

② 郑永年：《全球化与中国国家转型》，郁建兴、何子英译，浙江人民出版社2009年版，第138页。

③ 郑永年：《全球化与中国国家转型》，郁建兴、何子英译，浙江人民出版社2009年版，第161页。

国家与其他社会、经济机构之间的相对地位,并不断重建着国家自身"①。米格代尔曾经将中国归入"强国家"之列。②但实际上,改革开放后,伴随总体性社会的转型,国家权力不再如之前那样对农村社会进行全面渗透和控制③,社会获得了新的发育和成长。特别是农村税费改革以后,基层组织被普遍削弱。此时,国家对农民的控制日益松散。国家还是不是一个"强国家"?国家的汲取能力确实比较强,但是国家对社会的规制能力是否仍然保持强大之势?这些问题都值得探讨。

本书研究还启示我们,不宜笼统地讨论国家在应对农民上访时的权力的强大或弱小,而应该从国家在应对不同类型农民上访时的行为状态来讨论这一问题。比如,国家在应对集体上访时,往往会显示出较强的能力。尽管国家常常对集体上访更为担忧,但实际上最容易应对的也是集体上访。只要掌控住集体上访的组织者和骨干力量,那么集体上访较容易瓦解。相反,国家在应对弱势的个体上访时,往往显得束手无策。

四 基于中国经验的国家理论:复合国家的构建

"国家"是政治学研究的经典主题。早在古希腊时期,柏拉图、亚里士多德等人就曾对城邦国家、国家的善治等问题提出了一系列流传千古的思想观点。进入近代以来,国家问题受到越来越多的关注。国家的起源、国家的性质等问题被诸多思想家和学者讨论。

"二战"以后,行为主义、多元主义等学术思潮的兴起,国家问题渐渐淡出学者们的视野。直到 20 世纪 80 年代,以彼得·埃文斯、斯考切波等人为代表的国家中心论的出现,国家才再次受到学界的重视。国家的自主性、相对自主性和嵌入式自主性等问题得到较多讨论。

---

① Bright and Harding. *Process of State – making and Popular Protest*, In State – making and Social Movement. 转引自郑永年《全球化与中国国家转型》,郁建兴、何子英译,浙江人民出版社 2009 年版,第 138 页。

② [美] 乔尔·米格代尔:《强社会与弱国家》,张长东等译,江苏人民出版社 2009 年版,第 281 页。

③ 笔者不太赞同国家权力从农村社会退出这一说法。实际上,改革后国家确实放松了对农村社会的全面控制,但国家权力是否从农村退出了,是一个需要谨慎斟酌的问题。

结　语

晚近以来，随着全球化的兴起和蔓延，民族国家何去何从的问题再次成为学界关注的焦点。尽管有一些不同的声音，但国家崩溃、国家衰亡是这些研究中的主导话语。大量研究者对全球化时代的国家命运持悲观态度。

最近十余年，国内学界出现一股回归国家研究的潮流。[①] 国家问题受到学界越来越多的关注。尤其是中国国家建设问题是近十余年来海内外学界比较关注的主题。学者们就这一问题提出了诸多解释路径。其中，"现代国家建设"是研究者讨论较多的话题。

按照孔飞力的论述，中国传统社会、传统国家的总体性崩溃肇始于晚清时期。随着太平天国的爆发和地方军事化的推进，士绅等地方名流势力开始承担保甲等机构的职能并在国家政治生活中扮演着日益重要的角色，传统国家最终陷于崩溃。[②] 自此，中国在内忧外患的时局中步入艰难曲折的现代化进程中。

截至目前，学界对中国现代国家建构的历程、逻辑、特征和遭遇困境等问题展开了诸多论述。[③] 研究者们将中国国家建设的路径定位为从传统到现代转变的线性过程。他们大多关注国家领导层如何致力于推进国家建设的现代化进程，比如加强现代法制、现代行政体制建设等。有学者指出："中国的现代建国历程，可以概括为从帝制中国向现代中国转变的过程"。[④] 众所周知，现代民族国家是西方政治发展的产物。[⑤] 对于中国而言，现代国家建设实际上是一个"输入"的过程。学界在讨论现代国家建构时也往往以西方尤其是英美现代国家体制为样本。

[①] 徐勇：《回归国家与现代国家的构建》，《东南学术》2006年第4期；刘金海：《国家成长的要素机制与格局——基于政治生态学角度的国家成长理论》，《学术月刊》2020年第9期。

[②] ［美］孔飞力：《中华帝国晚期的叛乱及其敌人》，谢亮生等译，中国社会科学出版社1990年版。

[③] 杨光斌、郑伟铭、刘倩：《现代国家成长中的国家形态问题》，《天津社会科学》2009年第4期；邹谠：《二十世纪中国政治》，（香港）牛津大学出版社1994年版；郑永年：《全球化与中国国家转型》，郁建兴、何子英译，浙江人民出版社2009年版；李强：《后全能体制下现代国家的构建》，《战略与管理》2001年第6期。

[④] 任剑涛：《从帝制中国、政党国家到宪制中国：中国现代国家建构的三次转型》，《学海》2014年第2期。

[⑤] 郑永年：《全球化与中国国家转型》，郁建兴、何子英译，浙江人民出版社2009年版，第28页。

国家性、地方性与基层治理

然而，对于一个有着五千年文明和深厚历史传统的国家而言，中国不可能完全照搬西方的国家建设方案。恰如孔飞力所言："不同国家是可以经由不同的方式走向'现代'的。当我们一旦认识到这一点之后，便能够将现代化发生的'内部'史观和'外部'史观从方法论上统一起来了。"①他进而主张："在一个'现代性'有着多种形式的存在、也有着各种替代性选择的世界上，政治历史所要强调的，应当是同各种民族文化和历史经验相契合的种种'内部'叙事。"②孔飞力的观点启示我们，应该从一个国家自身的内在规定性来理解其国家建设的逻辑，而不是一味以外在的标准和目标强加于一个国家的建设之上。对于中国而言，"从本质上来看，中国现代国家的特性却是由其内部的历史演变所决定的"，其现代国家的形成是一种"中国的过程"③。"在既成的国家理论脉络中，是很难解释中国现代国家建构的艰难困苦的。"④

研究者大多借用西方的学术概念或者以其他社会主义国家为参照来概括和描摹中国的国家特征。比如，威权国家、集权国家、德治国家、党国体制、全能主义、国家社会主义、父爱式国家政权等。尤其是威权政体（或权威主义）是近几十年来国内外学界比较流行的用以分析中国和其他部分第三世界国家的主要理论概念。这些学术概念要么只能为我们提供一个有关中国国家的整体性认识，要么使得中国国家特性被淹没在各种支离破碎的描摹和解读之中。同时，已有研究大多倾向于从国家权力的强与弱判断来认识中国的国家特性，要么认为国家权力过于强大、国家压制社会发育，要么得出国家权力衰弱、国家能力不足的认识。这些不足导致学界关于中国国家的模样至今还只具有一个整体性的、模糊的认识，而对当代中国国家性的内在特征、机制关注严重不够。

本书试图超越已有研究将国家视为一个实体存在的取向，而努力去发

---

① ［美］孔飞力：《中国现代国家的起源》，中文版序言，陈兼、陈之宏译，生活·读书·新知三联书店2013年版，第2页。
② ［美］孔飞力：《中国现代国家的起源》，中文版序言，陈兼、陈之宏译，生活·读书·新知三联书店2013年版，第2页。
③ ［美］孔飞力：《中国现代国家的起源》，中文版序言，陈兼、陈之宏译，生活·读书·新知三联书店2013年版，第1页。
④ 任剑涛：《从帝制中国、政党国家到宪制中国：中国现代国家建构的三次转型》，《学海》2014年第2期。

结 语

掘国家的实践特征，并在此基础上提炼和概括中国国家特性。我们遵从中国主位的视角，从西方中心观转变到中国中心观。本书认为，与其说中国的国家建构是在迈向现代国家，毋宁说它仍然是一种复合国家形式。所谓复合国家，是指从国家构成上来看，传统的国家特质（旧传统）、社会主义的国家元素（社会主义新传统）与理性化国家建设过程（现代西方的传统）交错杂糅在一起。这三种成分形成一种混合性的国家结构。当代中国国家建设与转型的诸多困境，皆可从国家的这一复合特性得以理解和解释。

复合国家的概念，有利于弥补已有研究多从国家权力的强与弱来认识国家构建的不足。即使要探讨国家权力的强与弱（强国家、弱国家），我们也不宜笼统地进行讨论，而是要注意区分国家能力在哪些地方强，在哪些领域弱。这样，我们才能获得有关国家权力的全面认识，而不是搬用一个学术概念来片面化地呈现之。

总之，中国的国家建设不会是一个从传统到现代转变的线性过程，而是一个传统与现代交融、缠绕的复合过程。正如亨廷顿和福山所指出的那样，西方是独一无二的，而不是普世的。亚洲国家不可能发展成欧洲或者北美那样的民主模式。这些国家所具有的各种根深蒂固的特性将使他们沿着自身轨道发展。[1] 复合国家的构建，凸显出国家建设的"中国道路""中国方案"相对于西方的独特性。

---

[1] ［美］亨廷顿：《文明的冲突与世界秩序的重建》，新华出版社2010年版；Fukuyama Francis. Confucianism and Democracy. *Journal of Democracy*, Vol. 6, 1995（02），p. 33.

参考文献

一 中文论著

曹海军：《"国家学派"评析：基于国家自主与国家能力维度的分析》，《政治学研究》2013 年第 1 期。

查特吉：《关注底层》，《读书》2001 年第 8 期。

陈柏峰：《"气"与村庄生活的互动》，《开放时代》2007 年第 6 期。

陈柏峰：《群体性涉法闹访及其法治》，《法制与社会发展》2013 年第 4 期。

陈锋：《从抗争政治、底层政治到非抗争政治》，《南京农业大学学报》（社会科学版）2014 年第 1 期。

陈锋：《乡村治理的术与道》，社会科学文献出版社 2016 年版。

陈锋、袁松：《富人治村下的农民上访：维权还是出气》，《战略与管理》2010 年第 3 期。

陈明明：《在革命与现代化之间——关于党治国家的一个观察与讨论》，复旦大学出版社 2015 年版。

陈谭、刘祖华：《精英博弈、亚瘫痪状态与村庄公共治理》，《管理世界》2004 年第 1 期。

陈涛、谢家飙：《混合型抗争——当前农民环境抗争的一个解释框架》，《社会学研究》2016 年第 3 期。

仇大海：《关于广东省留用地政策执行情况的分析与思考》，《广东土地科学》2014 年第 4 期。

仇立平、顾辉：《社会结构与阶级的生产：结构紧张与分层研究的阶级转向》，《社会》2007 年第 2 期。

仇立平：《回到马克思：对中国社会分层研究的反思》，《社会》2006 年第

4 期。

邓大才：《超越村庄的四种范式：方法论视角》，《社会科学研究》2010 年第 2 期。

邓大才：《走向善治之路：自治、法治与德治的选择与组合》，《社会科学研究》2018 年第 4 期。

董海军：《塘镇：乡镇社会的利益博弈与协调》，社会科学文献出版社 2008 年版。

董磊明、陈柏峰、聂良波：《结构混乱与迎法下乡》，《中国社会科学》2008 年第 5 期。

杜姣：《派性上访的实证研究》，《华中科技大学学报》（社会科学版）2017 年第 4 期。

杜鹏：《熟人社会的阶层分化：动力机制与阶层秩序》，《社会学评论》2019 年第 1 期。

杜赞奇、罗红光：《在国家与地方社会之间》，《社会学研究》2001 年第 1 期。

樊红敏：《县域政治》，中国社会科学出版社 2008 年版。

樊平：《关注农村阶层关系的新变化》，《中国党政干部论坛》2005 年第 9 期。

费孝通：《乡土中国 生育制度》，北京大学出版社 1998 年版。

费孝通：《乡土重建》，岳麓书社 2012 年版。

费孝通：《中国绅士》，中国社会科学出版社 2006 年版。

冯尔康：《中国宗族史》，上海人民出版社 2008 年版。

冯仕政：《国家政权建设与新中国信访制度的形成及演变》，《社会学研究》2012 年第 4 期。

冯仕政：《重返阶级分析——论中国社会不平等研究的范式转换》，《社会学研究》2008 年第 5 期。

桂华：《从经营制度向财产制度异化——集体农地制度改革的回顾、反思与展望》，《政治经济学评论》2016 年第 5 期。

桂华：《富人治村的困境与政治后果》，《文化纵横》2011 年第 4 期。

桂华：《论地权制度安排与土地集体所有制实现》，《马克思主义研究》

2017 年第 6 期。

桂林、尹振东、聂辉华：《利益表达、社会稳定与公共治理》，《经济研究》2016 年第 11 期。

桂晓伟：《应对缠访、闹访与社会治理能力提升》，《法学论坛》2014 年第 3 期。

桂晓伟：《治理抗争：一个剖析抗争中国家作用的理论框架》，载黄宗智主编《中国乡村研究》第十四辑，福建教育出版社 2018 年 5 月版。

郭亮：《地根政治》，华中科技大学博士学位论文，2010 年。

郭亮：《资本下乡与山林流转》，《社会》2011 年第 3 期。

郭亮：《走出祖荫》，山东人民出版社 2008 年版。

郭于华：《"弱者的武器"与"隐藏的文本"：研究农民反抗的底层视角》，《读书》2002 年第 7 期。

郭于华、孙立平：《诉苦：一种农民国家观念形成的机制》，《中国学术》2002 年第 4 期。

郭正林：《当代中国农民的集体维权行动》，《香港社会科学学报》2001 年第 19 期。

韩志明：《闹大现象的生产逻辑、社会效应和制度情境》，《理论与改革》2010 年第 1 期。

何绍辉：《"过日子"：农民日常维权行动的分析框架》，《中国农村观察》2012 年第 6 期。

何艳玲、钟佩：《熟悉的陌生人：行动精英间关系与业主共同行动》，《社会学研究》2013 年第 6 期。

贺雪峰：《村治的逻辑——农民行动单位的视角》，中国社会科学出版社 2009 年版。

贺雪峰等：《南北中国》，社会科学文献出版社 2017 年版。

贺雪峰：《国家与农民关系的三层分析——以农民上访为问题意识之来源》，《天津社会科学》2011 年第 4 期。

贺雪峰：《论富人治村》，《社会科学研究》2011 年第 2 期。

贺雪峰：《农村集体产权制度改革与乌坎事件的教训》，《行政论坛》2017 年第 3 期。

贺雪峰：《派性、选举与村集体经济》，《南方论丛》2003年第1期。

贺雪峰：《区域中国》，社会科学文献出版社2018年版。

贺雪峰：《取消农业税后农村的阶层分析》，《社会科学》2011年第3期。

贺雪峰：《乡村选举中的派系与派性》，《中国农村观察》2001年第4期。

贺雪峰：《新乡土中国》，广西师范大学出版社2003年版。

贺雪峰主编：《华中村治研究（2016年卷）：立场、观点与方法》，社会科学文献出版社2016年版。

红苇：《生活政治是一种什么政治》，《读书》2002年第6期。

胡恒：《皇权不下县？——清代县辖政区与基层社会治理》，北京师范大学出版社2015年版。

黄冬娅：《国家如何塑造抗争政治——关于社会抗争中国家角色的研究评述》，《社会学研究》2011年第2期。

黄光国：《人情与面子：中国人的权力游戏》，载杨国枢主编《中国人的心理》，江苏教育出版社2006年版，第234—235页。

黄宗智：《长江三角洲的小农家庭与乡村发展》，中华书局2000年版。

黄宗智主编：《中国研究的范式问题讨论》，社会科学文献出版社2003年版。

蒋省三、刘守英：《土地资本化与农村工业化》，《管理世界》2003年第11期。

焦长权：《政权悬浮与市场失灵：一种农民上访行为的解释框架》，《开放时代》2010年第6期。

景跃进：《党、国家与社会：三者维度的关系》，《华中师范大学学报》（人文社会科学版）2005年第2期。

景跃进：《演化中的利益协调机制：挑战与前景》，《江苏行政学院学报》2011年第4期。

瞿同祖：《清代地方政府》，法律出版社2003年版。

李汉林等：《社会变迁过程中的结构紧张》，《中国社会科学》2010年第2期。

李怀印：《华北村治》，中华书局2008年版。

李连江、欧博文：《当代中国农民的依法抗争》，载吴国光主编《九七效应》,(香港)太平洋世纪研究所1997年版。

李连江、欧博文:《当代中国农民的依法抗争》,载吴国光主编《九七效应》,(香港)太平洋世纪研究所1997年版。

李连江、欧博文:《当代中国农民的依法抗争》,载吴毅主编《乡村中国评论》,山东人民出版社2008年版。

李林、田禾主编:《中国法治发展报告(2014)》,社会科学文献出版社2014年版,

李路路:《社会分层结构:机制变革与阶层相互关系》,《江苏社会科学》2004年第1期。

李猛:《迈向关系/事件的社会学分析:一个导论》,《国外社会学》1997年第1期。

李强:《丁字形社会结构与结构紧张》,《社会学研究》2005年第2期。

李强:《后全能体制下现代国家的构建》,《战略与管理》2001年第6期。

李婷婷:《"兜底"的调解者:转型期中国冲突的管理迷局与逻辑》,《社会主义研究》2012年第2期。

李祖佩:《农民上访:类型划分、理论检视与化解路径》,《中州学刊》2012年第5期。

梁漱溟:《梁漱溟全集》(第一卷),山东人民出版社2005年版。

梁漱溟:《中国文化要义》,上海人民出版社2007年版。

列宁:《论国家》(第3版),人民出版社1973年版。

林辉煌:《江汉平原的农民流动与阶层分化:1981—2010》,《开放时代》2012年第3期。

林辉煌:《"引诱效应":信访的制度结构与法律甄别》,《中国行政管理》2017年第6期。

林耀华:《义序的宗族研究》,生活·读书·新知三联书店2000年版。

刘金海:《国家成长的要素机制与格局——基于政治生态学角度的国家成长理论》,《学术月刊》2020年第9期。

刘宪法:《"南海模式"的形成、演变与结局》,载张曙光主编《中国制度变迁的案例研究》(土地卷)第八集,中国财政经济出版社2011年版。

刘拥华:《抗争政治与有限国家》,《社会科学》2017年第5期。

刘愿：《农民从土地股份制得到什么——以南海农村股份经济为例》，《管理世界》2008年第1期。

卢福营：《派系竞争：村委会选举面临的新挑战》，《中国农村观察》2005年第1期。

卢福营：《群山格局：社会分化视野下的农村社会成员结构》，《学术月刊》2007年第11期。

卢福营、孙琼欢：《论现阶段农村基层政治生活中的派系》，《中国农村观察》2005年第1期。

卢福营：《治理村庄：农村新兴经济精英的社会责任》，《社会科学》2008年第12期。

陆学艺：《当代中国社会阶层研究报告》，社会科学文献出版社2002年版。

吕德文：《媒介动员、钉子户与抗争政治》，《社会》2012年第2期。

罗兴佐：《阶层分化、社会压力与农民上访》，《思想战线》2015年第4期。

《马克思恩格斯选集》第4卷，人民出版社1995年版。

《马克思恩格斯选集》第3卷，人民出版社1995年版。

《马克思恩格斯选集》第1卷，人民出版社2012年版。

毛丹、任强：《中国农村社会分层研究的几个问题》，《浙江社会科学》2003年第3期。

祁建民：《民国以来国家建设过程中的宗族问题》，载《中国社会历史评论（第十卷）》，天津古籍出版社2009年版。

钱杭：《中国宗族史研究入门》，复旦大学出版社2009年版。

钱杭：《族与前宗族时代——兼论宗族概念的二元结构》，《上海师范大学学报》（哲学社会科学版）2009年第5期。

渠敬东：《探寻中国人的社会生命——以〈金翼〉的社会学研究为例》，《中国社会科学》2019年第4期。

任剑涛：《从帝制中国、政党国家到宪制中国：中国现代国家建构的三次转型》，《学海》2014年第2期。

任剑涛：《在"国家—社会"理论视野中的中国现代国家建构》，《天津社会科学》2012年第4期。

任焰、潘毅：《跨国劳动的空间政治：全球化时代的宿舍劳动体制》，《社会学研究》2006年第4期。

申端锋：《将人民内部矛盾带回分析的中心》，《开放时代》2012年第7期。

申端锋：《治权与维权：和平乡农民上访与乡村治理》，华中科技大学博士学位论文，2009年。

沈原：《社会转型与工人阶级的再形成》，《社会学研究》2006年第2期。

石发勇：《关系网络与当代中国基层社会运动：以一个街区环保运动个案为例》，《学海》2005年第3期。

石发勇：《业主委员会、准派系政治与基层治理》，《社会学研究》2010年第3期。

苏力：《送法下乡——中国基层司法制度研究》，中国政法大学出版社2000年版。

孙立平：《断裂：20世纪90年代以来的中国社会》，社会科学文献出版社2003年版。

孙立平：《过程—事件分析与当代中国国家—农民关系的实践形态》，载清华大学社会学系编：《清华社会学评论》特辑，鹭江出版社2000年版。

孙立平、晋军、应星等：《以利益表达制度化实现社会的长治久安》，《领导者》2010年第33期。

孙立平：《迈向对市场转型实践过程的分析》，《中国社会科学》2002年第2期。

孙立平：《重建社会：转型社会的秩序再造》，社会科学文献出版社2009年版。

孙琼欢、卢福营：《中国农村基层政治生活中的派系竞争》，《中国农村观察》2000年第3期。

孙琼欢：《派系政治》，中国社会科学出版社2012年版。

《孙中山选集》，人民出版社2011年版。

唐亚林：《使命—责任体制：中国共产党新型政治形态建构论纲》，《南京社会科学》2017年第7期。

陶郁、侯麟科、刘明兴：《顶层设计、干部权威与越轨抗争》，《公共管理学报》2017 年第 3 期。

田先红、陈玲:《阶层地权:农村地权配置的一个研究进路》,《管理世界》2013 年第 9 期。

田先红:《从维权到谋利:农民上访行为逻辑变迁的一个解释框架》,《开放时代》2010 年第 6 期。

田先红:《基层信访治理中的包保责任制:实践逻辑与现实困境》,《社会》2012 年第 4 期。

田先红:《阶层政治与农民上访的逻辑——基于浙北 C 镇的案例研究》,《政治学研究》2015 年第 6 期。

田先红:《人民政治:基层信访治理的演绎与阐释》,中国社会科学出版社 2017 年版。

田先红、杨华:《家族政治与农民集体行动的逻辑》,载周晓虹主编《中国研究》2013 年秋季卷,社会科学文献出版社 2014 年版。

田先红:《治理基层中国——桥镇信访博弈的叙事,1995—2009》,社会科学文献出版社 2012 年版。

田先红主编:《华中村治研究 2017 年第 1 期——信访研究:国家治理的视角》,社会科学文献出版社 2017 年版。

王洪伟:《当代中国底层社会"以身抗争"的效度和限度分析——一个"艾滋村民"抗争维权的启示》,《社会》2010 年第 2 期。

王沪宁:《当代中国村落家族文化》,上海人民出版社 1991 年版。

王铭铭《溪村家族:社区史、仪式与地方政治》,贵州人民出版社 2004 年版。

王浦劬等:《政治学基础》(第 3 版),北京大学出版社 2014 年版,第 192—201 页。

王浦劬:《行政信访的公共政策功能分析》,《政治学研究》2012 年第 2 期。

王绍光、胡鞍钢:《中国国家能力报告》,辽宁人民出版社 1993 年版。

王朔柏、陈意新:《从血缘群到公民化:共和国时代安徽农村宗族变迁研究》,《中国社会科学》2004 年第 1 期。

王询:《中国南北方汉族聚居区宗族聚居差异的原因》,《财经问题研究》

2007 年第 11 期。

温丙存：《"项目嵌入型上访"：新型城镇化背景下农民信访的解释框架》，《中国农村观察》2014 年第 5 期。

吴长青：《从"策略"到"伦理"：对"依法抗争"的批评性讨论》，《社会》2010 年第 5 期。

吴思红：《村庄派系的缘起、演变与功能》，《国家行政学院学报》2009 年第 1 期。

吴思红、李韬：《村两委选举中派系贿选现象研究》，《政治学研究》2015 年第 1 期。

吴晓林：《结构依然有效：迈向政治社会研究的"结构—过程"分析范式》，《政治学研究》2017 年第 2 期。

吴毅：《记述村庄的政治》，湖北人民出版社 2007 年版。

吴毅：《"权力—利益的结构之网"与农民群体性利益的表达困境》，《社会学研究》2007 年第 5 期。

项飙：《普通人的国家理论》，《开放时代》2010 年第 10 期。

肖唐镖：《当代中国的"维稳政治"：沿革与特点——以抗争政治中的政府回应为视角》，《学海》2015 年第 1 期。

肖唐镖：《中国农民抗争的策略与理据："依法抗争"理论的两维分析》，《河海大学学报》（哲学社会科学版）2015 年第 4 期。

肖唐镖：《宗族政治》，商务印书馆 2010 年版。

肖文明：《国家自主性与文化：迈向一种文化视角的国家理论》，《社会学研究》2017 年第 6 期。

肖瑛：《从"国家与社会"到"制度与生活"：中国社会变迁研究的视角转换》，《中国社会科学》2014 年第 9 期。

谢立中主编：《结构—制度分析，还是过程事件分析?》，社会科学文献出版社 2010 年版。

谢岳：《社会抗争：国家性变迁的民间反应》，《当代中国研究》2008 年第 12 期。

邢成举：《村庄派性政治下的农民上访研究》，《北京社会科学》2016 年第 9 期。

徐昕：《为权利而自杀：转型中国农民工的"以死抗争"》［EB/OL］. http: //justice. Cn/blog/justice/index. aspx？blogid = 197686. 2009 – 02 – 15。

徐勇：《村干部的双重角色：代理人与当家人》，（香港）《二十一世纪》1997年第8期。

徐勇：《"分"与"合"：质性研究视角下农村区域性村庄分类》，《山东社会科学》2016年第7期。

徐勇：《关系中的国家》（第一卷），社会科学文献出版社2019年版。

徐勇：《国家化、农民性与乡村整合》，江苏人民出版社2019年版。

徐勇：《回归国家与现代国家的构建》，《东南学术》2006年第4期。

徐勇：《农民理性的扩张："中国奇迹"的创造主体分析》，《中国社会科学》2010年第1期。

徐勇：《中国家户制传统与农村发展道路——以俄国、印度的村社传统为参照》，《中国社会科学》2013年第8期。

亚里士多德：《政治学》，陈虹秀译，台海出版社2016年版。

阎小骏：《中国何以稳定》，中国社会科学出版社2017年版。

阎云翔：《中国社会的个体化》，陆洋等译，上海译文出版社2012年版。

杨光斌：《关于国家治理能力的一般理论——探索世界政治（比较政治）研究的新范式》，《教学与研究》2017年第1期。

杨光斌、郑伟铭、刘倩：《现代国家成长中的国家形态问题》，《天津社会科学》2009年第4期。

杨光斌：《政治学导论》（第4版），中国人民大学出版社2011年版，第99—107页。

杨国枢：《中国人的社会取向：社会互动的观点》，载杨宜音主编《中国社会心理学评论》第1辑，社会科学文献出版社2005年版。

杨华：《农村阶层研究范式论纲：实体论与关系论》，《南京农业大学学报》（社会科学版）2013年第2期。

杨华：《农村征地拆迁中的阶层冲突》，《中州学刊》2013年第2期。

杨华：《农民分化程度与农村阶层关系状况》，《人文杂志》2014年第7期。

杨华：《税费改革后的农村信访治理困局》，《云南大学学报》（法学版）

2011 年第 4 期。

杨华：《政府兜底：当前农村社会冲突管理中的现象与逻辑》，《公共管理学报》2014 年第 2 期。

姚洋：《中性政府：对转型期中国经济成功的一个解释》，《经济评论》2009 年第 3 期。

尹利民：《表演型上访：作为弱者的上访人的武器》，《南昌大学学报》（人文社会科学版）2012 年第 1 期。

尹利民：《政治机遇与限制：信访发生的机理与行动逻辑》，《华中师范大学学报》（人文社会科学版）2008 年第 5 期。

应星：《草根动员与农民群体利益的表达机制——四个个案的比较研究》，《社会学研究》2007 年第 2 期。

应星：《大河移民上访的故事》，生活·读书·新知三联书店 2001 年版。

应星：《气场与群体性事件的发生机制——两个个案的比较》，《社会学研究》2009 年第 6 期。

应星：《"气"与抗争政治》，社会科学文献出版社 2011 年版。

应星：《"气"与中国乡村集体行动的再生产》，《社会学研究》2007 年第 6 期。

应星：《"气"与中国乡土本色的社会行动》，《社会学研究》2010 年第 5 期。

于建嵘：《当前农民维权活动的一个解释框架》，《社会学研究》2004 年第 2 期。

于建嵘：《农民有组织抗争及其政治风险——湖南省 H 县调查》，《战略与管理》2003 年第 3 期。

袁松：《农民分化与先富阶层的社会确认》，《人文杂志》2014 年第 7 期。

张静：《基层政权：乡村制度诸问题》，上海人民出版社 2006 年版。

张磊：《业主维权运动：产生原因及动员机制》，《社会学研究》2005 年第 6 期。

张世勇、杨华：《农民"闹大"与政府"兜底"：当前农村社会冲突管理的逻辑构建》，《中国农村观察》2014 年第 1 期。

张永宏、李静君：《制造同意：基层政府怎样吸纳民众抗争》，《开放时代》2012 年第 7 期。

张仲礼：《中国绅士研究》，上海人民出版社 2008 年版。

赵德余：《土地征用过程中农民、地方政府与国家的关系互动》，《社会学研究》2009 年第 2 期。

赵鼎新：《社会与政治运动讲义》，社会科学文献出版社 2006 年版。

赵丽江等：《生活政治学的发端及关注的问题》，《华中科技大学学报》（社会科学版）2010 年第 6 期。

赵树凯：《农民的政治》，商务印书馆 2011 年版。

赵旭东：《权力与公正：乡土社会的纠纷解决与权威多元》，天津古籍出版社 2003 年版。

折晓叶：《村庄的再造——一个超级村庄的社会变迁》，中国社会科学出版社 1997 年版。

折晓叶：《合作与非对抗性抵制——弱者的韧武器》，《社会学研究》2008 年第 3 期。

郑榕：《国家权力、宗族与基层社会——民国时期的闽南宗族》，《东南学术》2016 年第 6 期。

郑卫东：《农民集体上访的发生机理：实证研究》，《中国农村观察》2004 年第 2 期。

郑欣：《乡村政治中的博弈生存——华北农村村民上访研究》，中国社会科学出版社 2005 年版。

郑永君：《属地责任制下的谋利型上访：生成机制与治理逻辑》，《公共管理学报》2019 年第 1 期。

郑永年：《全球化与中国国家转型》，郁建兴、何子英译，浙江人民出版社 2009 年版。

郑振满：《乡族与国家：多元视野中的闽台传统社会》，生活·读书·新知三联书店 2009 年版。

周其仁：《产权与制度变迁：中国改革的经验研究》，北京大学出版社 2004 年版。

周雪光：《国家与生活机遇》，中国人民大学出版社 2014 年版。

朱晓阳：《罪过与惩罚：小村故事》，天津古籍出版社 2002 年版。

邹谠：《二十世纪中国政治》，（香港）牛津大学出版社1994年版。

二 中译论著

[澳大利亚] 琳达·维斯、约翰·霍布森：《国家与经济发展：一个比较及历史性的分析》，黄兆辉、廖志强译，吉林出版集团有限责任公司2009年版。

[德] 胡塞尔：《欧洲科学的危机与超越论的现象学》，王炳文译，商务印书馆2001年版。

[德] 马克斯·韦伯：《经济与社会》（下卷），林荣远译，商务印书馆1997年版。

[德] 韦伯：《学术与政治》，钱永详译，广西师范大学出版社2004年版。

[法] 米歇尔·福柯：《疯癫与文明》，刘北成、杨远婴译，生活·读书·新知三联书店2003年版。

[法] 米歇尔·福柯：《规训与惩罚》，刘北成、杨远婴译，生活·读书·新知三联书店2003年版。

[法] 米歇尔·福柯：《生命政治的诞生》，莫伟民、赵伟译，上海人民出版社2011年版。

[法] 皮埃尔·布迪厄：《实践感》，蒋梓骅译，译林出版社2009年版，第168—172页。

[法] 托克维尔：《旧制度与大革命》，冯棠译、桂裕芳，张芝联校，商务印书馆1992年版。

[法] 托克维尔：《论美国的民主》，董果良译，商务印书馆2004年版。

[美] 阿若诺威兹、布拉提斯：《逝去的范式：反思国家理论》，李中译，吉林人民出版社2008年版。

[美] 埃里克·诺德林格：《民主国家的自主性》，孙荣飞、朱慧涛、郭继光译，江苏人民出版社2010年版。

[美] 彼得·埃文斯、[美] 迪特里西·鲁斯迈耶、[美] 西达·斯考切波：《找回国家》，方力维等译，生活·读书·新知三联书店2009年版。

[美] 查尔斯·蒂利：《强制、资本和欧洲国家：公元990—1992年》，魏洪钟译，上海人民出版社2007年版。

[美]查尔斯·蒂利、西德尼·塔罗：《抗争政治》，李义中译，译林出版社 2010 年版。

[美]丹尼斯·史密斯：《历史社会学的兴起》，周辉荣、井建斌译，上海人民出版社 2000 年版。

[美]道格拉斯·凯尔纳、斯蒂文·贝斯特：《后现代理论》，张志斌译，中央编译出版社 1999 年版。

[美]道格·麦克亚当、西德尼·塔罗、查尔斯·蒂利：《斗争的动力》，李义中、屈平译，译林出版社 2006 年版。

[美]杜赞奇：《文化、权力与国家——1900—1942 年的华北农村》，江苏人民出版社 2003 年版。

[美]弗兰西斯·福山：《国家构建：21 世纪的国家治理与世界秩序》，黄胜强、许铭原译，中国社会科学出版社 2007 年版。

[美]弗里德曼：《中国东南的宗族组织》，刘晓春译，上海人民出版社 2000 年版。

[美]亨廷顿：《文明的冲突与世界秩序的重建》，新华出版社 2010 年版。

[美]克利福德·吉尔兹：《地方性知识：阐释人类学论文集》，王海龙、张家瑄译，中央编译出版社 2000 年版。

[美]孔飞力：《中国现代国家的起源》，中文版序言，陈兼、陈之宏译，生活·读书·新知三联书店 2013 年版。

[美]孔飞力：《中华帝国晚期的叛乱及其敌人》，谢亮生等译，中国社会科学出版社 1990 年版。

[美]罗伯特·C.埃里克森：《无需法律的秩序》，中国政法大学出版社 2003 年版。

[美]罗伯特·贝茨：《热带非洲的市场与国家：农业政策的政治基础》，曹海军、唐吉洪译，吉林出版集团有限责任公司 2011 年版。

[美]罗伯特·默顿：《社会理论与社会结构》，唐少杰、齐心译，译林出版社 2006 年版。

[美]曼瑟·奥尔森：《国家的兴衰：经济增长、滞胀和社会僵化》，上海人民出版社 2007 年版。

[美]曼瑟尔·奥尔森：《集体行动的逻辑》，陈郁等译，上海人民出版社

1995年版。

[美]裴宜理：《中国人的权利概念（下）——从孟子到毛泽东至现在》，《国外理论动态》2008年第3期。

[美]乔尔·米格代尔、阿图尔·柯里、维维恩·苏：《国家权力与社会势力：第三世界的统治与变革》，郭为桂等译，江苏人民出版社2017年版。

[美]乔尔·米格代尔：《强社会与弱国家》，张长东等译，江苏人民出版社2009年版，

[美]乔尔·米格代尔：《社会中的国家》，李杨、郭一聪译，江苏人民出版社2013年版。

[美]西达·斯考切波：《国家与社会革命》，何俊志、王学东译，上海人民出版社2007年版。

[美]西德尼·塔罗：《运动中的力量》，吴庆宏译，译林出版社2005年版。

[美]詹姆斯·斯科特：《农民的道义经济学》，译林出版社2000年版。

[美]詹姆斯·斯科特：《弱者的武器》，郑广怀等译，译林出版社2011年版。

[希腊]尼科斯·波朗查斯：《政治权力与社会阶级》，叶林、王宏周、马清文译，中国社会科学出版社1982年版。

[匈]雅诺什·科尔奈：《社会主义体制：共产主义政治经济学》，张安译，中央编译出版社2006年版。

[意]安东尼奥·葛兰西：《狱中札记》，曹雷雨等译，中国社会科学出版社2000年版。

[英]安东尼·吉登斯：《社会的构成——结构化理论大纲》，李康、李猛译，中国人民大学出版社2016年版。

[英]鲍勃·杰索普：《重构国家、重新引导国家权力》，何子英译，《求是学刊》2007年第4期。

[英]霍布斯：《利维坦》，黎思复、黎廷弼译，杨昌裕校，商务印书馆1997年版。

[英]吉登斯：《第三条道路》，郑戈译，北京大学出版社2000年版。

[英]吉登斯：《现代性的后果》，田禾译，译林出版社 2011 年版。

[英]吉登斯：《现代性与自我认同》，夏璐译，中国人民大学出版社 2016 年版。

[英]科大卫、刘志伟：《宗族与地方社会的国家认同》，《历史研究》2000 年第 3 期。

[英]洛克：《政府论》（下），叶启芳、瞿菊农译，商务印书馆 1964 年版。

[英]迈克尔·曼：《社会权力的来源》（第二卷·上），陈海宏等译，上海人民出版社 2007 年版。

[英]奇格蒙特·鲍曼：《被围困的社会》，郇建立译，江苏人民出版社 2005 年版。

[英]奇格蒙特·鲍曼：《流动的现代性》，欧阳景根译，上海三联书店 2002 年版。

[英]汤普森：《英国工人阶级的形成》（上），钱乘旦等译，译林出版社 2013 年版。

三　外文著作

Nathan Andrew J. A Factionalism Modal for CCP Politics. *The China Quaterly*, No. 53, 1973 (January).

Pillsbury. Barbara L. K. Factionalism Observed: Behind the "Face" of Harmony in a Chinese Community. *The China Quaterly*, No. 74, 1978 (June).

Charles Tilly. *From Mobilization to Revolution*. New York: Random House, 1978.

Dingxin Zhao. Ecologies of Social Movements: Student Mobilization during the 1989 Prodemocracy Movement in Beijing. *American Journal of Sociology*, Vol. 103, 1998 (6).

Dingxin Zhao. State-Society Relations and the Discourses and Activities during the 1989 Beijing Student Movement. *American Journal of Sociology*, Vol. 105, 2000 (6).

Doug McAdam. *Political Process and the Development of Black Insurgency*,

1930 – 1970. Chicago: University of Chicago Press, 1982.

Elizabeth J. Perry. "A New Rights Consciousness?", *Journal of Democracy*, Vol. 20, 2009 (3).

Fayong Shi & Yongshun Cai. Disaggregating the State: Networks and Resistance in Shanghai. *The China Quaterly*, Vol. 186, 2006 (6).

Francis Fukuyama. Confucianism and Democracy. Journal of Democracy, Vol. 6, 1995 (2).

Jean C. Oi. *State and Peasant in Contemporary China: The Political Economy of Village Government. Berkley*: The University of California Press, 1989.

Jeff Goodwin. Theda Skocpol. Explaining Revolutions in the Contemporary Third World. *Politics and Society*, Vol. 17, 1989 (4).

John McCarthy & Mayer Zald. *The Trend of Social Movements in America: Professionalization and Resource Mobilization.* Morristown, PA: General Learning Press, 1973.

J. P. Nettle. The State as a Conceptual Variable. World Politics, Vol. 20, 1968 (4).

Kenneth Lieberthal & Michel Oksenberg. *Policy Making in China: Leaders, Structure and Processes.* New York: Princeton University Press, 1988.

Kevin J. O'Brien & Lianjiang Li, *Rightful Resistance in Rural China*. New York: Cambridge University Press, 2006.

Kevin J. O'Brien. "*Rightful Resistance.*" World Politics, Vol. 49, 1996 (1).

Lianjiang Li & Kevin O'Brien. Protest Leadership in Rural China. *The China Quarterly*, 2008 (March).

Lianjiang Li. "Rights Consciousness and Rules Counsciousness in Contemporary China", *The China Journal*, No. 64, 2010 (July).

Lowell Dittmer. Chinese Informal Politics. *The China Journal*, No. 34, 1995 (July).

Minxin Pei. "Rights and Resistance: the Changing Contexts of the Dissident Movement", in Perry E. & Selden M. (eds). *Chinese Society, Change, Conflict and Resistance*, 2nd ed., London: Routledge Curzon, 2003.

Peter Evans. *Embedded Autonomy*: *States and Industrial Transformation*. Princeton University Press, 1995.

Roger V. Gould. Collective Action and Network Structure. *American Sociological Review*, 1993 (4).

Tang Tsou andAndrew J. Nathan, Prolegomenon to the Study of Informal Groups in CCP Politics, *The China Quaterly*, 1976 (3).

WilliamKornhauser. *The Politics of Mass Society*. New York: Free Press, 1959.

Xi Chen. *Social Protest and Contentious Authoritarian in China*. Cambridge University Press, 2012.

Xi Chen. The Power of "Troublemaking": Protest Tactics and Their Efficacy in China. *Comparative Politics*, 41, 2009 (4).

Xueguang Zhou. Unorganized Interests and Collective Action in Communist China. *American Sociological Review*, Vol. 58, 1993 (1).

YanhuaDeng & Kevin J. O'Brien. Relation Repression in China: Using Social Ties to Demobilize Protesters. *China Quarterly*. No. 215, 2013 (September).

Yongshun Cai. Power Structure and Regime Resilience: Contentious Politics in China. *British Journal of Political Science*, 38, 2008 (3).

后　　记

　　本书今日方得付梓，但书中的一些想法却萌芽于10年前。2012年前后，我尝试从家族政治切入研究农民上访问题，拉开了基于村庄社会结构视角分析农民上访的序幕。2018年上半年，我在马不停蹄调研之余，又抽时间集中阅读了农民上访、抗争政治和国家理论等方面的文献。之后潜心写作本书初稿，并一边阅读有关文献，一边对书稿部分内容进行修订。

　　自20世纪90年代中后期以来，信访问题一度成为学界研究的热点。相关研究文献汗牛充栋。但是，最近数年，关注信访问题、抗争政治的学者渐渐减少（见下图）。

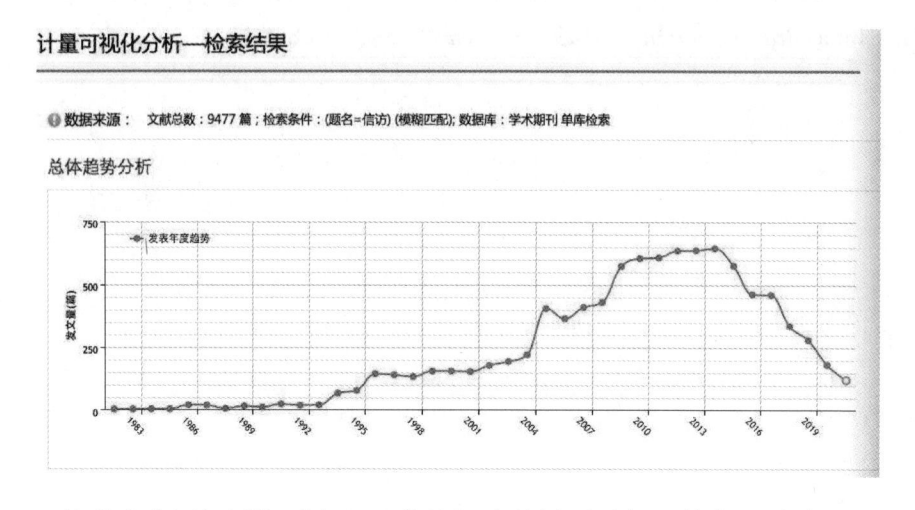

计量可视化分析——检索结果

数据来源：　文献总数：9477篇；检索条件：(题名=信访)(模糊匹配)；数据库：学术期刊 单库检索

总体趋势分析

　　笔者在中国知网期刊库以"信访"为关键词进行"篇名"检索，可获取文献总计9477篇（检索时间：2021年7月5日）。根据计量可视化分析结果，自20世纪90年代中期开始，有关信访的文献开始逐步递增。进入21世纪后，关于信访的文献进一步快速增加。至2010年左右，有关信访的研究文献呈爆发式增长态势。至2014年，信访研究文献达到年度峰值，为645篇。此后，信访研究文献呈逐年下降之势。至2020年，这一数字已经降到182篇。

虽然有关信访问题的研究文献规模呈下降趋势，但是该领域的研究已经取得较大进展。纵观最近十余年来，除了借鉴西方社会运动、集体行动、抗争政治的理论资源外，在农民上访研究领域还呈现三大新的发展趋势：

一是突破维权话语的束缚。早期研究者多将农民上访视为一种维权行为，将其放在维权、抗争框架下进行研究。他们主张，上访行为表明农民权利意识的觉醒。随后研究者注意到，农民上访行为高度复杂，非维权话语所能囊括。突破维权话语束缚，开启了农民上访研究更为广阔的天地。

二是注重从社会结构的视角解释农民上访行为。研究者提出，农民之所以上访，并不仅仅是个体根据其利益考量而做出的理性选择，而是跟村庄社会结构紧密相关。从上访事件、行为延伸到村庄社会结构，极大地深化了学界对农民上访行为的理解。

三是从伦理的视角解释农民上访行为。研究者主张，不宜仅关注农民上访的行为策略，而应该发掘伦理在农民上访中的重要意义。他们认为，伦理在中国农民的社会生活中具有举足轻重的地位，也是中国社会研究中的一个重要领域，更是中国农民抗争行动的重要维度。

这些研究的意义不止于拓展和推进了农民上访研究，对于寻找有关中国政治现象更为恰切的解释路径也有重要启发。近四十余年来，面对中国复兴，西方学界倍感困惑，诸多学者在努力探寻其机理。然而，即便是海外中国研究，对"中国故事"的理解也是放置于西方理论脉络中展开的，对中国经验的理解总显得有些"隔靴搔痒"。我想，未来中国政治学的建设与发展，一方面要立足和扎根中国实践，另一方面也要学习和借鉴国外有益的理论与方法。

掐指一算，从2008年涉猎信访问题至今已有十三载，是时候给自己的这一研究画上一个句号了。当然，画句号并不意味着以后不再关注这一领域，只是不会再像之前那样投入主要的时间和精力。将来机缘巧合重拾该研究亦未尝不可。

最后，也想对多年来给予本研究诸多指导和帮助的师长、同学、朋友表达感谢。谢谢大家的关心、指导和支持！感谢华中师范大学中国农村研究院政治学一流学科建设资金的资助。中国社会科学出版社编辑冯春凤老师为本书倾注了大量心血，她的专业、敬业、耐心、细致让我感佩！本书的部分内容，曾以论文形式刊发于《政治学研究》《中国研究》《中国农村观察》《思想战线》上，衷心感谢这些刊物编辑部的老师们！

  世上之事难免有遗憾，本项研究亦不例外。将书稿交付出版社后，有新的调查和阅读，产生了新的想法，我常想若能将它们纳入书中，本书当可以呈现得更好！事已至此，权将这些遗憾化为日后继续前行的动力吧！

2021 年盛夏于武汉桂子山